この問題集《もんだいしゅう》の特長《とくちょう》――

国語力向上《こくごりょくこうじょう》のための正攻法《せいこうほう》！

説明文《せつめいぶん》。説明文《せつめいぶん》。物語文《ものがたりぶん》。物語文《ものがたりぶん》。詩《し》。詩《し》。説明文《せつめいぶん》。説明文《せつめいぶん》。物語文《ものがたりぶん》。物語文《ものがたりぶん》……。

こういう作《つく》りの問題集《もんだいしゅう》をどれだけ解《と》いても、国語力《こくごりょく》は高《たか》まりません。

それは、基礎体力《きそたいりょく》もないのに、フルマラソンに挑《いど》むようなものです。息切《いきぎ》れして当《あ》たり前《まえ》です。もう、やめましょう。そんな方法《ほうほう》は。

この問題集《もんだいしゅう》は、言葉《ことば》を使《つか》いこなすための「基礎体力《きそたいりょく》」を高《たか》める問題集《もんだいしゅう》です。その基礎体力《きそたいりょく》とは、ズバリ、論理的思考力《ろんりてきしこうりょく》。これこそが、国語力《こくごりょく》向上《こうじょう》のための「正攻法《せいこうほう》」なのです。

成績《せいせき》アップのその先《さき》へ！

もちろん、この問題集《もんだいしゅう》は、文章読解問題《ぶんしょうどっかいもんだい》に打《う》ち勝《か》つ力《ちから》を高《たか》めるための工夫《くふう》が随所《ずいしょ》になされています。コツコツ積《つ》み重《かさ》ねることで、国語《こくご》の成績《せいせき》は確実《かくじつ》に上《あ》がっていきます。

しかし、この問題集《もんだいしゅう》は、その先《さき》をも見据《みす》えています。節目節目《ふしめふしめ》で子《こ》どもたちの人生《じんせい》を決《き》める要因《よういん》になるであろう「言葉《ことば》の力《ちから》」を、根底《こんてい》から支《ささ》えたい。そういう思《おも》いを込《こ》めて、作《つく》られています。数《すう》ページめくってみただけで、すぐにその意味《いみ》を実感《じっかん》できることでしょう。

喜《よろこ》びと驚《おどろ》きの声[illegible]続々《ぞくぞく》！

「手《て》が届《とど》かないと思《おも》って[illegible]値《ち》65を超《こ》える第一志望校《だいいちしぼうこう》[illegible]ました」（小《しょう》6女子《じょし》）。「全国《ぜ》の[illegible]教室[illegible]を見《み》て回《まわ》ったのではないかと思《おも》うくらい、ツボを押《お》さえている」（私立《しりつ》小学校教頭《しょうがっこうきょうとう》）。「こんなに分《わ》かりやすい方法《ほうほう》があったのですね。驚《おどろ》きました」（小学生保護者《しょうがくせいほごしゃ》）。

さあ、始《はじ》めるなら今《いま》です。つかみどころのない国語《こくご》の勉強《べんきょう》にはサヨナラして、新《あら》たな一歩《いっぽ》を、この本《ほん》とともに、力強《ちからづよ》く踏《ふ》み出《だ》しましょう。

JN277259

ふくしま式《しき》「本当《ほんとう》の国語力《こくごりょく》」が身《み》につく問題集《もんだいしゅう》2〔小学生版《しょうがくせいばん》〕

目次●もくじ

ブックデザイン／村崎和寿

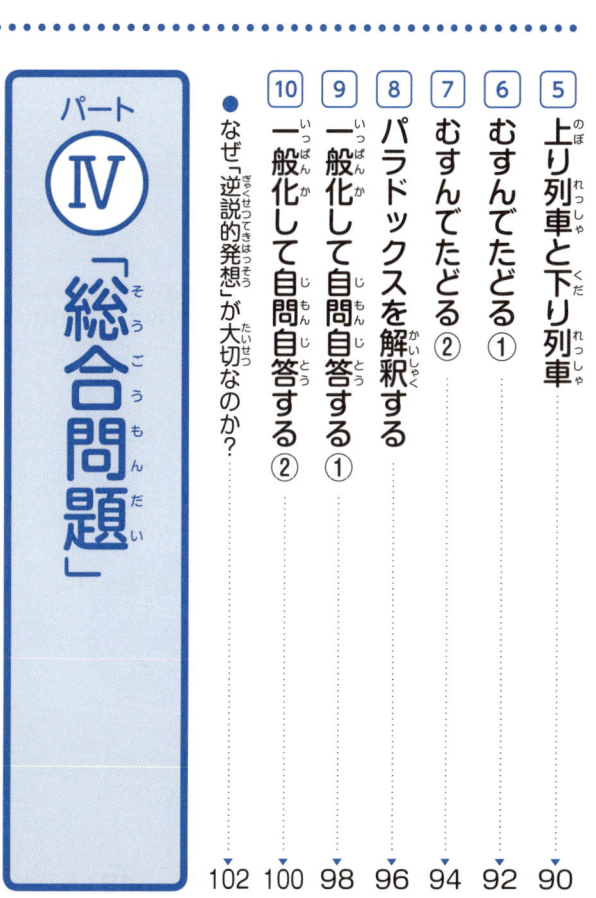

国語力《こくごりょく》とは何《なに》か？

「国語力《こくごりょく》って、何《なん》ですか？」

こう問《と》われたら、あなたは何《なん》と答《こた》えますか。

読《よ》む力《ちから》（読解力《どっかいりょく》）？

書《か》く力《ちから》（作文力《さくぶんりょく》）？

話《はな》す力《ちから》（対話力《たいわりょく》）？

世間《せけん》では、このようなもっともらしい表現《ひょうげん》で、「国語力《こくごりょく》」が説明《せつめい》されています。学校《がっこう》から渡《わた》される通知表《つうちひょう》にも、こういった言葉《ことば》が平然《へいぜん》と書《か》かれています。

しかし、もう少《すこ》し考《かんが》えてみてください。

では、読《よ》む力《ちから》とは何《なん》ですか？

では、書《か》く力《ちから》とは何《なん》ですか？

では、話《はな》す力《ちから》とは何《なん》ですか？

いずれの問《と》いにも、明確《めいかく》な答《こた》えは出《で》ません。と同時《どうじ》に、それらの違《ちが》いを明《あき》らかにすることも、できないでしょう。

それもそのはずです。

そもそも、読《よ》む力《ちから》も、書《か》く力《ちから》も、話《はな》す力《ちから》も、存在《そんざい》しないのです。それらいずれもが、実《じつ》は、たった一《ひと》つの同《おな》じ「力《ちから》」を意味《いみ》しているのです。

それはズバリ、「論理的思考力《ろんりてきしこうりょく》」。

私達《わたしたち》は、論理的思考力《ろんりてきしこうりょく》を使《つか》って読《よ》み、論理的思考力《ろんりてきしこうりょく》を使《つか》って書《か》き、論理的思考力《ろんりてきしこうりょく》を使《つか》って話《はな》します。

論理的思考力《ろんりてきしこうりょく》こそが、「国語力《こくごりょく》」の実体《じったい》です。

論理的思考力《ろんりてきしこうりょく》は、いわば太陽《たいよう》のようなものです。

それが機能《きのう》するとき、初《はじ》めて、惑星《わくせい》が回《まわ》り始《はじ》めます。

惑星《わくせい》とは、いわゆる書《か》く力《ちから》であり、読《よ》む力《ちから》であり、あるいは、対話力《たいわりょく》です。

太陽《たいよう》が中心《ちゅうしん》で輝《かがや》いていなければ、これらの惑星《わくせい》は、輝《かがや》きません。死《し》んだも同然《どうぜん》です。逆《ぎゃく》に、論理的思考力《ろんりてきしこうりょく》という太陽《たいよう》が輝《かがや》いていれば、すべての惑星《わくせい》は、自動的《じどうてき》に生《い》き生《い》きと輝《かがや》き出《だ》します。

国語力《こくごりょく》を伸《の》ばしたい――。

その切《せつ》なる願《ねが》いをかなえるには、論理的思考力《ろんりてきしこうりょく》を伸《の》ばす以外《いがい》に、道《みち》はありません。

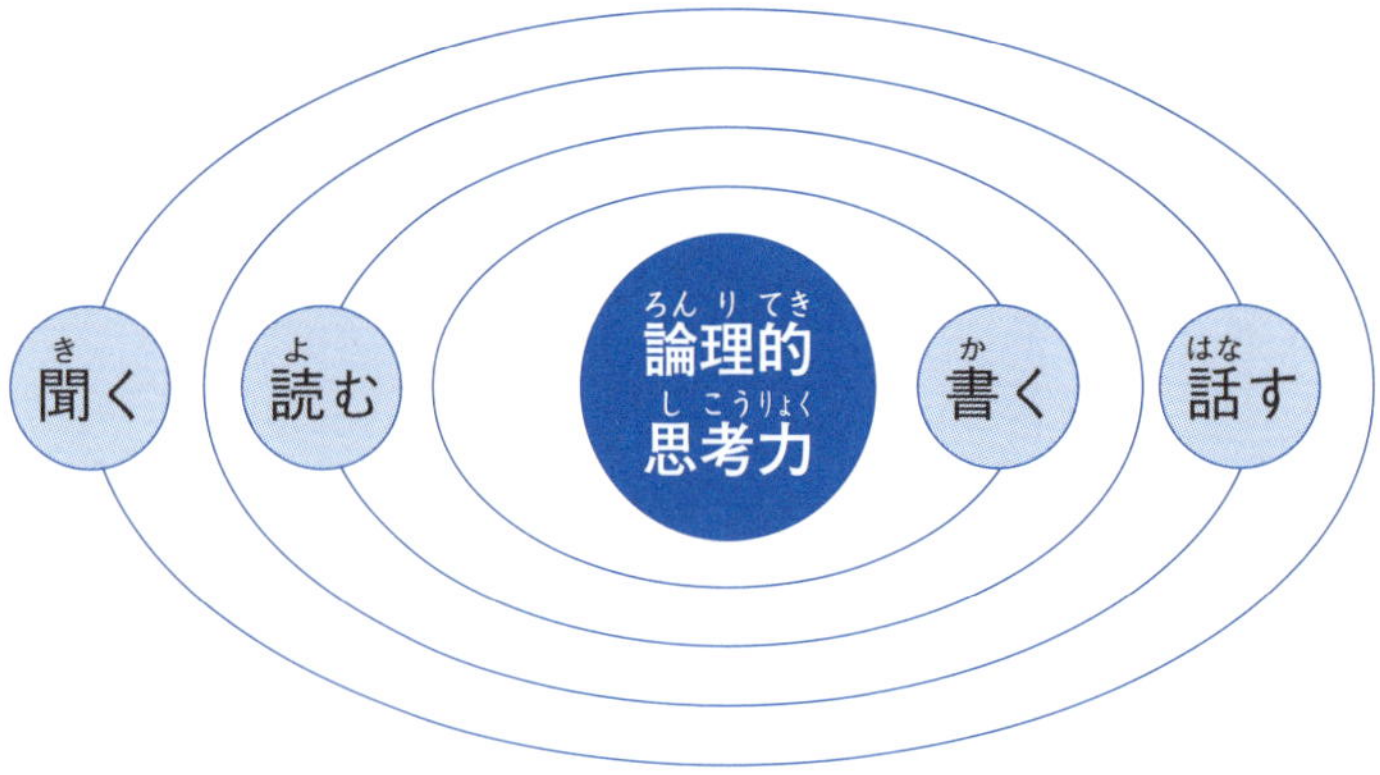

※対話《たいわ》＝話《はな》す＋聞《き》く

論理的思考力《ろんりてきしこうりょく》とは何《なに》か？

論理的思考力《ろんりてきしこうりょく》は、次《つぎ》の「3つの力《ちから》」で構成《こうせい》されます。

「言《い》いかえる力《ちから》」
同等関係《どうとうかんけい》（抽象《ちゅうしょう》・具体《ぐたい》の関係《かんけい》）を整理《せいり》する力《ちから》
「くらべる力《ちから》」
対比関係《たいひかんけい》を整理《せいり》する力《ちから》
「たどる力《ちから》」
因果関係《いんがかんけい》を整理《せいり》する力《ちから》

9、49、81の各《かく》ページで、それぞれをシンプルに図解《ずかい》しています。まずはそちらをご覧《らん》ください。

さて、右《みぎ》の「3つの力《ちから》」それぞれの説明《せつめい》に共通《きょうつう》する言葉《ことば》は、何《なん》でしょうか。

それは、「整理《せいり》」という言葉《ことば》です。

そこで、次《つぎ》のように定義《ていぎ》することができるでしょう。

論理的思考力《ろんりてきしこうりょく》とは、「整理力《せいりりょく》」である。

自己《じこ》の中《なか》にある断片的《だんぺんてき》な、あるいは漠然《ばくぜん》としたイメージや思《おも》いを、言葉《ことば》によって整理《せいり》して、アウトプットする力《ちから》。

他者《たしゃ》から発《はっ》せられた断片的《だんぺんてき》な、複雑《ふくざつ》な、あるいは混沌《こんとん》としたメッセージを、言葉《ことば》によって整理《せいり》して、インプットする力《ちから》。

これらを、また別《べつ》のひとことで表現《ひょうげん》するならば、「単純化力《たんじゅんかりょく》」と言《い》ってもよいでしょう。

整理《せいり》し、単純化《たんじゅんか》する力《ちから》。

それが、国語力《こくごりょく》であり、論理的思考力《ろんりてきしこうりょく》なのです。

国語《こくご》で成績《せいせき》が伸《の》び悩《なや》むというのは、要《よう》するに、整理《せいり》できていない、単純化《たんじゅんか》できていないということです。

国語《こくご》でつまずいたら、いつも自問《じもん》すべきです。

自分《じぶん》の書《か》いた文章《ぶんしょう》は、まだまだ「整理《せいり》」されていないのでは？

まだまだ「単純化《たんじゅんか》」が足《た》りないのでは？——などと。

この問題集《もんだいしゅう》は、とことん、整理力《せいりりょく》を磨《みが》きます。

とことん、単純化力《たんじゅんかりょく》を高《たか》めます。

そうやって身《み》につけた論理的思考力《ろんりてきしこうりょく》は、国語《こくご》の成績《せいせき》を伸《の》ばしてくれるのはもちろんのこと、他《た》の全《すべ》ての教科《きょうか》の基礎《きそ》となり、さらには、長《なが》い人生《じんせい》を支《ささ》える基盤《きばん》として、一生《いっしょう》の宝《たから》になることでしょう。

第一弾《だいいちだん》
『ふくしま式《しき》「本当《ほんとう》の国語力《こくごりょく》」が身《み》につく問題集《もんだいしゅう》〈小学生版《しょうがくせいばん》〉』とくらべて、どこが新《あたら》しいのか？

この本《ほん》は、爆発的《ばくはつてき》ヒットとなっている『ふくしま式《しき》「本当《ほんとう》の国語《こくご》力《りょく》」が身《み》につく問題集《もんだいしゅう》〔小学生版《しょうがくせいばん》〕』（大和出版《だいわしゅっぱん》）の、第二弾《だいにだん》です。

これまで私《わたし》は、多《おお》くの読者《どくしゃ》から「早《はや》く第二弾《だいにだん》がほしい」という要《よう》望《ぼう》を受《う》けながらも、あえてそれを書《か》かず、アイデアを蓄積《ちくせき》してきました。

国語塾《こくごじゅく》での授業《じゅぎょう》を日々《ひび》重《かさ》ねるたびに痛感《つうかん》する、「ああ、こういう練習問題《れんしゅうもんだい》があったらいいのに！　しかし、どこにも売《う》っていない！　早《はや》く作《つく》らなくては！」という思《おも》いを、ためこんできました。小出《こだ》しに公開《こうかい》するのではなく、しっかりとした「体系《たいけい》」として整《ととの》うまで、待《ま》っていたのです。

この問題集《もんだいしゅう》は、満《まん》を持《じ》して放《はな》つ、**国語力《こくごりょく》の「新体系《しんたいけい》」**です。

第一弾《だいいちだん》の問題集《もんだいしゅう》をお持《も》ちの方《かた》は、ぱらぱらと中身《なかみ》をめくって見《み》くらべてみただけで、その新《あたら》しさにすぐ気《き》がつくでしょう。

では、いったい何《なに》がどう新《あたら》しいのか？

今回《こんかい》の問題集《もんだいしゅう》の目玉《めだま》とも言《い》える内容《ないよう》を、いくつか紹介《しょうかい》しましょう。

言《い》いかえる力《ちから》の〈目玉《めだま》〉

――「比喩《ひゆ》トレーニング」22～29ページ――

これは、長文読解《ちょうぶんどっかい》に頻出《ひんしゅつ》する「比喩表現《ひゆひょうげん》の説明問題《せつめいもんだい》（言《い》いかえ問《もん》題《だい》）」に打《う》ち勝《か》つための〝トレーニング場《じょう》〟です。この手《て》の設問《せつもん》は、中学入試《ちゅうがくにゅうし》・高校入試《こうこうにゅうし》・大学入試《だいがくにゅうし》センター試験《しけん》、そして**東大入試《とうだいにゅうし》**に至《いた》るまで、あらゆる読解問題《どっかいもんだい》に必《かなら》ずと言《い》っていいほど登場《とうじょう》します。

他者《たしゃ》の言葉《ことば》を理解《りかい》するということは、それを別《べつ》の水準《すいじゅん》の（抽象的《ちゅうしょうてき》な、あるいは具体的《ぐたいてき》な）言葉《ことば》で言《い》いかえられるということを意味《いみ》します。その力《ちから》を確《たし》かめようとするのが、比喩《ひゆ》の説明問題《せつめいもんだい》です。

しかし、そのための練習《れんしゅう》をいちいち長文読解《ちょうぶんどっかい》で行《おこな》っていては、時《じ》間《かん》がいくらあっても足《た》りません。そこで、比喩《ひゆ》を言《い》いかえる部分《ぶぶん》だけを取《と》り出《だ》して練習《れんしゅう》してしまおうじゃないか、というのが、このトレーニングページの発想《はっそう》なのです。

第一弾《だいいちだん》の問題集《もんだいしゅう》では、「ことわざを言《い》いかえる」という問題《もんだい》が4ページあり、それがこの「比喩《ひゆ》の言《い》いかえ練習《れんしゅう》」になっています。しかし、今回《こんかい》はその「ことわざ」という枠組《わくぐ》みを外《はず》して、より一般《いっぱん》的《てき》な内容《ないよう》にし、ボリュームを8ページに倍増《ばいぞう》し、かつ、出題《しゅつだい》のバリエーションを増《ふ》やしました。

くらべる力《ちから》の〈目玉《めだま》〉

――「対比《たいひ》の骨組《ほねぐ》み」58～67ページ――

あらゆる文章《ぶんしょう》には、「対比《たいひ》の骨組《ほねぐ》み」があります。

説明的文章《せつめいてきぶんしょう》（説明文《せつめいぶん》・論説文《ろんせつぶん》）だけではありません。文学的文章《ぶんがくてきぶんしょう》

（小説《しょうせつ》・物語文《ものがたりぶん》）とて、それは同《おな》じです。

こう言《い》うと、驚《おどろ》く人《ひと》が多《おお》いようです。説明文《せつめいぶん》が対比《たいひ》でできているというのは分《わ》かるが、物語文《ものがたりぶん》までが対比《たいひ》だというのは、あまり聞《き》いたことがない――そう思《おも》うようです。

しかし、考《かんが》えてもみてください。

物語《ものがたり》の作者《さくしゃ》にも、当然《とうぜん》、伝《つた》えたいメッセージがあります。

いわゆる、主題《しゅだい》・テーマです。

それは結局《けっきょく》のところ、次《つぎ》の型《かた》に集約《しゅうやく》されるのです。

A ではなく B ／ A よりも B

人工《じんこう》ではなく自然《しぜん》を求《もと》めよ。常識《じょうしき》より非常識《ひじょうしき》をとれ。大人《おとな》になるより子《こ》どもになれ。友達《ともだち》は量《りょう》より質《しつ》だ。傲慢《ごうまん》にならず謙虚《けんきょ》であれ。画一性《かくいつせい》ではなく多様性《たようせい》を大事《だいじ》にせよ。物《もの》よりも心《こころ》を重《おも》んじよ。等々《とうとう》。

この対比《たいひ》の図式《ずしき》を明示《めいじ》しているのが説明的文章《せつめいてきぶんしょう》であり、暗示《あんじ》しているのが文学的文章《ぶんがくてきぶんしょう》である――両者《りょうしゃ》の違《ちが》いは、ただそれだけです。

第一弾《だいいちだん》の問題集《もんだいしゅう》でも、「プチ小論文《しょうろんぶん》」などのページで、この骨組《ほねぐ》みへの意識《いしき》を持《も》つことができました。しかし、今回《こんかい》は、「対比《たいひ》の骨《ほね》組《ぐ》み」という言葉《ことば》をより明確《めいかく》に打《う》ち出《だ》し、自覚的《じかくてき》に使《つか》える武器《ぶき》として提示《ていじ》しています。さらに、それを物語文《ものがたりぶん》にも当《あ》てはめ、「対比的《たいひてき》心情変化《しんじょうへんか》」というキーワードをスイッチとして「くらべる思考《しこう》」が起動《きどう》するよう、仕組《しく》まれています。

たどる力《ちから》の〈目玉《めだま》〉

――「むすんでたどる力《ちから》」92～95ページ――

第一弾《だいいちだん》の問題集《もんだいしゅう》では、「ア、だからイ、だからウ」といった一直《いっちょく》線《せん》の因果関係《いんがかんけい》しか提示《ていじ》しませんでした。しかし今回《こんかい》は、もうワンランク上《うえ》の考《かんが》え方《かた》を提示《ていじ》しています。

それが、「むすんでたどる力《ちから》」です。

一《ひと》つの結論《けつろん》に対《たい》し二《ふた》つの根拠《こんきょ》が必須《ひっす》となる場合《ばあい》、これを一直線《いっちょくせん》の図式《ずしき》（及《およ》び文《ぶん》）で整理《せいり》しようとすると、ア・イ・ウの各《かく》パーツがやや複雑《ふくざつ》になる傾向《けいこう》がありました。これを、より単純化《たんじゅんか》して提示《ていじ》したのが、今回《こんかい》の「むすんでたどる力《ちから》」です。

これが加《くわ》わったことにより、複雑《ふくざつ》な因果関係《いんがかんけい》を単純化《たんじゅんか》するための技能《ぎのう》がより深《ふか》まることは、確実《かくじつ》です。

総合問題《そうごうもんだい》の〈目玉《めだま》〉

――「段落関係図《だんらくかんけいず》」104～107ページ――

多《おお》くの子《こ》が苦手《にがて》とする、段落関係図《だんらくかんけいず》の問題《もんだい》。「関係《かんけい》の整理力《せいりりょく》」が論理的思考力《ろんりてきしこうりょく》である以上《いじょう》、これを乗《の》り越《こ》えさせてあげるのも「ふくしま式《しき》」の役目《やくめ》です。

段落関係図《だんらくかんけいず》の「謎《なぞ》」とも言《い》える、線《せん》の意味《いみ》（縦線《たてせん》がどんな関係《かんけい》を意味《いみ》し、横線《よこせん》がどんな関係《かんけい》を意味《いみ》するのか）を分類《ぶんるい》・整理《せいり》し、明示《めいじ》しました。これは、おそらくどんな問題集《もんだいしゅう》にも載《の》っておらず、どんな塾《じゅく》でも教《おし》えていないのではないかと思《おも》います。まさに目玉《めだま》、画期的《かっきてき》な内容《ないよう》です。今《いま》すぐ、チェックしてみてください。

「型《かた》」が、「書《か》けない」を解決《かいけつ》する

今回《こんかい》は、やや自由度《じゆうど》の高《たか》い作文課題《さくぶんかだい》も充実《じゅうじつ》しています。ちょっと難《むずか》しそう――と思《おも》った方《かた》。ご安心《あんしん》ください。どの課題《かだい》にも、「型《かた》」があります。「型《かた》」を用《もち》いれば、「書《か》けない」という状態《じょうたい》を脱出《だっしゅつ》できます。そしてその先《さき》には、個性《こせい》を発揮《はっき》する場《ば》が約束《やくそく》されています（型《かた》があるからこそ、個性的《こせいてき》な発想《はっそう》を他者《たしゃ》と共有《きょうゆう》できるのです）。

そして、これらの「型《かた》」は、小学生《しょうがくせい》のみならず、中学生《ちゅうがくせい》、高校生《こうこうせい》、あるいは大人《おとな》にとっても、同《おな》じ価値《かち》を持《も》っています。

この問題集《もんだいしゅう》は、中高生《ちゅうこうせい》や大人《おとな》が使《つか》っても、大《おお》いに役立《やくだ》つはずです。

なお、便宜上《べんぎじょう》、難易度《なんいど》の表示《ひょうじ》がつけられています（上限《じょうげん》はそれぞれ「六年生《ろくねんせい》」ではなく、大人《おとな》です）。参考《さんこう》にしてください。

★……小学一《しょうがくいち》・二年生《にねんせい》から、解《と》くことができます。
★★……小学三《しょうがくさん》・四年生《よねんせい》から、解《と》くことができます。
★★★……小学五《しょうがくご》・六年生《ろくねんせい》から、解《と》くことができます。

〈注意《ちゅうい》〉 文字数《もじすう》の指定《してい》がある設問《せつもん》では、「」（カギ）や句読点《くとうてん》なども一字《いちじ》に数《かぞ》えます。／「最《もっと》もふさわしいもの」とある場合《ばあい》、答《こた》えは一《ひと》つです。

ふくしま式《しき》問題集《もんだいしゅう》シリーズ紹介《しょうかい》

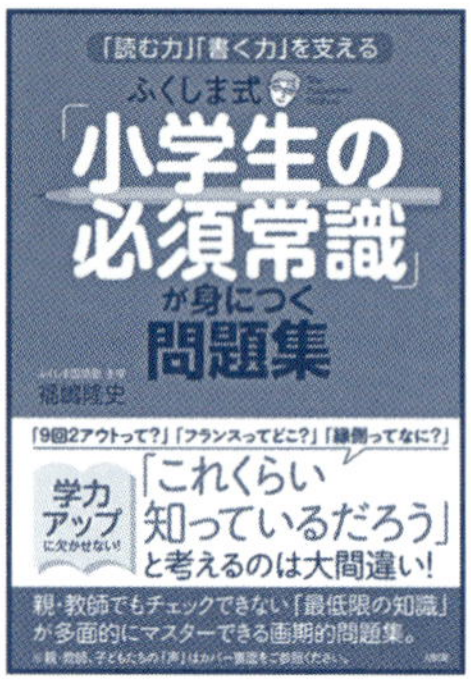

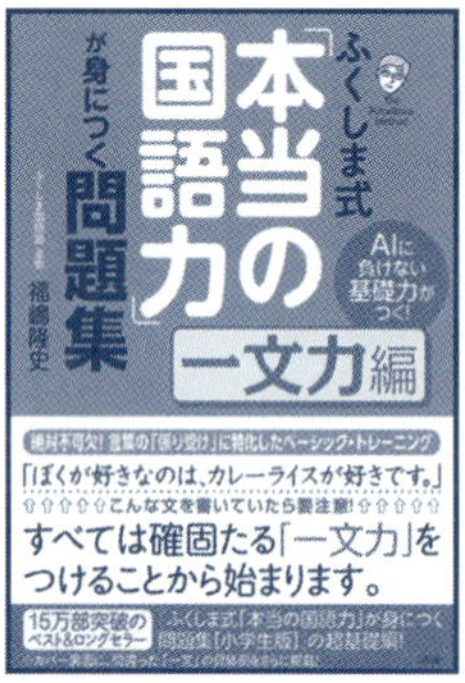

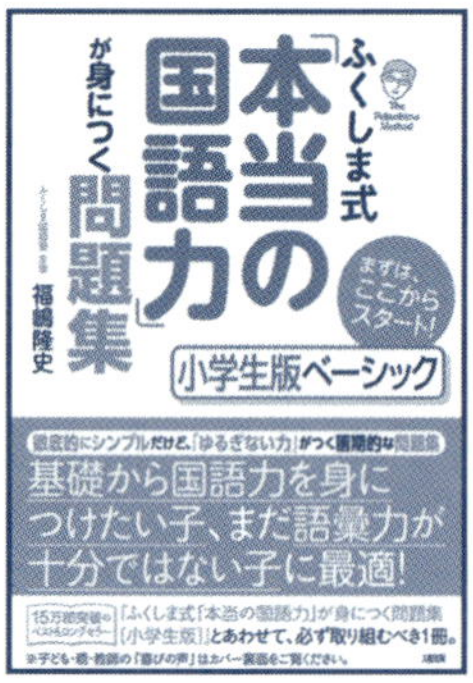

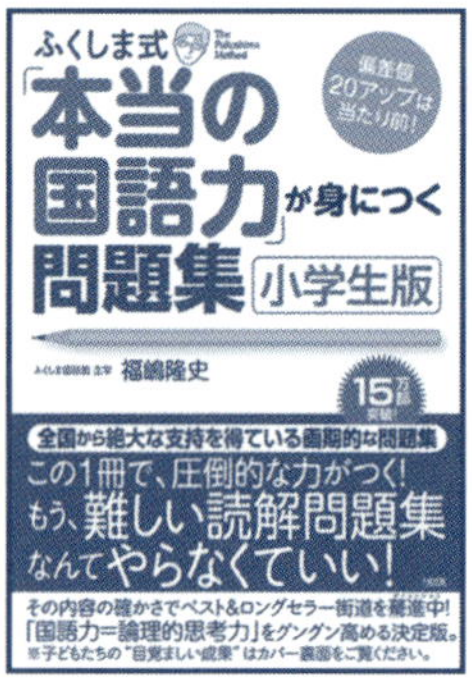

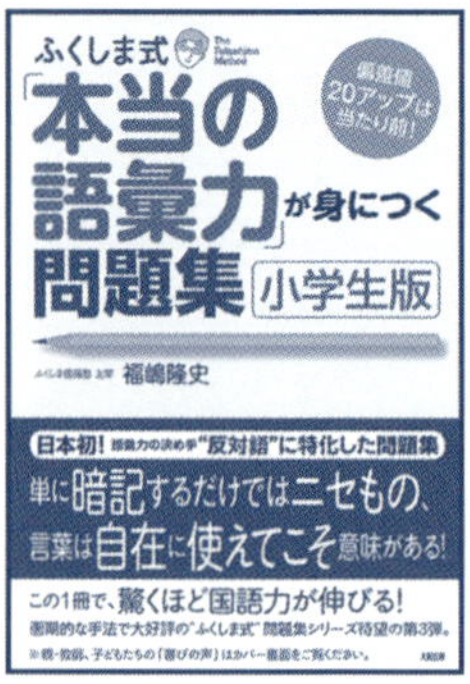

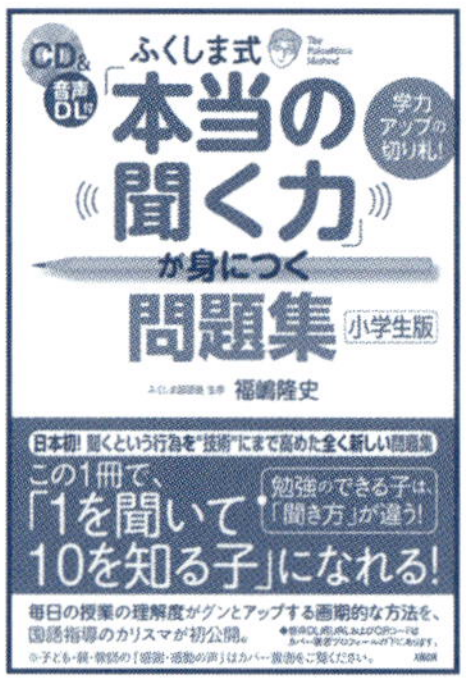

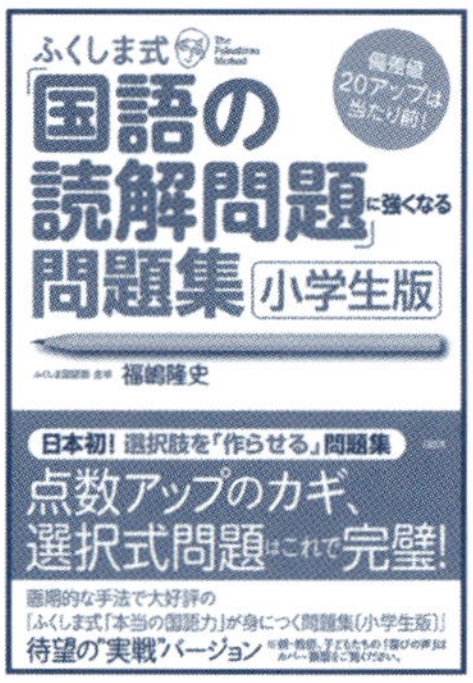

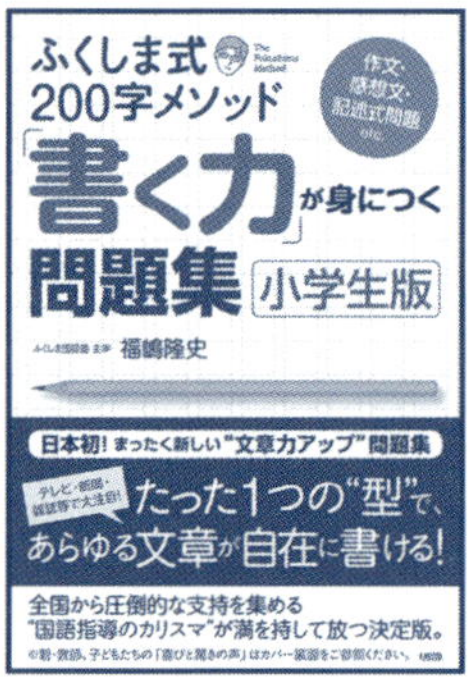

パート I

「言《い》いかえる力《ちから》」

——同等関係整理力《どうとうかんけいせいりりょく》——
を高《たか》めるトレーニング

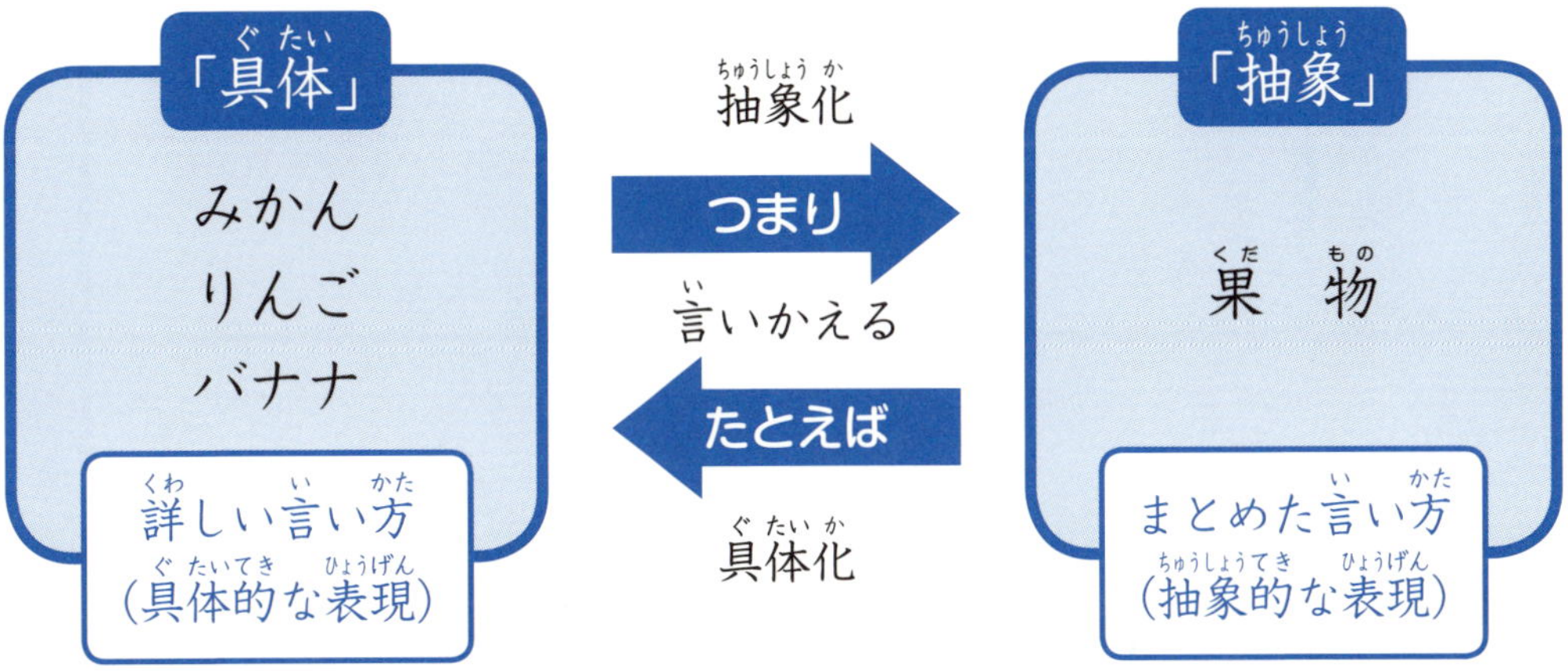

「抽象化《ちゅうしょうか》」……まとめること(共通点《きょうつうてん》を抽出《ちゅうしゅつ》すること)。
「具体化《ぐたいか》」……バラバラにし、詳《くわ》しくすること(例《れい》を挙《あ》げること)。

「みかん、りんご、バナナ」は「具体的《ぐたいてき》」。詳《くわ》しい言《い》い方《かた》です。「果物《くだもの》」は「抽象的《ちゅうしょうてき》」。まとめた言《い》い方《かた》です。「**言《い》いかえる力《ちから》**」とは、このように、「同《おな》じことがら」を「まとめた言《い》い方《かた》」にしたり、「詳《くわ》しい言《い》い方《かた》」にしたりするための力《ちから》です。この本《ほん》では、〈具体《ぐたい》〉と〈抽象《ちゅうしょう》〉の関係《かんけい》のことを「**同等関係《どうとうかんけい》**」と呼《よ》んでいます。

〈より詳《くわ》しく〉◆より正確《せいかく》には、具体化《ぐたいか》とは〈形《かたち》〉を与《あた》えること、抽象化《ちゅうしょうか》とは〈形《かたち》〉を捨《す》てることです(〈形《かたち》〉とは、ものごとの固有《こゆう》の特徴《とくちょう》のこと)。たとえば、「バナナ」から「黄色《きいろ》い」「甘《あま》い」などの特《とく》徴《ちょう》を捨《す》て去《さ》り、「樹木《じゅもく》の実《み》」という特徴《とくちょう》だけ残《のこ》せば、「果物《くだもの》」になるわけです。◆「絵《え》に描《か》きやすい表《ひょう》現《げん》は具体的《ぐたいてき》、絵《え》に描《か》きづらい表現《ひょうげん》は抽象的《ちゅうしょうてき》」といった見方《みかた》もできます(バナナは絵《え》に描《か》きやすく、果物《くだもの》は描《か》きづらい)。◆「つまり」には、抽象化《ちゅうしょうか》を伴《ともな》わない単純《たんじゅん》な言《い》いかえの働《はたら》きもありますが(例《れい》:「未知《みち》、つまりまだ知《し》らないこと」)、この本《ほん》では、「つまり」の主《しゅ》たる働《はたら》きである抽象化《ちゅうしょうか》に焦点《しょうてん》を当《あ》てています。

パートⅠ

1

「抽象《ちゅうしょう》・具体《ぐたい》」の基礎練習《きそれんしゅう》①

「つまり」「たとえば」「要《よう》するに」

レベル★★★　月　日
70点《てん》満点《まんてん》　点《てん》

レベル★★★　月　日
30点《てん》満点《まんてん》　点《てん》

総合得点《そうごうとくてん》
100点《てん》満点《まんてん》　点《てん》

1 例《れい》にならって、空欄《くうらん》を埋《う》めなさい。

答《こた》え・配点《はいてん》は115ページ

例《れい》
みかん、りんご、バナナ。**つまり**、（果物《くだもの》）。
（果物《くだもの》）。**たとえば**、みかん、りんご、バナナ。

① ジュース、お茶《ちゃ》、コーヒー。**つまり**、（　　）。
（　　）。**たとえば**、ジュース、お茶《ちゃ》、コーヒー。

② ハト、カラス、スズメ。**つまり**、（　　）。
（　　）。**たとえば**、ハト、カラス、スズメ。

③ 鉛筆《えんぴつ》、セロテープ、はさみ。**つまり**、（　　）。
（　　）。**たとえば**、鉛筆《えんぴつ》、セロテープ、はさみ。

④ コップ、皿《さら》、フォーク。**つまり**、（　　）。
（　　）。**たとえば**、コップ、皿《さら》、フォーク。

---

⑤ 冷蔵庫《れいぞうこ》、洗濯機《せんたくき》、掃除機《そうじき》。
つまり、（　　）。

⑥ 徒歩《とほ》、電車《でんしゃ》、タクシー、バス。
つまり、（　　）の手段《しゅだん》。

⑦ 人間《にんげん》より大《おお》きな動物《どうぶつ》。
たとえば、（　　、　　、　　）。

⑧ しとしと、ぱらぱら、ぽつぽつ。
つまり、（　　）が降《ふ》る（　　）を表《あらわ》す言葉《ことば》。

⑨ 何《なに》かを叩《たた》くときの音《おと》を表《あらわ》す言葉《ことば》。
たとえば、（バンバン、　　、　　）。

⑩ かむ、かじる、ほおばる。
つまり、（　　）ときの動《うご》きを表《あらわ》す言葉《ことば》。

2 例《れい》にならって、正《ただ》しいほうにマルをつけなさい。

答《こた》え・配点《はいてん》は115ページ

例《れい》 駅《えき》などでは、英語《えいご》、中国語《ちゅうごくご》、韓国語《かんこくご》の表示《ひょうじ》が増《ふ》えている。つまり、外国語《がいこくご》の表示《ひょうじ》が増《ふ》えているのだ。

・この文章《ぶんしょう》は、（抽象化《ちゅうしょうか》　具体化《ぐたいか》）されている。

① 白《しろ》い帽子《ぼうし》、黄色《きいろ》いシャツ、水色《みずいろ》のズボンで姿《すがた》を現《あらわ》した。**要《よう》するに**、明《あか》るい色《いろ》の服装《ふくそう》で登場《とうじょう》したわけだ。

・この文章《ぶんしょう》は、（抽象化《ちゅうしょうか》　具体化《ぐたいか》）されている。

② さっき公園《こうえん》で転《ころ》んだけど、血《ち》も出《で》なかったし、そのまま起《お》き上《あ》がって走《はし》って帰《かえ》って来《き》たよ。**要《よう》は**、平気《へいき》だったってことさ。

・この文章《ぶんしょう》は、（抽象化《ちゅうしょうか》　具体化《ぐたいか》）されている。

③ だいたいは反対意見《はんたいいけん》でした。**たとえば**、中止《ちゅうし》すべきだとか、もう一度《いちど》最初《さいしょ》から話《はな》し合《あ》うべきだとか、まず理由《りゆう》を聞《き》いてから考《かんが》えたいとか、そういう意見《いけん》です。

・この文章《ぶんしょう》は、（抽象化《ちゅうしょうか》　具体化《ぐたいか》）されている。

④ 何《なに》か重《おも》たい物《もの》を持《も》って来《き》て。辞書《じしょ》とか、瓶《びん》とか、マグカップとか。

・この文章《ぶんしょう》は、（抽象化《ちゅうしょうか》　具体化《ぐたいか》）されている。

⑤ シ……シュミ……シミュレーション？　そういうカタカナ言葉《ことば》は苦手《にがて》なんじゃよ。

・この文章《ぶんしょう》は、（抽象化《ちゅうしょうか》　具体化《ぐたいか》）されている。

⑥ いつまでにやればいいのかが分《わ》からない。明日《あした》までなのか、次《つぎ》の授業《じゅぎょう》までなのか。

・この文章《ぶんしょう》は、（抽象化《ちゅうしょうか》　具体化《ぐたいか》）されている。

ポイント!

2 分《わ》からなくなったら、9ページを読《よ》み直《なお》しましょう。

①②「要《よう》するに」「要《よう》は」などは、抽象化《ちゅうしょうか》する表現《ひょうげん》です。

④～⑥ 接続語《せつぞくご》（つまり、たとえば、要《よう》するに、など）を入《い》れない形《かたち》でも、抽象化《ちゅうしょうか》したり具体化《ぐたいか》したりすることができます。また、⑤のように〈具体《ぐたい》〉が一《ひと》つだけの場合《ばあい》でも「同等関係《どうとうかんけい》」は成《な》り立《た》ちます。覚《おぼ》えておきましょう。

パートⅠ

2

「抽象《ちゅうしょう》・具体《ぐたい》」の基礎練習《きそれんしゅう》②

マトリョーシカ方式《ほうしき》

1 例《れい》にならって、A～Cの空欄《くうらん》を埋《う》めなさい。

★「抽象化《ちゅうしょうか》」すると意味《いみ》は広《ひろ》くなり、「具体化《ぐたいか》」すると意味《いみ》は狭《せま》くなります（※には同《おな》じ言葉《ことば》が入《はい》ります）。

答《こた》え・配点《はいてん》は115ページ

例《れい》

文房具《ぶんぼうぐ》

筆記用具《ひっきようぐ》

鉛筆《えんぴつ》・消《け》しゴム

抽《ちゅう》象《しょう》化《か》　具《ぐ》体《たい》化《か》

A

衣類《いるい》

（　　　　）

コート・ジャンパー・ジャケット・カーディガン

抽《ちゅう》象《しょう》化《か》　具《ぐ》体《たい》化《か》

B

お菓子《かし》

（　　　　お菓子《かし》）

チョコレート・（　　　）・（　　　）・大福《だいふく》

抽《ちゅう》象《しょう》化《か》　具《ぐ》体《たい》化《か》

C

（　　　　※）

（「糸《いと》へん」がつく　　　　※）

組《くみ》・（　　）・（　　）・（　　）

抽《ちゅう》象《しょう》化《か》　具《ぐ》体《たい》化《か》

1 レベル★
月　日
36点《てん》満点《まんてん》　点《てん》

2 レベル★★
月　日
64点《てん》満点《まんてん》　点《てん》

総合得点《そうごうとくてん》
100点《てん》満点《まんてん》　点《てん》

2

例《れい》にならって、正《ただ》しい言葉《ことば》にマルをつけなさい。正《ただ》しい言葉《ことば》は一《ひと》つとは限《かぎ》りません。

答《こた》え・配点《はいてん》は115ページ

例《れい》「筆記用具《ひっきようぐ》」を具体化《ぐたいか》したもの
（鉛筆《えんぴつ》） 文房具《ぶんぼうぐ》 道具《どうぐ》 メモする はさみ （消《け》しゴム）

① 「コート」「ジャンパー」を抽象化《ちゅうしょうか》したもの
セーター 上着《うわぎ》 衣類《いるい》 カーディガン 下着《したぎ》 パンツ

② 「字《じ》」を具体化《ぐたいか》したもの
漢字《かんじ》 アルファベット 字《じ》を書《か》く 丁寧《ていねい》な字《じ》 会話《かいわ》

③ 「雨水《あまみず》」を抽象化《ちゅうしょうか》したもの
天気《てんき》 液体《えきたい》 水《みず》 冷《つめ》たい 晴《は》れ いやな天気《てんき》

④ 「泣《な》く」を具体化《ぐたいか》したもの
すすり泣《な》く 笑《わら》う むせび泣《な》く 大泣《おおな》きする 悲《かな》しむ

⑤ 「誕生日《たんじょうび》」より抽象的《ちゅうしょうてき》とも具体的《ぐたいてき》とも言《い》えないが、「言《い》いかえている」とは言《い》えるもの
生《う》まれた日《ひ》 楽《たの》しみ 嬉《うれ》しい バースデー 記念日《きねんび》

⑥ 「ギター」より抽象的《ちゅうしょうてき》で、「楽器《がっき》」より具体的《ぐたいてき》なもの
バイオリン 弦楽器《げんがっき》 はじいて音《おと》を出《だ》す楽器《がっき》 三味線《しゃみせん》

⑦ 「方向《ほうこう》」を「言《い》いかえている」とは言《い》えないもの
向《む》き あちら 下《した》 方法《ほうほう》 左《ひだり》 後《うし》ろ 距離《きょり》

ポイント!

1 このような図《ず》を、「マトリョーシカ※方式《ほうしき》の図《ず》」と名《な》づけます（※ロシアの人形《にんぎょう》。人形《にんぎょう》の中《なか》に人形《にんぎょう》、また中《なか》に人形《にんぎょう》がある）。「花《はな》」は、「白《しろ》い花《はな》」とするだけで具体化《ぐたいか》されます。これと同様《どうよう》に、Bの「お菓子《かし》」も、修飾語《しゅうしょくご》をひとこと加《くわ》えることで具体化《ぐたいか》できます。

2 分《わ》からなくなったら、マトリョーシカ方式《ほうしき》の図《ず》を自分《じぶん》で書《か》いてみるようにしましょう。

パート①

3

「抽象《ちゅうしょう》・具体《ぐたい》」の基礎練習《きそれんしゅう》③

ひとことで言《い》うと要《よう》するに何《なに》？

1 次《つぎ》の各文《かくぶん》の意味《いみ》を短《みじか》くまとめます。例《れい》にならって最《もっと》もふさわしいものを選《えら》び、記号《きごう》にマルをつけなさい。

答《こた》え・配点《はいてん》は116ページ

例《れい》 このボールはゴムでできているから、もし顔《かお》に当《あ》たってしまっても、たいしたことにはならないはずだよ。

↓ 要《よう》するに、ボールの（　　）の話《はなし》。

ア 軟《やわ》らかさ　**イ** 種類《しゅるい》　**ウ**（○）安全性《あんぜんせい》　**エ** 使《つか》い心地《ここち》

① タンスは左《ひだり》に、机《つくえ》は右《みぎ》に置《お》くことにしよう。

↓ 要《よう》するに、家具《かぐ》の（　　）の話《はなし》。

ア イメージ　**イ** 配置《はいち》　**ウ** 距離《きょり》　**エ** 安定感《あんていかん》

② 人文字《ひともじ》がうまくいったかどうか、校庭《こうてい》で見《み》ていても分《わ》からなかったが、屋上《おくじょう》から見《み》たらすぐ分《わ》かった。

↓ 要《よう》するに、（　　）を変《か》えたら分《わ》かったという話《はなし》。

ア 視線《しせん》　**イ** 視力《しりょく》　**ウ** 視点《してん》　**エ** 観点《かんてん》

③ インフルエンザ予防接種《よぼうせっしゅ》は、本格的《ほんかくてき》な寒《さむ》さが訪《おとず》れる前《まえ》に受《う》けておきたいものだ。

↓ 要《よう》するに、予防接種《よぼうせっしゅ》を受《う》けるべき（　　）の話《はなし》。

ア 時期《じき》　**イ** 流行《りゅうこう》　**ウ** 期日《きじつ》　**エ** 時間《じかん》

④ ピアノの発表会《はっぴょうかい》の本番《ほんばん》で、曲《きょく》の最初《さいしょ》から最後《さいご》まで一度《いちど》もミスをせず弾《ひ》き終《お》えるだけの実力《じつりょく》はあるはずだ。

↓ 要《よう》するに、演奏《えんそう》の（　　）の高《たか》さの話《はなし》。

ア 芸術《げいじゅつ》　**イ** 人気《にんき》　**ウ** 行動力《こうどうりょく》　**エ** 技術《ぎじゅつ》

⑤ あの子《こ》は本当《ほんとう》にいろいろ気《き》が利《き》くねえ。

↓ 要《よう》するに、あの子《こ》は（　　）だという話《はなし》。

ア 和《なご》やか　**イ** 細《こま》やか　**ウ** しとやか　**エ** にぎやか

⑥ 口《くち》に食《た》べ物《もの》を入《い》れたままおしゃべりしないこと。

↓ 要《よう》するに、食事《しょくじ》のときの（　　）の話《はなし》。

ア ルール　**イ** マナー　**ウ** パターン　**エ** システム

1 レベル★★☆
月　日
60点《てん》満点《まんてん》　点《てん》

2 レベル★★★
月　日
40点《てん》満点《まんてん》　点《てん》

総合得点《そうごうとくてん》
100点《てん》満点《まんてん》　点《てん》

2

次《つぎ》の各文《かくぶん》の意味《いみ》を短《みじか》くまとめます。例《れい》にならって、ふさわしくないものを一《ひと》つ選《えら》び、記号《きごう》にマルをつけなさい。

答《こた》え・配点《はいてん》は116ページ

例《れい》 今朝友達《けさともだち》に会《あ》ったとき、ちゃんと笑顔《えがお》を返《かえ》せなかったとか、昨日間違《きのうまちが》えて友達《ともだち》の消《け》しゴムを使《つか》っちゃったとか、そんなことを気《き》にするのはやめなさい。

→ 要《よう》するに、（　　）ことは気《き》にするなという話《はなし》。

ア 終《お》わった　**イ** 小《ちい》さな　**(ウ)** 今後《こんご》の　**エ** 過《す》ぎた

① この「式《しき》」から、なぜこの「答《こた》え」が出《で》てくるのか、どうしても分《わ》からない。

→ 要《よう》するに、「式《しき》」と「答《こた》え」の（　　）が分《わ》からないという話《はなし》。

ア 効果《こうか》　**イ** 関係《かんけい》　**ウ** つながり　**エ** 結《むす》びつき

② 一度着信《いちどちゃくしん》があったきり、何《なん》の連絡《れんらく》もない。何《なに》か問題《もんだい》でも起《お》きたのか、事故《じこ》にでも巻《ま》き込《こ》まれたのか、気《き》になる。

→ 要《よう》するに、（　　）が気《き》になるという話《はなし》。

ア 安否《あんぴ》　**イ** 状況《じょうきょう》　**ウ** 様子《ようす》　**エ** 原因《げんいん》　**オ** 光景《こうけい》

③ 今《いま》まで試《ため》したことのない踊《おど》り方《かた》で踊《おど》ったら、以前《いぜん》より多《おお》くの拍手《はくしゅ》を観客《かんきゃく》からもらうことができた。

→ 要《よう》するに、新《あたら》しい踊《おど》り方《かた》は（　　）という話《はなし》。

ア 手《て》ごたえがあった　**イ** 反応《はんのう》がよかった　**ウ** 見栄《みば》えがよかった　**エ** 受《う》けがよかった

④ テレビの中《なか》の人《ひと》だと思《おも》っていた歌手《かしゅ》に実際《じっさい》に会《あ》うことができたのが夢《ゆめ》のようで、舞《ま》い上《あ》がってしまった。

→ 要《よう》するに、歌手《かしゅ》に会《あ》えて（　　）という話《はなし》。

ア 高《たか》ぶった　**イ** 興奮《こうふん》した　**ウ** 落《お》ち着《つ》きを失《うしな》った　**エ** 有頂天《うちょうてん》になった　**オ** 誇《ほこ》らしく思《おも》った

ポイント!

「要《よう》するに」は抽象化《ちゅうしょうか》の働《はたら》きを持《も》ちます。「抽象化《ちゅうしょうか》しているんだ」ということを意識《いしき》できるよう、「要《よう》するに」をマルで囲《かこ》みながら進《すす》めましょう。

1 ②視線《しせん》は「線《せん》」、視点《してん》は「点《てん》」です。「校庭《こうてい》」や「屋上《おくじょう》」は、どちらに言《い》いかえるべきでしょうか。

2 ④「舞《ま》い上《あ》がる」という言葉《ことば》は、そもそも比喩表現《ひゆひょうげん》（たとえ）であり、絵《え》に描《か》けるような具体的表現《ぐたいてきひょうげん》です。

「というような」「などという」

1 次《つぎ》の各文《かくぶん》の空欄《くうらん》を考《かんが》えます。最《もっと》もふさわしい言葉《ことば》を後《あと》の〈語群《ごぐん》〉から選《えら》び、書《か》き入《い》れなさい。同《おな》じ言葉《ことば》は一度《いちど》しか使《つか》えません。〈語群《ごぐん》〉の中《なか》には、解答《かいとう》に用《もち》いない言葉《ことば》も含《ふく》まれています。

答《こた》え・配点《はいてん》は116ページ

① 姉《あね》は私《わたし》より三歳上《さんさいうえ》だが、身長《しんちょう》はほとんど同《おな》じだ。つまり、（年齢《ねんれい》）ほどの（身長《しんちょう》）はないわけだ。
（どちらも同《おな》じ言葉《ことば》が入《はい》ります）

② 班《はん》やチームを決《き》める際《さい》、好《す》きな人《ひと》どうしで組《く》みなさいと言《い》われると、困《こま》ってしまう。また、原稿用紙《げんこうようし》だけ配《くば》られて、何《なん》でもいいから好《す》きなことを書《か》きなさいと言《い》われても、途方《とほう》に暮《く》れてしまう。**つまり、**（　　　　）を与《あた》えられると、逆《ぎゃく》に（　　　　）になるということだ。

③ 「なんだかやる気《き》が出《で》ないなあ」という言葉《ことば》を聞《き》いて、「そういうときはコーヒーを飲《の》めばいいよ」**などと、**すぐ（　　　　策《さく》）を挙《あ》げるような人《ひと》もいれば、「そうか、やる気《き》が出《で》ないのか」**などと、**まずは（　　　　）を示《しめ》してくれるような人《ひと》もいる。

④ 勉強《べんきょう》というのは、いったい何《なん》のためにやっているのかという（　　　　）が分《わ》からないこともよくある。

⑤ 他人《たにん》の意見《いけん》を聞《き》いたり読《よ》んだりしたとき、「良《よ》い意見《いけん》だ」「いや、おかしな意見《いけん》だ」**などと**（　　　　）する前《まえ》に、その意見《いけん》の持《も》つ意味《いみ》をよく考《かんが》えることが大事《だいじ》だ。

⑥ その映画《えいが》は千八百円《せんはっぴゃくえん》を払《はら》って見《み》るような内容《ないよう》なのか、あるいは二時間《にじかん》ずっと楽《たの》しめる内容《ないよう》なのか、**などといった**（　　　　）の捉《とら》え方《かた》は、人《ひと》それぞれだ。

⑦ 文章《ぶんしょう》でしか記録《きろく》されていなかったようなできごとを、まるで実際《じっさい》に録画《ろくが》していたかのように映像化《えいぞうか》して流《なが》す、

1 レベル★★★
月　日
100点《てん》満点《まんてん》　点《てん》

すなわち（　　　　映像《えいぞう》）を、テレビでよく見《み》る。

⑧ 教師《きょうし》として生徒《せいと》に向《む》かって話《はな》すことと、父親《ちちおや》として息《むす》子《こ》に向《む》かって話《はな》すことが食《く》い違《ちが》うこともある。本当《ほんとう》は、**そういった**（　　　　）によって話《はなし》が変《か》わるのはおかしいんだろうけれども。

⑨ 配《くば》るチラシをA4にするかB5にするか**というような**（　　　　）の話《はなし》はどうでもいいから、どんなことがらを書《か》き入《い》れるのか、どういう言葉《ことば》で誘《さそ》うのか、**というような**（　　　　）の話《はなし》をしようじゃないか。

⑩ 気象予報士《きしょうよほうし》は、「明日《あした》はびっくりするほど寒《さむ》くなります」**などという**（　　　　的《てき》）な表現《ひょうげん》だけでなく、「明日《あした》は今日《きょう》とくらべて六度《ろくど》、平年《へいねん》とくらべれば一〇度《じゅうど》も気温《きおん》が下《さ》がります」**などと**（　　　　的《てき》）な表現《ひょうげん》をするよう心《こころ》がけなければならない。

⑪ 学校《がっこう》に着《つ》く直前《ちょくぜん》に忘《わす》れ物《もの》に気《き》づき、取《と》りに帰《かえ》ったところ、途中《とちゅう》で交通事故《こうつうじこ》を目撃《もくげき》。驚《おどろ》いてしばらく立《た》ちすくんでいたら、そこへやってきた警察官《けいさつかん》に事故《じこ》の様子《ようす》をたずねられた。話《はな》しているうちに忘《わす》れ物《もの》のことも忘《わす》れてしまい、そのまま学校《がっこう》へ行《い》き、叱《しか》られた――**というような**、とんだ（　　　　）の朝《あさ》だった。

⑫ 緊急時《きんきゅうじ》の連絡方法《れんらくほうほう》を電話《でんわ》ではなくメールにすることによって、クラス全員《ぜんいん》に対《たい》して一斉《いっせい》にメッセージを伝達《でんたつ》できるようになる、同《おな》じ内容《ないよう》が確実《かくじつ》に伝《つた》わる、**などといった**（　　　　）が、いくつも生《しょう》じた。

〈語群《ごぐん》〉 立場《たちば》　自由《じゆう》　評価《ひょうか》　客観《きゃっかん》　差《さ》　再現《さいげん》　ハプニング
形式《けいしき》　主観《しゅかん》　共感《きょうかん》　リスク　解決《かいけつ》　価値《かち》　ヒント　内容《ないよう》
メリット　不自由《ふじゆう》　面《めん》　実行《じっこう》　目的《もくてき》　表情《ひょうじょう》

ポイント!

「つまり」や「すなわち」は、「言《い》いかえる」ときに使《つか》う接続語《せつぞくご》です。「という」「といった」「というような」「などの」「などのような」「などという」「などといった」などにも、「言《い》いかえ」の働《はたら》きがあります。

パートⅠ

5 心情《しんじょう》や人間関係《にんげんかんけい》を図形的《ずけいてき》に言《い》いかえる ①

1
レベル★
月　日
100点《てん》満点《まんてん》　点《てん》

1 次《つぎ》のそれぞれの図《ず》の空欄《くうらん》に当《あ》てはまる言葉《ことば》を〈語群《ごぐん》〉から選《えら》び、書《か》き入《い》れなさい。同《おな》じ言葉《ことば》は一度《いちど》しか使《つか》えません。

答《こた》え・配点《はいてん》は117ページ

①

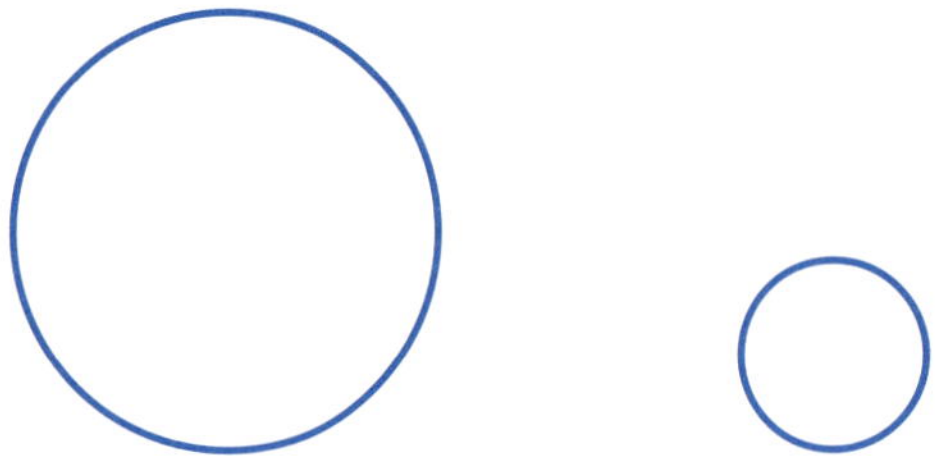

（　　　　心《こころ》）←→（　　　　心《こころ》）
（　　　　心《こころ》）←→（　　　　心《こころ》）

②

（　　　　気持《きも》ち）

（　　　　気持《きも》ち）

③

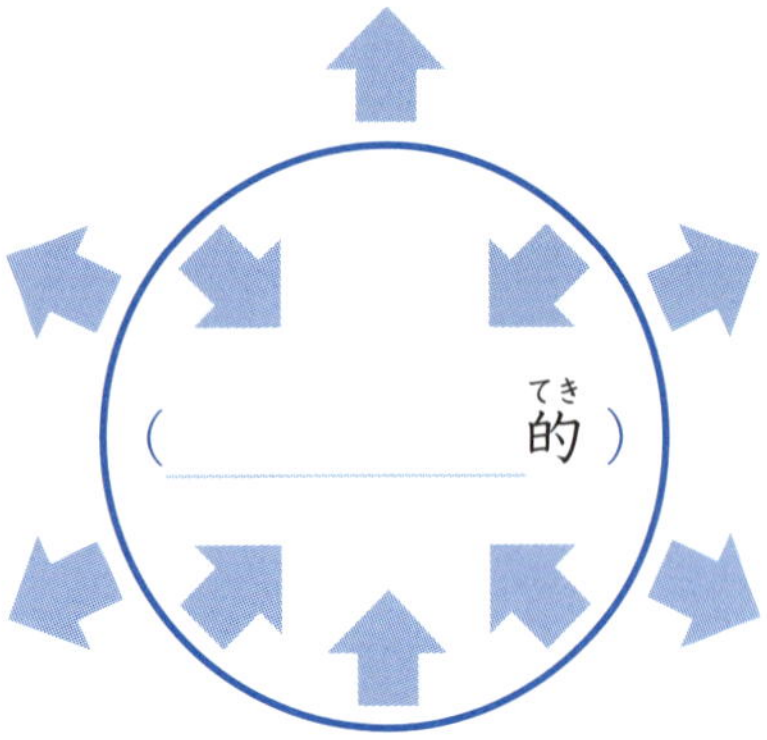

（　　　　的《てき》）

（　　　　的《てき》）

④

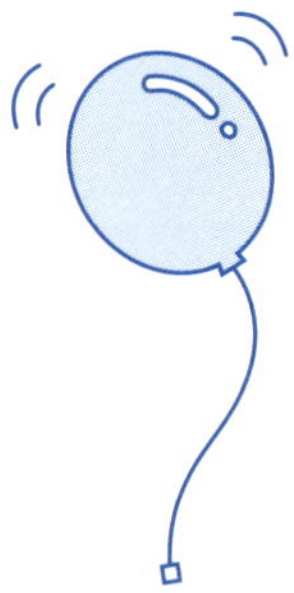

（　　　　気持《きも》ち）

（　　　　気持《きも》ち）

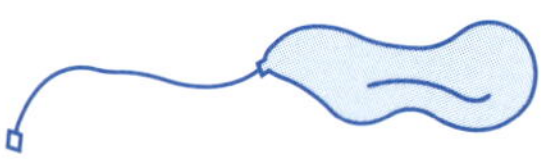

⑤

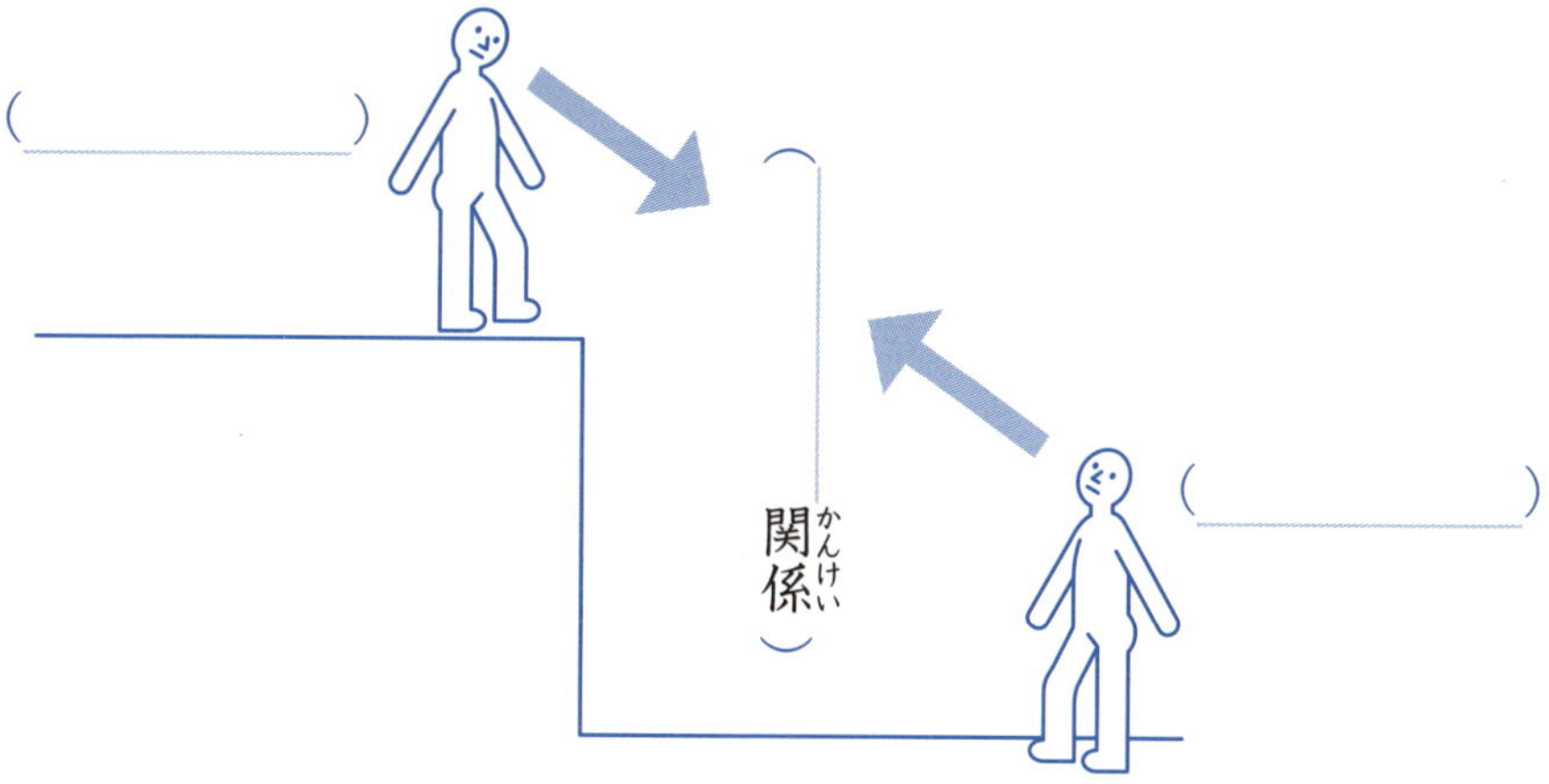

⑥

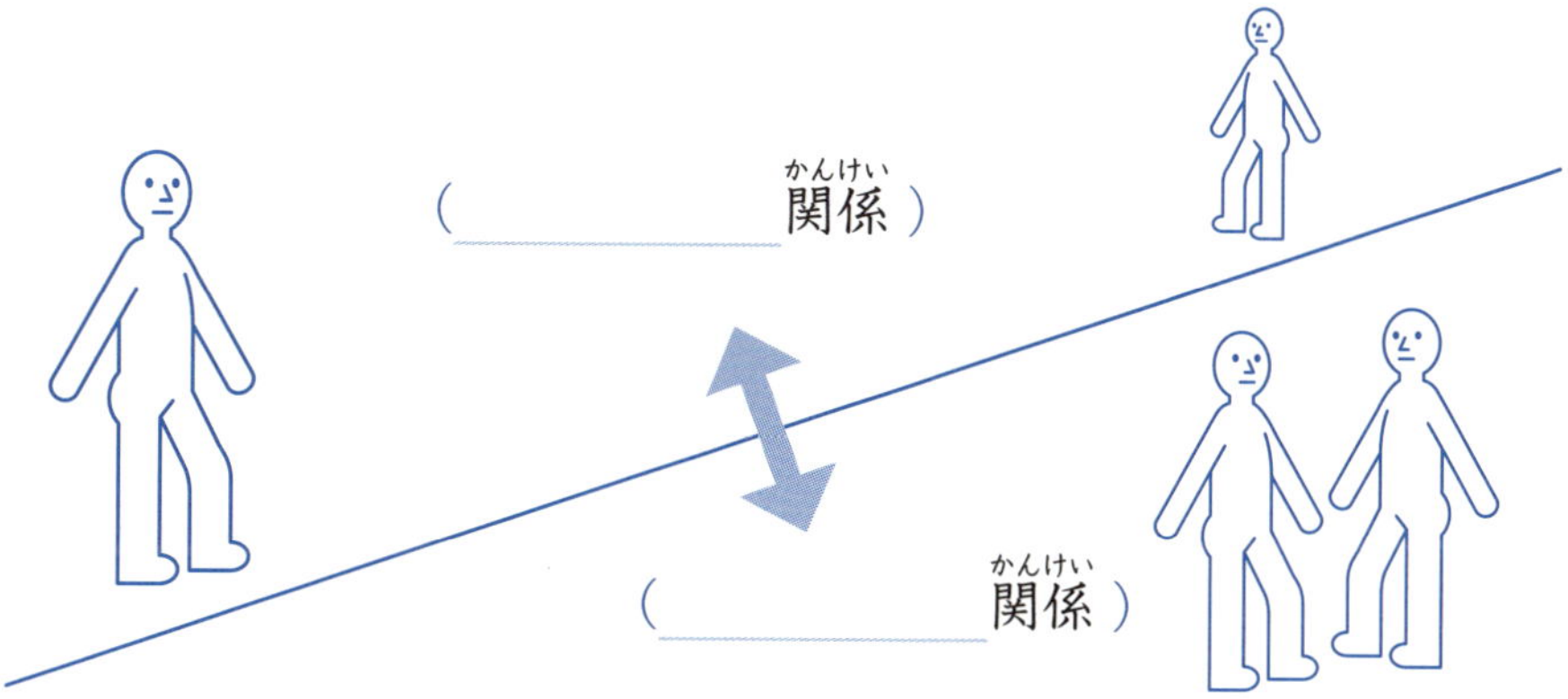

⑦

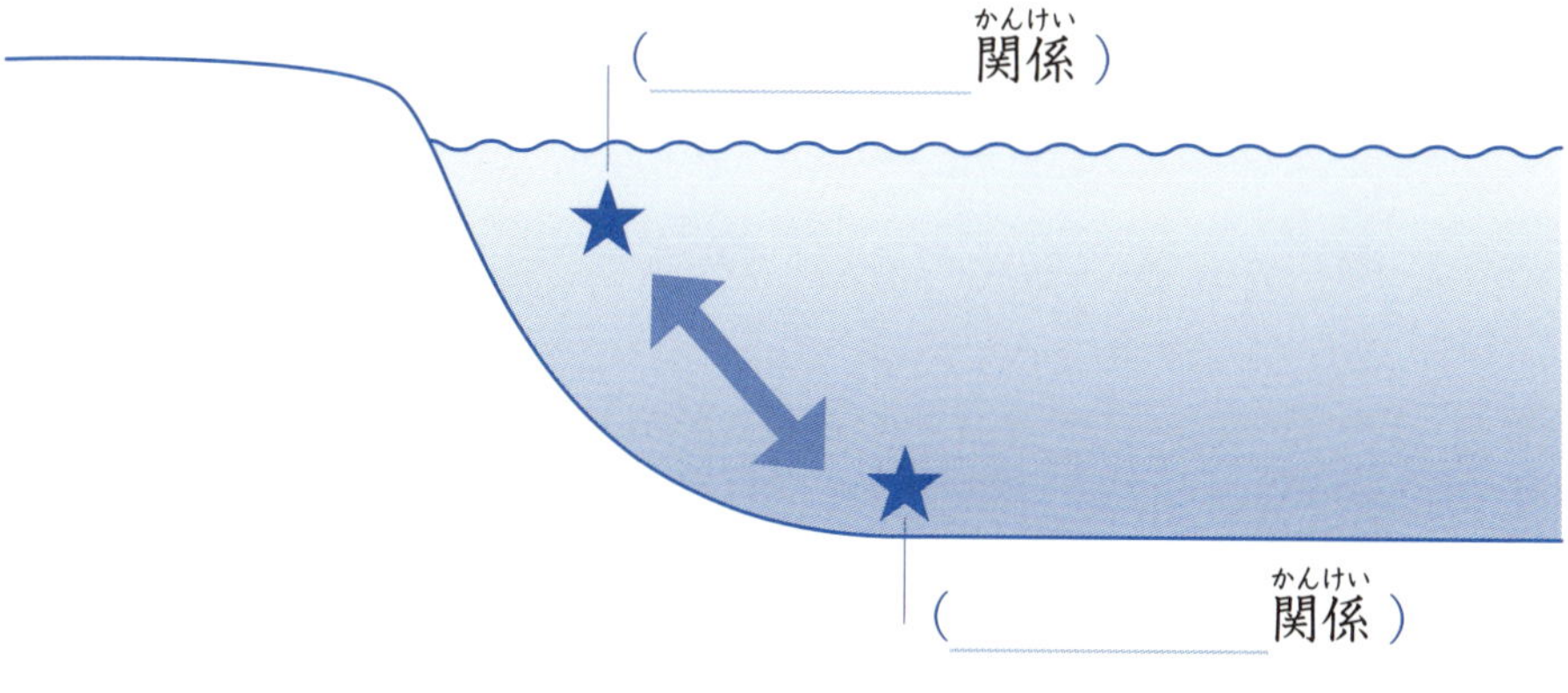

〈**語群**《ごぐん》〉見下《みさ》げる　浅《あさ》い　遠《とお》い　狭《せま》い　後《うし》ろ向《む》きな　外向《がいこう》　軽《かろ》やかな　深《ふか》い
大《おお》きな　重《おも》たい　内向《ないこう》　見上《みあ》げる　前向《まえむ》きな　小《ちい》さな　上下《じょうげ》　近《ちか》い　広《ひろ》い

ポイント!

心情《しんじょう》**（気持**《きも》**ち）**や**人間関係**《にんげんかんけい》を表《あらわ》す言葉《ことば》は、**絵**《え》**に描**《か》**けるような図**《ず》**形的**《けいてき》**な比喩**《ひゆ》**（たとえ）**で説明《せつめい》することができます。ここに挙《あ》げたもののほかにも、「長《なが》い・短《みじか》い」「太《ふと》い・細《ほそ》い」など、様々《さまざま》な「形《かたち》」にたとえることができます。

パートⅠ
6
心情《しんじょう》や人間関係《にんげんかんけい》を図形的《ずけいてき》に言《い》いかえる②

1

次《つぎ》の各文《かくぶん》から読《よ》み取《と》れる「心情《しんじょう》」あるいは「人間関《にんげんかん》係《けい》」を、絵《え》や図《ず》に描《か》けるような表現《ひょうげん》で説明《せつめい》します。18・19ページで学習《がくしゅう》した表現《ひょうげん》をできるだけ活用《かつよう》し、空欄《くうらん》を埋《う》めなさい。A・Bに分《わ》かれている場合《ばあい》は、それぞれ異《こと》なる表現《ひょうげん》を入《い》れます。なお、同《おな》じ言葉《ことば》は一度《いちど》しか使《つか》えません。

答《こた》え・配点《はいてん》は117ページ

例《れい》「きみはぼくの宝物《たからもの》をずっと隠《かく》し持《も》っていたけれど、もう昔《むかし》の話《はなし》さ。気《き》にしなくていいよ」とリョウタは言《い》った。
↓ リョウタは、（広《ひろ》い心《こころ》）の持《も》ち主《ぬし》だ。

① ゴウスケはユウジと同《おな》じく五年生《ごねんせい》なのだが、ユウジよりはるかに体格《たいかく》が大《おお》きかった。彼《かれ》の言葉《ことば》は乱暴《らんぼう》で、いつも命令口調《めいれいくちょう》でユウジに話《はな》しかけるのだった。
↓ 二人《ふたり》は（　　　関係《かんけい》）にあった。
↓ ゴウスケはいつもユウジを（　　　）ような口調《くちょう》で話《はな》していた。

② 次《つぎ》の音楽《おんがく》の授業《じゅぎょう》では、低学年《ていがくねん》の子《こ》どもたちの前《まえ》でリコーダーの演奏《えんそう》を発表《はっぴょう》するらしい。手先《てさき》が不器用《ぶきよう》でいつも音《おと》を間違《まちが》えてしまうアヤコは、ため息《いき》が止《と》まらなかった。
↓ A（　　　気持《きも》ち）でいるアヤコ。
↓ B（　　　気持《きも》ち）でいるアヤコ。

③ クラス替《が》えをして半月《はんつき》もすると、サチコは、あんなに仲《なか》の良《よ》かったナナミとも、ほとんど会話《かいわ》をしなくなった。
↓ A サチコとナナミは、関係《かんけい》が（　　　）なった。
↓ B サチコとナナミは、関係《かんけい》が（　　　）なった。

④ レイナは、ケンカの後《あと》で自分《じぶん》は謝《あやま》ったのに相手《あいて》は謝《あやま》ってくれなかったという半年前《はんとしまえ》のできごとに、今《いま》でもこだわっているらしい。困《こま》ったものだ。
↓ A レイナは心《こころ》が（　　　）。
↓ B レイナは心《こころ》が（　　　）。

1
レベル★★☆
月　日
40点《てん》満点《まんてん》　点《てん》

2
レベル★★★
月　日
60点《てん》満点《まんてん》　点《てん》

総合得点《そうごうとくてん》
100点《てん》満点《まんてん》　点《てん》

⑤ ユウキは、昨日《きのう》この学校《がっこう》に転入《てんにゅう》してきたばかりだというのに、「もう友達《ともだち》が六人《ろくにん》できた」と笑《わら》っている。たしかに、自分《じぶん》からみんなに声《こえ》をかけていたし、あながちウソでもないだろう。

→ ユウキは（　　的《てき》）な性格《せいかく》だ。

2

次《つぎ》のそれぞれの図形的表現《ずけいてきひょうげん》に似《に》たイメージの言葉《ことば》を後《あと》の〈語群《ごぐん》〉から選《えら》び、空欄《くうらん》に書《か》き入《い》れなさい。同《おな》じ言葉《ことば》は一度《いちど》しか使《つか》えません。

答《こた》え・配点《はいてん》は117ページ

① 関係《かんけい》が深《ふか》まる（　　）（　　）

② 前向《まえむ》き（　　）（　　）

③ 大《おお》きな心《こころ》（　　）（　　）

④ 内向的《ないこうてき》（　　）（　　）

⑤ 気《き》が短《みじか》い（　　）（　　）

〈語群《ごぐん》〉 積極性《せっきょくせい》　許《ゆる》し　悩《なや》み　意欲的《いよくてき》
自信《じしん》　信頼感《しんらいかん》　おおらか　くよくよ
以心伝心《いしんでんしん》　いらだち　不機嫌《ふきげん》　能動的《のうどうてき》

ポイント!

物語《ものがたり》・小説《しょうせつ》を読《よ》みながら、あるいはアニメ・ドラマ・映《えい》画などを見《み》ながら、そこに登場《とうじょう》する人物《じんぶつ》の心情《しんじょう》や人間関係《にんげんかんけい》を整理《せいり》しようとするときは、18・19ページのように図形的《ずけいてき》な整理《せいり》をしてみることが有効《ゆうこう》です。
1は、そのための練習問題《れんしゅうもんだい》です。
なお、「対比的心情変化《たいひてきしんじょうへんか》」に関《かん》する64～67ページも必《かなら》ず参照《さんしょう》してください。

パートⅠ

7

比喩《ひゆ》トレーニング①

比喩《ひゆ》に慣《な》れる

1

抽象的《ちゅうしょうてき》な文《ぶん》を、具体的《ぐたいてき》に言《い》いかえます。そのとき、できるだけ分《わ》かりやすい比喩表現《ひゆひょうげん》（たとえ）になるようにします。「絵《え》に描《か》けるような表現《ひょうげん》」になるよう意識《いしき》して、空欄《くうらん》を埋《う》めなさい。それぞれ、後《あと》の〈語群《ごぐん》〉から最《もっと》もふさわしい表現《ひょうげん》を選《えら》んで使《つか》うこと。

答《こた》え・配点《はいてん》は118ページ

例《れい》
《抽象《ちゅうしょう》》小《ちい》さな子《こ》のほっぺは、赤《あか》くて丸々《まるまる》としている。
《具体《ぐたい》》小《ちい》さな子《こ》のほっぺは、（りんごのようだ）。
〈語群《ごぐん》〉りんご・いちご・ボール

①
《抽象《ちゅうしょう》》あの雲《くも》は、ふわふわとして柔《やわ》らかそうだ。
《具体《ぐたい》》あの雲《くも》は、（　　　　）。
〈語群《ごぐん》〉ガーゼ・わたがし・とうふ

②
《抽象《ちゅうしょう》》あの子《こ》は、少《すこ》しのことですぐ傷《きず》ついてしまう。
《具体《ぐたい》》あの子《こ》の心《こころ》は（　　　　）弱《よわ》い。
〈語群《ごぐん》〉プラスチック・ガラス・ゴム

③
《抽象《ちゅうしょう》》その小説《しょうせつ》の展開《てんかい》は、変化《へんか》に富《と》んでいて、とてもスピーディーだった。
《具体《ぐたい》》その小説《しょうせつ》の展開《てんかい》は、まるで（　　　　）。
〈語群《ごぐん》〉すべり台《だい》・公園《こうえん》・ジェットコースター

④
《抽象《ちゅうしょう》》部屋《へや》の隅《すみ》に飾《かざ》っておいた観葉植物《かんようしょくぶつ》が、いつの間《ま》にか枯《か》れていた。きっと、気《き》がつかないほどの速《はや》さで、少《すこ》しずつだが確実《かくじつ》に枯《か》れていったのだろう。
《具体《ぐたい》》観葉植物《かんようしょくぶつ》は、きっと、（　　　　）ように枯《か》れていったのだろう。
〈語群《ごぐん》〉雪《ゆき》が降《ふ》り積《つ》もる
ろうそくが溶《と》ける
バケツの水《みず》をひっくり返《かえ》す

1 レベル★★☆
月　日
60点《てん》満点《まんてん》　点《てん》

2 レベル★★★
月　日
40点《てん》満点《まんてん》　点《てん》

総合得点《そうごうとくてん》
100点《てん》満点《まんてん》　点《てん》

2

次《つぎ》の各文《かくぶん》の**具体的比喩表現**《ぐたいてきひゆひょうげん》（――部《ぶ》）が伝《つた》えようとしている**抽象的**《ちゅうしょうてき》意味《いみ》として最《もっと》もふさわしいものをそれぞれ選《えら》び、記号《きごう》にマルをつけなさい。

答《こた》え・配点《はいてん》は118ページ

①　激《はげ》しい言《い》い合《あ》いをしてしまったマナミとノブオの間《あいだ》には、見《み》えない砂漠《さばく》が広《ひろ》がっているようだった。

ア　安《やす》らぎを感《かん》じるような要素《ようそ》がどこにもない

イ　一度《いちど》は経験《けいけん》してみたい感覚《かんかく》である

ウ　静《しず》かで落《お》ち着《つ》いた気持《きも》ちが感《かん》じられる

②　昨今《さっこん》のアイドルブームは、シャボン玉《だま》のようなものだ。芸能界《げいのうかい》で生《い》き残《のこ》れるのは、ほんの一握《ひとにぎ》りなのだから。

ア　次々《つぎつぎ》と華《はな》やかに登場《とうじょう》し、音楽業界《おんがくぎょうかい》を中心《ちゅうしん》に広々《ひろびろ》とした舞台《ぶたい》で活躍《かつやく》を続《つづ》けることができる

イ　様々《さまざま》な個性《こせい》を持《も》ったメンバーが、楽《たの》しそうにテレビ番組《ばんぐみ》などを盛《も》り上《あ》げてくれている

ウ　次々《つぎつぎ》と華《はな》やかに登場《とうじょう》するが、気《き》がついたときにはもう消《き》えてしまっている

③　先生《せんせい》のひとことのおかげで、頭《あたま》の中《なか》でもやもやしていた霧《きり》が晴《は》れた。新《あら》たな気持《きも》ちで、明日《あした》を迎《むか》えられそうだ。

ア　行動《こうどう》の選択肢《せんたくし》を増《ふ》やすことができた

イ　悩《なや》みがすっかり消《き》え、先《さき》を見通《みとお》せるようになった

ウ　正《ただ》しいことと間違《まちが》ったこととを区別《くべつ》するための基準《きじゅん》を手《て》に入《い》れることができた

④　これでもかというくらいに噛《か》み砕《くだ》いたら、ようやく飲《の》み込《こ》んでもらえたようだった。初心者《しょしんしゃ》に伝《つた》えるのは楽《らく》じゃないと思《おも》った。

ア　伝《つた》える量《りょう》を減《へ》らしたら、ようやく伝《つた》わった

イ　細《こま》かく分《わ》けて伝《つた》えたら、ようやく理解《りかい》してもらえた

ウ　おおまかにまとめて伝《つた》えたら、ようやく伝《つた》わった

ポイント!

どの問《と》いも、**〈抽象《ちゅうしょう》〉と〈具体《ぐたい》〉の間《あいだ》には同等関係《どうとうかんけい》が成《な》り立《た》つ**ということを意識《いしき》しながら考《かんが》えることが大切《たいせつ》です。

1の例題《れいだい》では、「赤《あか》くて丸々《まるまる》としているもの」＝「りんご」という同等関係《どうとうかんけい》です。

パートⅠ

8

比喩《ひゆ》トレーニング②

比喩《ひゆ》を元《もと》の意味《いみ》に戻《もど》す（1）

1 次《つぎ》の各文《かくぶん》の**具体的《ぐたいてき》**比喩表現《ひゆひょうげん》（——部《ぶ》）が伝《つた》えようとしている意味内容《いみないよう》を、**抽象的《ちゅうしょうてき》**に言《い》いかえなさい。どの問《と》いでも、二通《ふたとお》りずつ答《こた》えること。

答《こた》え・配点《はいてん》は118ページ

例《れい》
《具体《ぐたい》》山《やま》のような宿題《しゅくだい》が出《で》た。
《抽象《ちゅうしょう》》（多《おお》くの宿題《しゅくだい》）が出《で》た。
《抽象《ちゅうしょう》》（大量《たいりょう》の宿題《しゅくだい》）が出《で》た。

①
《具体《ぐたい》》図書館《としょかん》は、知識《ちしき》の宝庫《ほうこ》だ。
《抽象《ちゅうしょう》》図書館《としょかん》は、（　　　　）。
《抽象《ちゅうしょう》》図書館《としょかん》は、（　　　　）。

②
《具体《ぐたい》》そこは、たんぽぽのじゅうたんだった。
《抽象《ちゅうしょう》》（そこは、　　　　）。
《抽象《ちゅうしょう》》（そこでは、　　　　）。

③
《具体《ぐたい》》そんな枝葉《えだは》の話《はなし》は、やめにしよう。
《抽象《ちゅうしょう》》そんな（　　　　）は、やめにしよう。
《抽象《ちゅうしょう》》そんな（　　　　）は、やめにしよう。

④
《具体《ぐたい》》人生《じんせい》は旅《たび》だ。
《抽象《ちゅうしょう》》（人生《じんせい》は、　　　　）。
《抽象《ちゅうしょう》》（人生《じんせい》には、　　　　）。

1
レベル★★★
月　日
40点《てん》満点《まんてん》　点《てん》

2
レベル★★★
月　日
60点《てん》満点《まんてん》　点《てん》

総合得点《そうごうとくてん》
100点《てん》満点《まんてん》　点《てん》

2

1と同様《どうよう》に考《かんが》え、空欄《くうらん》を埋《う》めなさい。

答《こた》え・配点《はいてん》は118ページ

①
《具体《ぐたい》》話《はな》し合《あ》いの場《ば》では、辛口《からくち》の意見《いけん》が飛《と》び交《か》った。
《抽象《ちゅうしょう》》話《はな》し合《あ》いの場《ば》では、（相手《あいて》を　　意見《いけん》）が飛《と》び交《か》った。
《抽象《ちゅうしょう》》話《はな》し合《あ》いの場《ば》では、（　　意見《いけん》）が飛《と》び交《か》った。

②
《具体《ぐたい》》きみは石頭《いしあたま》だな。もっと他人《たにん》の意見《いけん》を聞《き》けよ。
《抽象《ちゅうしょう》》きみは（　　）。もっと他人《たにん》の意見《いけん》を聞《き》けよ。
《抽象《ちゅうしょう》》きみは（　　）。もっと他人《たにん》の意見《いけん》を聞《き》けよ。

③
《具体《ぐたい》》彼女《かのじょ》は歌手《かしゅ》の卵《たまご》だ。
《抽象《ちゅうしょう》》彼女《かのじょ》は（　　）。
《抽象《ちゅうしょう》》彼女《かのじょ》は（　　）。

④
《具体《ぐたい》》自分《じぶん》のことは棚《たな》に上《あ》げて、他人《たにん》を悪《わる》く言《い》う人《ひと》。
《抽象《ちゅうしょう》》（　　）、他人《たにん》を悪《わる》く言《い》う人《ひと》。
《抽象《ちゅうしょう》》（　　）、他人《たにん》を悪《わる》く言《い》う人《ひと》。

⑤
《具体《ぐたい》》その映画《えいが》は、息《いき》の長《なが》い作品《さくひん》となった。
《抽象《ちゅうしょう》》その映画《えいが》は、（　　）。
《抽象《ちゅうしょう》》その映画《えいが》は、（　　）。

ポイント!

読解問題《どっかいもんだい》では、「――部《ぶ》はどういうことですか」「――部《ぶ》はどのような意味《いみ》ですか」などと問《と》われます。

ここで大切《たいせつ》なのは、比喩《ひゆ》を比喩《ひゆ》で説明《せつめい》しないように注意《ちゅうい》することです。抽象《ちゅうしょう》化《か》とは、「絵《え》に描《か》きづらい表現《ひょうげん》」にすることでしたね（9ページ参照《さんしょう》）。比喩《ひゆ》を言《い》いかえるときは、絵《え》が浮《う》かぶような比喩《ひゆ》的表現《てきひょうげん》を用《もち》いてはいけません。

パートⅠ

9

比喩《ひゆ》トレーニング③

比喩《ひゆ》を元《もと》の意味《いみ》に戻《もど》す(2)

レベル★★☆ 月 日 40点《てん》満点《まんてん》 点《てん》

レベル★★★ 月 日 60点《てん》満点《まんてん》 点《てん》

総合得点《そうごうとくてん》 100点《てん》満点《まんてん》 点《てん》

1 次《つぎ》のそれぞれの言葉《ことば》を比喩的《ひゆてき》に用《もち》いている文《ぶん》をア・イから選《えら》び、記号《きごう》にマルをつけなさい。また、その文《ぶん》の中《なか》の比喩《ひゆ》を抽象的《ちゅうしょうてき》に言《い》いかえたウ以降《いこう》の選択肢《せんたくし》のうち、最《もっと》もふさわしいものの記号《きごう》を選《えら》び、マルをつけなさい。

答《こた》え・配点《はいてん》は120ページ

①　流《なが》れ

ア　この川《かわ》の流《なが》れは、とても速《はや》い。

イ　六回表《ろっかいおもて》のホームランが、試合《しあい》の流《なが》れを大《おお》きく変《か》えた。

《抽象《ちゅうしょう》》ウ　展開《てんかい》　エ　敗因《はいいん》　オ　価値《かち》　カ　流量《りゅうりょう》

②　読《よ》み

ア　僕《ぼく》の読《よ》みが正《ただ》しければ、ミチコはこの意見《いけん》に反対《はんたい》するはずだ。

イ　音読《おんどく》の発表後《はっぴょうご》、「読《よ》みが雑《ざつ》だ」と注意《ちゅうい》された。

《抽象《ちゅうしょう》》ウ　計算《けいさん》　エ　予想《よそう》　オ　声量《せいりょう》　カ　反省《はんせい》

③　走《はし》り

ア　運動会《うんどうかい》のリレーでの彼《かれ》の走《はし》りは、抜群《ばつぐん》だったね。

イ　最近《さいきん》のお笑《わら》いブームの走《はし》りは、あの番組《ばんぐみ》だった。

《抽象《ちゅうしょう》》ウ　速《はや》さ　エ　走力《そうりょく》　オ　広《ひろ》がり　カ　始《はじ》まり

④　冬来《ふゆきた》りなば春遠《はるとお》からじ

ア　冬来《ふゆきた》りなば春遠《はるとお》からじだよ。そのマフラーも、もうすぐ使《つか》わなくなるさ。

イ　冬来《ふゆきた》りなば春遠《はるとお》からじだよ。そのうちきっと、新《あたら》しい恋人《こいびと》ができるさ。

《抽象《ちゅうしょう》》

ウ　活動《かつどう》しづらい時期《じき》が過《す》ぎ去《さ》れば、活動《かつどう》しやすい時期《じき》がやってくるまで、もう間《ま》もなくだ。

エ　不幸《ふしあわ》せな時期《じき》を耐《た》え抜《ぬ》けば、幸《しあわ》せな時期《じき》がやってくるまで、もう間《ま》もなくだ。

オ　寒《さむ》い季節《きせつ》の後《あと》には、暖《あたた》かい季節《きせつ》が間《ま》もなく訪《おとず》れる。

2

次《つぎ》のそれぞれの問《と》いのAとBには、意味上《いみじょう》の違《ちが》いがあります。それを説明《せつめい》した各文《かくぶん》の空欄《くうらん》を埋《う》めなさい。

答《こた》え・配点《はいてん》は120ページ

①
A　この料理《りょうり》の味《あじ》は、蒸《む》すことで生《う》まれた。
B　この料理《りょうり》の「味《あじ》」は、蒸《む》すことで生《う》まれた。

（説明《せつめい》）Aの文《ぶん》は、甘《あま》さや苦《にが》みなどの実際《じっさい》の味《あじ》を話題《わだい》にしているように受《う》け取《と》れる。しかし、Bの文《ぶん》は異《こと》なる。Bの文《ぶん》は、「　　　」というような意味《いみ》の文《ぶん》として読《よ》むべきだろう。

②
A　ようやく港《みなと》に帰《かえ》ることができる日《ひ》がきた。
B　ようやく「港《みなと》」に帰《かえ》ることができる日《ひ》がきた。

（説明《せつめい》）Aの文《ぶん》は、漁《りょう》や船旅《ふなたび》に出《で》ていた人《ひと》が実際《じっさい》の港《みなと》に戻《もど》る話《はなし》として受《う》け取《と》るのが普通《ふつう》だ。しかし、Bの文《ぶん》は異《こと》なる。Bの文《ぶん》は、「　　　」というような意味《いみ》の文《ぶん》として読《よ》むべきだろう。

③
A　刑事《けいじ》は、犯人《はんにん》が海辺《うみべ》にやって来《く》ると信《しん》じ、じっとそこを見《み》ていた。そこに、落《お》とし穴《あな》があった。
B　刑事《けいじ》は、犯人《はんにん》が海辺《うみべ》にやって来《く》ると信《しん》じ、じっとそこを見《み》ていた。そこに「落《お》とし穴《あな》」があった。

（説明《せつめい》）Aの文《ぶん》は、海辺《うみべ》に実際《じっさい》の落《お》とし穴《あな》が掘《ほ》ってあったようにも受《う》け取《と》れる。しかし、Bの文《ぶん》は異《こと》なる。Bの文《ぶん》は、「　　　」というような意味《いみ》の文《ぶん》として読《よ》むべきだろう。

ポイント!

2 比較的《ひかくてき》短《みじか》い語句《ごく》に「」がつくと、そこに比喩的《ひゆてき》な意味《いみ》が生《しょう》じることがあります。書《か》き手《て》は、次《つぎ》のような意識《いしき》で「」を使《つか》うことがあるのです。

A　……Aそのもの
「A」……Aに似《に》た別《べつ》のもの

②・③は、次《つぎ》のような言葉《ことば》で説明《せつめい》してみましょう。
②……安心《あんしん》　③……気《き》がつかない

パートⅠ

10 比喩《ひゆ》トレーニング④

対比的比喩《たいひてきひゆ》／短文読解《たんぶんどっかい》

1

次《つぎ》のそれぞれの空欄《くうらん》を埋《う》めるのにふさわしい語句《ごく》を後《あと》の〈語群《ごぐん》〉から選《えら》び、書《か》き入《い》れなさい。それぞれの《抽象《ちゅうしょう》》と《具体《ぐたい》》が同《おな》じような意味《いみ》になるように考《かん》えます。同《おな》じ語句《ごく》は一度《いちど》しか使《つか》えません。

答《こた》え・配点《はいてん》は121ページ

①
《抽象《ちゅうしょう》》生産《せいさん》の自動化《じどうか》には、良《よ》い影響《えいきょう》も悪《わる》い影響《えいきょう》もある。

《具体《ぐたい》》生産《せいさん》の自動化《じどうか》には、（　　　　　　）。

②
《抽象《ちゅうしょう》》人生《じんせい》の苦楽《くらく》を知《し》り尽《つ》くした人《ひと》。

《具体《ぐたい》》（　　　　　　）人《ひと》。

③
《抽象《ちゅうしょう》》明日《あした》の会議《かいぎ》までに、良《よ》し悪《あ》しを判断《はんだん》する。

《具体《ぐたい》》明日《あした》の会議《かいぎ》までに、（　　　　　　）。

④
《抽象《ちゅうしょう》》害《がい》もなければ益《えき》もない番組《ばんぐみ》だった。

《具体《ぐたい》》（　　　　　　）番組《ばんぐみ》だった。

⑤
《抽象《ちゅうしょう》》校長先生《こうちょうせんせい》の今朝《けさ》のお話《はなし》は、高《たか》い能力《のうりょく》があっても努力《どりょく》を怠《おこた》る人《ひと》は、能力《のうりょく》が低《ひく》くても努力《どりょく》を続《つづ》ける人《ひと》にいずれ追《お》い越《こ》される、といったお話《はなし》だった。

《具体《ぐたい》》校長先生《こうちょうせんせい》の今朝《けさ》のお話《はなし》は、（　　　　　　）お話《はなし》だった。

⑥
《抽象《ちゅうしょう》》校長先生《こうちょうせんせい》の今朝《けさ》のお話《はなし》は、相手《あいて》に何《なに》か行動《こうどう》してほしいと思《おも》ったら、行動《こうどう》を強制《きょうせい》するのではなく、自《みずか》ら行動《こうどう》したくなるように仕向《しむ》けることだ、といったお話《はなし》だった。

《具体《ぐたい》》校長先生《こうちょうせんせい》の今朝《けさ》のお話《はなし》は、（　　　　　　）お話《はなし》だった。

〈語群《ごぐん》〉
酸《す》いも甘《あま》いも噛《か》み分《わ》けた　毒《どく》にも薬《くすり》にもならない
白黒《しろくろ》つける　ウサギとカメのような
北風《きたかぜ》と太陽《たいよう》のような　光《ひかり》と影《かげ》がある

1 レベル★★☆　月　日
60点《てん》満点《まんてん》　点《てん》

2 レベル★★★　月　日
40点《てん》満点《まんてん》　点《てん》

総合得点《そうごうとくてん》
100点《てん》満点《まんてん》　点《てん》

2

次《つぎ》の文章《ぶんしょう》を読《よ》み、後《あと》の問《と》いに答《こた》えなさい。

答《こた》え・配点《はいてん》は121ページ

その日《ひ》の体育《たいいく》の授業《じゅぎょう》は、リレーのチームごとの話《はな》し合《あ》いに費《つい》やされた。走者《そうしゃ》の順番《じゅんばん》を決《き》めるためだ。

たいていの場合《ばあい》、最《もっと》も足《あし》の速《はや》い選手《せんしゅ》がアンカー（最後《さいご》の走者《そうしゃ》）を務《つと》めるのだが、話《はな》し合《あ》いの結果《けっか》、最《もっと》も速《はや》い選手《せんしゅ》を一番目《いちばんめ》にもってくる作戦《さくせん》でいくことになった。

賛成《さんせい》はしたけれど本当《ほんとう》にそれでよいのか、といった表情《ひょうじょう》で不安《ふあん》そうにしている人《ひと》もいたし、どちらでもよいという顔《かお》をしている人《ひと》もいたし、はたまた、これでこそ勝《か》てると笑《わら》っている人《ひと》もいた。いわば、温度差《おんどさ》があったわけだ。

〈問一《といいち》〉「温度差《おんどさ》があった」とありますが、これはどういうことですか。

〈問二《といに》〉「温度差《おんどさ》がある」という言葉《ことば》を比喩《ひゆ》として用《もち》いた次《つぎ》の各文《かくぶん》のうち、その使《つか》い方《かた》が最《もっと》もふさわしいものを一《ひと》つ選《えら》び、記号《きごう》にマルをつけなさい。上段《じょうだん》の本文《ほんぶん》における使《つか》い方《かた》を参考《さんこう》にすること。

ア 運動会《うんどうかい》を中止《ちゅうし》すべきだという提案《ていあん》に対《たい》し、賛成《さんせい》は一《いち》割《わり》しかおらず、九割《きゅうわり》が反対《はんたい》だったという。そんな温度《おんど》差《さ》がある中《なか》での会議《かいぎ》は、むなしいものだっただろう。

イ 地域《ちいき》により温度差《おんどさ》があるため、同《おな》じ種類《しゅるい》の野菜《やさい》でも異《こと》なる時期《じき》に出荷《しゅっか》されるということは当然《とうぜん》ある。

ウ その治療法《ちりょうほう》を採用《さいよう》することになったとき、ベテラン医《い》師《し》と若手医師《わかていし》の間《あいだ》には温度差《おんどさ》があった。ベテラン医《い》師《し》が「他《た》の治療法《ちりょうほう》も同時《どうじ》に試《ため》そう」と言《い》う一方《いっぽう》で、若《わか》手医師《ていし》は「この治療法《ちりょうほう》だけでもいい」と言《い》ったのだ。

ポイント！

1 具体的比喩表現《ぐたいてきひゆひょうげん》に言《い》いかえる問題《もんだい》です。ここでは特《とく》に、対比関係《たいひかんけい》を持《も》った表現《ひょうげん》であることに注目《ちゅうもく》します。

2 「差《さ》」が強調《きょうちょう》されているということは、強調《きょうちょう》しないと伝《つた》わらないほどの差《さ》であるということです。

パートⅠ

11 具体例《ぐたいれい》のバランスを考《かんが》える

1

次《つぎ》の各文《かくぶん》の《抽象《ちゅうしょう》》を具体例《ぐたいれい》によって言《い》いかえるとき、最《もっと》もふさわしいと思《おも》える具体例《ぐたいれい》の組《く》み合《あ》わせをそれぞれ一《ひと》つずつ選《えら》び、記号《きごう》にマルをつけなさい。具体例《ぐたいれい》のバランスに気《き》をつけること。

答《こた》え・配点《はいてん》は123ページ

①
《抽象《ちゅうしょう》》動物園《どうぶつえん》には、いろいろな動物《どうぶつ》がいた。
《具体《ぐたい》》たとえば、
ア サル・ゴリラ・チンパンジーなどだ。
イ サル・クジャク・ライオンなどだ。
ウ ライオン・トラ・チーターなどだ。

②
《抽象《ちゅうしょう》》書店《しょてん》には、いろいろな本《ほん》があった。
《具体《ぐたい》》たとえば、
ア 文庫《ぶんこ》、雑誌《ざっし》、図鑑《ずかん》、漫画《まんが》などだ。
イ 国語辞典《こくごじてん》、百科事典《ひゃっかじてん》、英和辞典《えいわじてん》などだ。
ウ 週刊誌《しゅうかんし》、月刊誌《げっかんし》、季刊誌《きかんし》などだ。

2

次《つぎ》の各文《かくぶん》の《抽象《ちゅうしょう》》を具体例《ぐたいれい》によって言《い》いかえるとき、最《もっと》もふさわしいと思《おも》える具体例《ぐたいれい》をそれぞれ三《みっ》つずつ選《えら》び、その語句《ごく》にマルをつけなさい。具体例《ぐたいれい》のバランスに気《き》をつけること。

答《こた》え・配点《はいてん》は123ページ

①
《抽象《ちゅうしょう》》いろいろな時刻《じこく》に電話《でんわ》が鳴《な》った。

《具体《ぐたい》》たとえば、（午後九時《ごごくじ》・午前五時《ごぜんごじ》・午前一一時《ごぜんじゅういちじ》・午前六時《ごぜんろくじ》・午後一〇時《ごごじゅうじ》・午後一時《ごごいちじ》）などだ。

②
《抽象《ちゅうしょう》》隣《となり》の部屋《へや》から、いろいろな音《おと》が聞《き》こえてきた。

《具体《ぐたい》》たとえば、（ブーブー・ガンガン・ポンポン・ゴンゴン・パンパン・ビービー）といった音《おと》だ。

③
《抽象《ちゅうしょう》》彼《かれ》は、世界中《せかいじゅう》のいろいろな国《くに》を旅行《りょこう》した。

《具体《ぐたい》》たとえば、（中国《ちゅうごく》・フランス・韓国《かんこく》・イタリア・ドイツ・アメリカ）などだ。

1 レベル★☆☆
月　日
10点《てん》満点《まんてん》　点《てん》

2 レベル★★☆
月　日
30点《てん》満点《まんてん》　点《てん》

3 レベル★★☆
月　日
30点《てん》満点《まんてん》　点《てん》

4 レベル★★★
月　日
30点《てん》満点《まんてん》　点《てん》

総合得点《そうごうとくてん》
100点《てん》満点《まんてん》　点《てん》

3

次《つぎ》のそれぞれの文章《ぶんしょう》に挙《あ》げられている具体例《ぐたいれい》には、一《ひと》つだけ修正《しゅうせい》すべきものが含《ふく》まれています。その語《ご》句《く》をマルで囲《かこ》み、代《か》わりになる具体例《ぐたいれい》を考《かんが》えて、それぞれの空欄《くうらん》に書《か》きなさい。具体例《ぐたいれい》のバランスに気《き》をつけること。

答《こた》え・配点《はいてん》は123ページ

① いろいろな種類《しゅるい》の文房具《ぶんぼうぐ》を買《か》った。**たとえば**、ボールペン、セロテープ、筆記用具《ひっきようぐ》などだ。

（　　　　）

② その店《みせ》には、さまざまな衣類《いるい》が置《お》かれていた。**たとえば**、Tシャツ、上着《うわぎ》、コート、スカートなどだ。

（　　　　）

③ 人気《にんき》のあるアニメには、タイプの異《こと》なるキャラクターが揃《そろ》っている。**たとえば**、体《からだ》が大《おお》きく腕《うで》っぷしの強《つよ》そうなキャラクター、賢《かしこ》そうなキャラクター、桃太郎《ももたろう》のようなキャラクター、仲間《なかま》と打《う》ち解《と》けず孤独《こどく》を好《この》むキャラクターなどだ。

（　　　　）

4

次《つぎ》の各文《かくぶん》の続《つづ》きを考《かんが》えて書《か》きなさい。

答《こた》え・配点《はいてん》は123ページ

① 夏季《かき》オリンピックの種目《しゅもく》には、さまざまなものがある。たとえば、

② 仲直《なかなお》りのきっかけにも、いろいろあるだろう。たとえば、

ポイント!

ここで言《い》う「バランス」とは、どれも「意味上《いみじょう》（内容上《ないようじょう》）のバランス」です。文字数《もじすう》などの「形式《けいしき》」ではありません。

3 13ページ参照《さんしょう》。

4 バランスのとれた具体例《ぐたいれい》を考《かんが》えます。

パートⅠ

12

マトリョーシカ方式《ほうしき》を応用《おうよう》する①

図《ず》を文章《ぶんしょう》にする

1

33ページの型《かた》・例《れい》を参考《さんこう》にして、①～④の図《ず》を文章化《ぶんしょうか》しなさい。

例《れい》

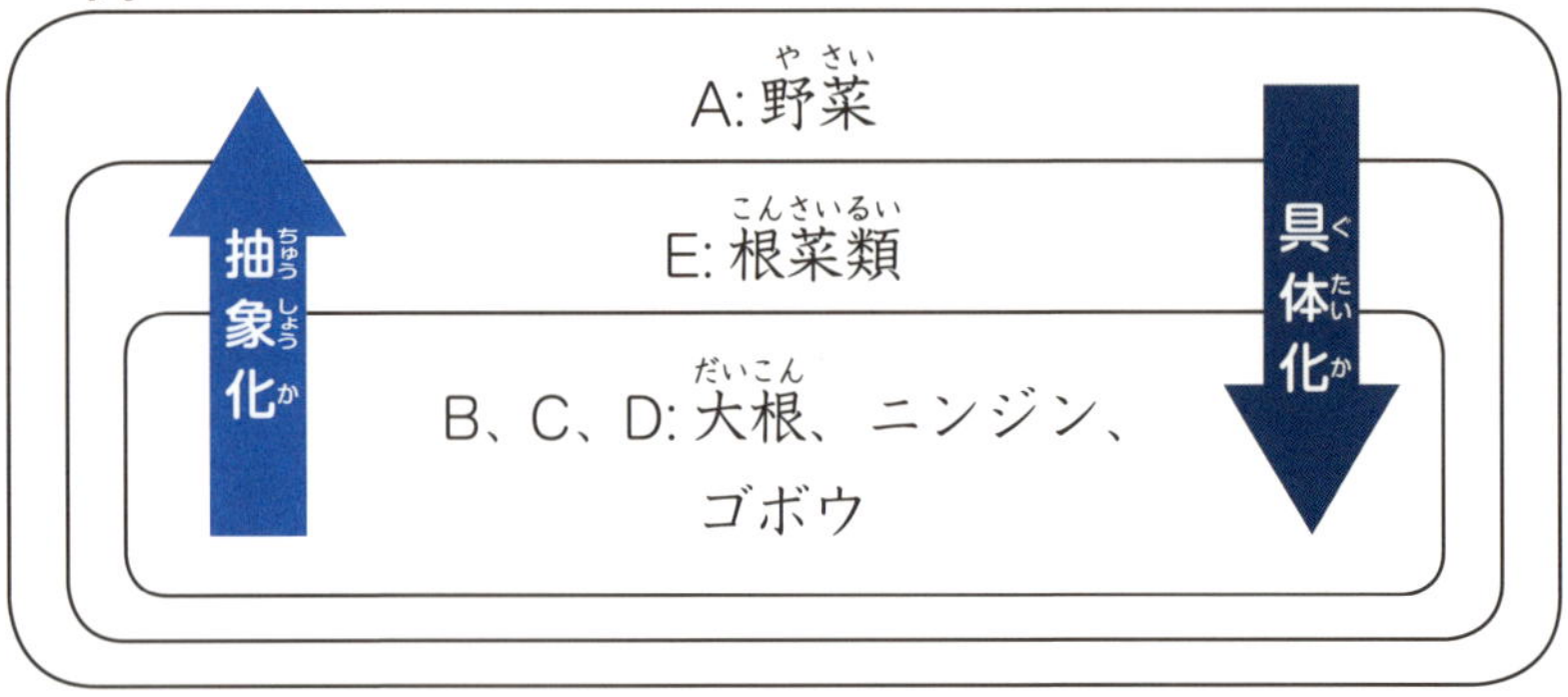

①

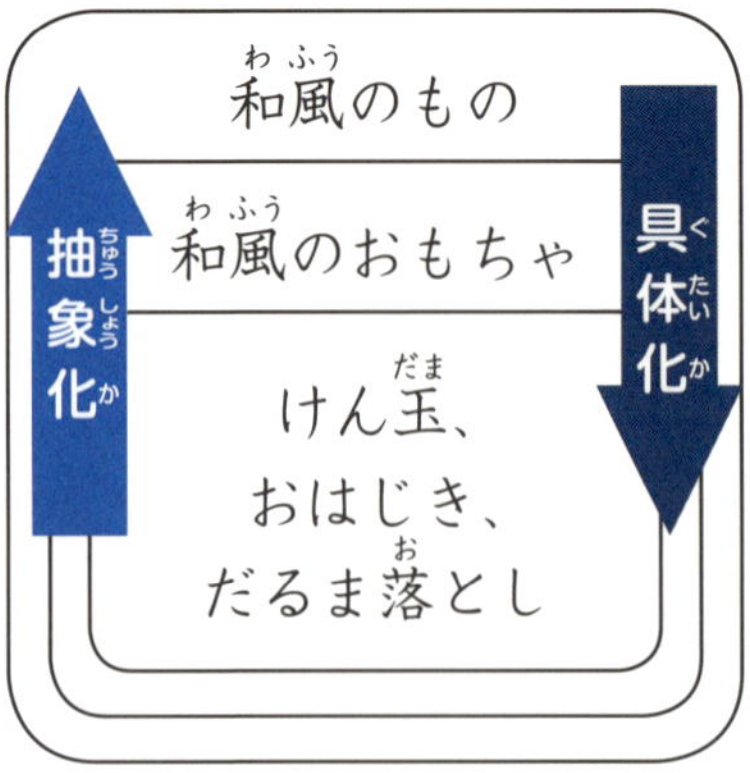

②

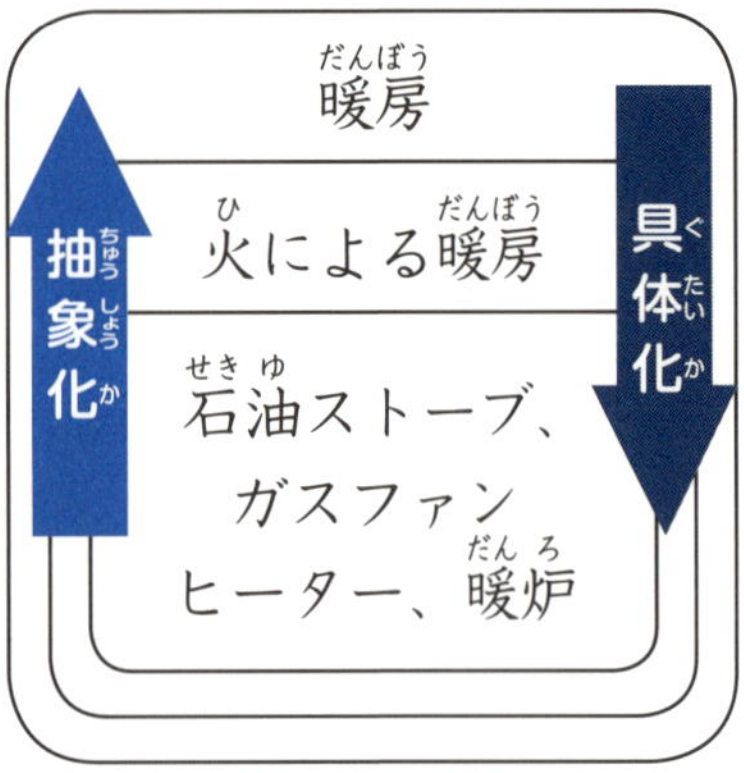

③

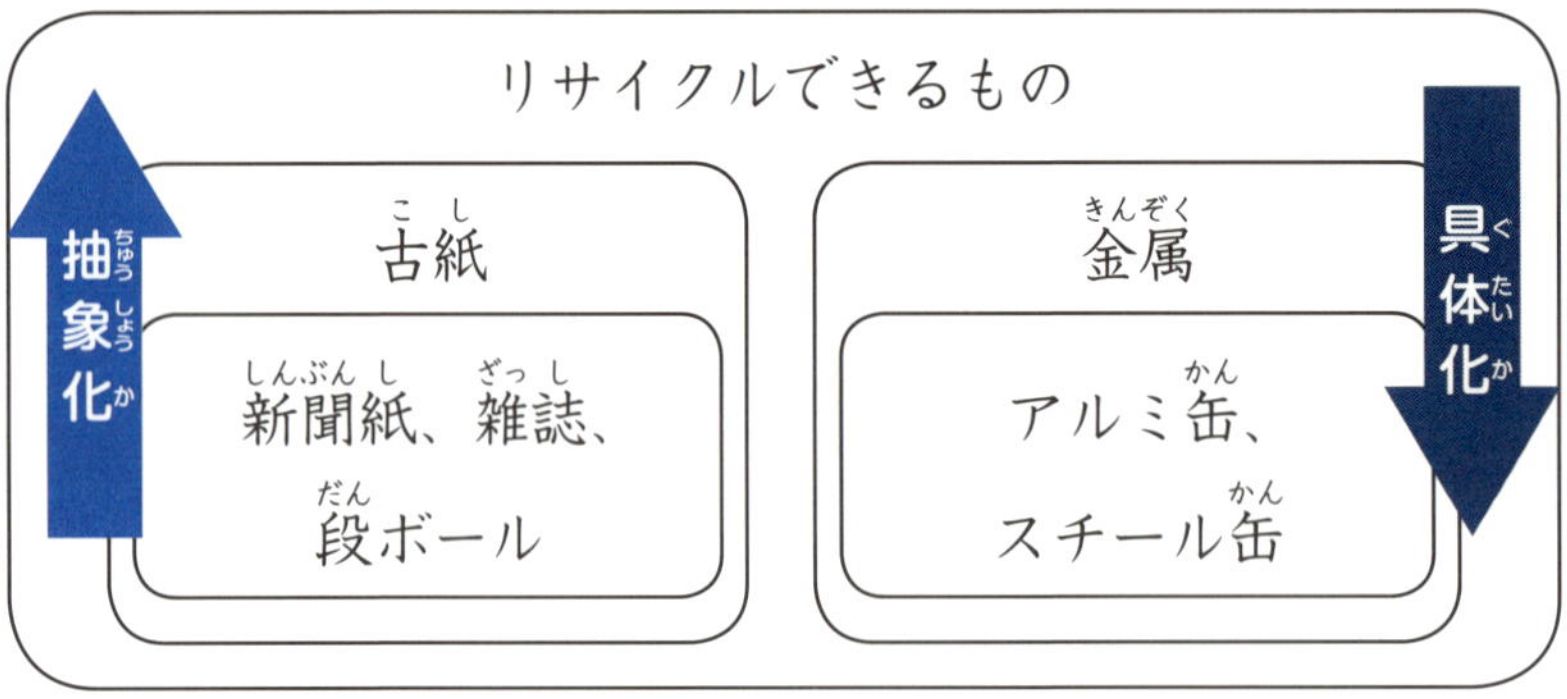

④

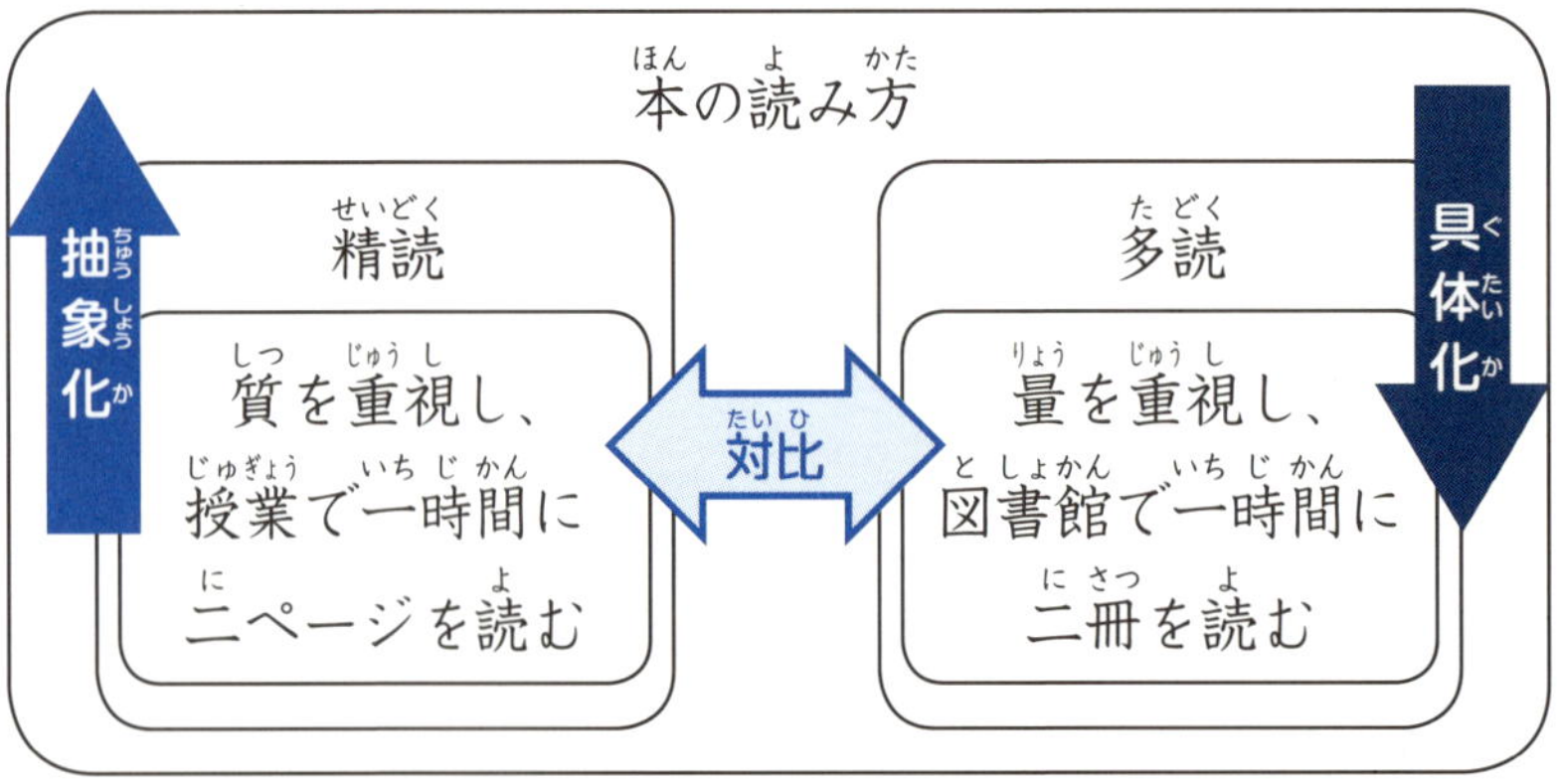

答《こた》え・配点《はいてん》は124ページ

1 レベル★★

月　日

100点《てん》満点《まんてん》　点《てん》

型《かた》

Aには、いろいろある。

たとえば、B、C、D **などの** Eである。

↓**具体化**《ぐたいか》↓　　↓**抽象化**《ちゅうしょうか》↓

例《れい》

野菜《やさい》には、いろいろある。

たとえば、大根《だいこん》、ニンジン、ゴボウなどの根菜類《こんさいるい》だ。

①

ひとくちに（　　　）と言《い》っても、いろいろある。

たとえば、（　　　）、（　　　）、（　　　）などといった（　　　）である。

②

（　　　）にも、いろいろな種類《しゅるい》がある。

たとえば、（　　　）、（　　　）、あるいは（　　　）などといった、（　　　）である。

③

（　　　）は、いろいろある。

たとえば、（　　　）、（　　　）、（　　　）などの（　　　）だ。

あるいは、（　　　）、（　　　）などの（　　　）だ。

④

（　　　）には、二種類《にしゅるい》ある。

まず、（　　　）というような（　　　）である。

逆《ぎゃく》に、（　　　）というような（　　　）もある。

ポイント!

やや長《なが》い説明文《せつめいぶん》の書《か》き出《だ》しを作《つく》るつもりで書《か》きましょう。本来《ほんらい》は、次《つぎ》のような文章《ぶんしょう》になるはずです（例文《れいぶん》の場合《ばあい》）。

「野菜《やさい》には、いろいろある。たとえば、大根《だいこん》、ニンジン、ゴボウなどの根菜類《こんさいるい》だ。また、トマト、キュウリ、ナスなどの果菜類《かさいるい》や、キャベツ、白菜《はくさい》、レタスなどの葉菜類《ようさいるい》もある。」

パートⅠ

13

マトリョーシカ方式《ほうしき》を応用《おうよう》する②

図《ず》と文章《ぶんしょう》を自作《じさく》する

1

32・33ページを参考《さんこう》にして、①～④の図《ず》を作成《さくせい》し、それを文章化《ぶんしょうか》しなさい。

①

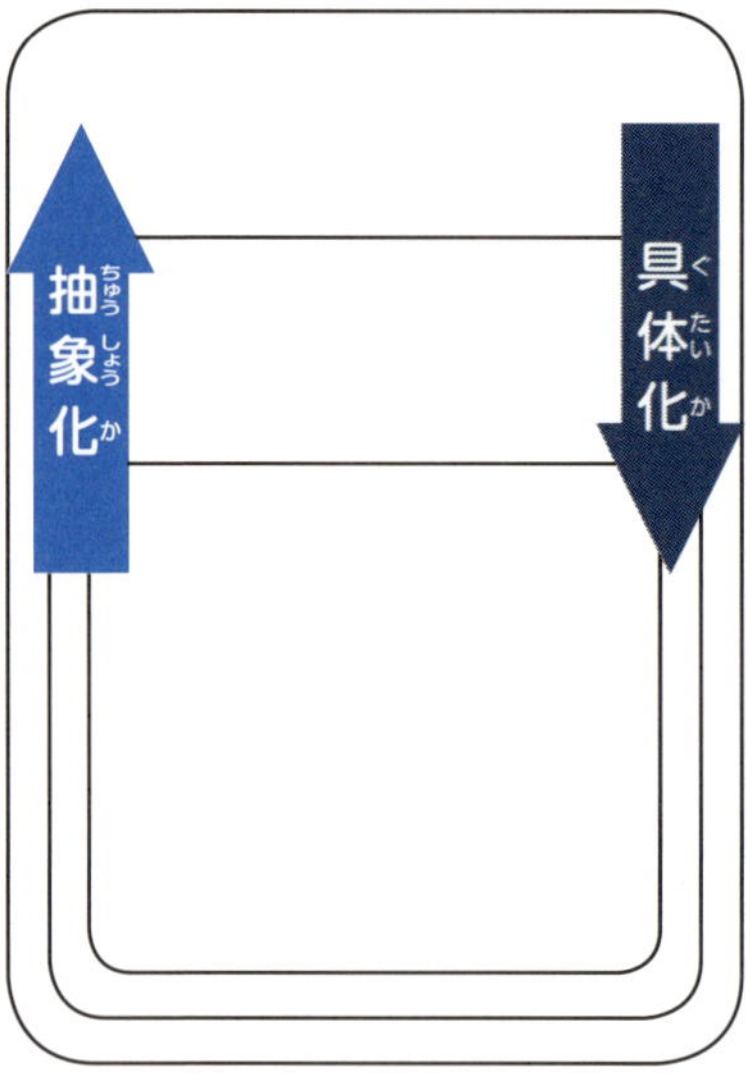

②

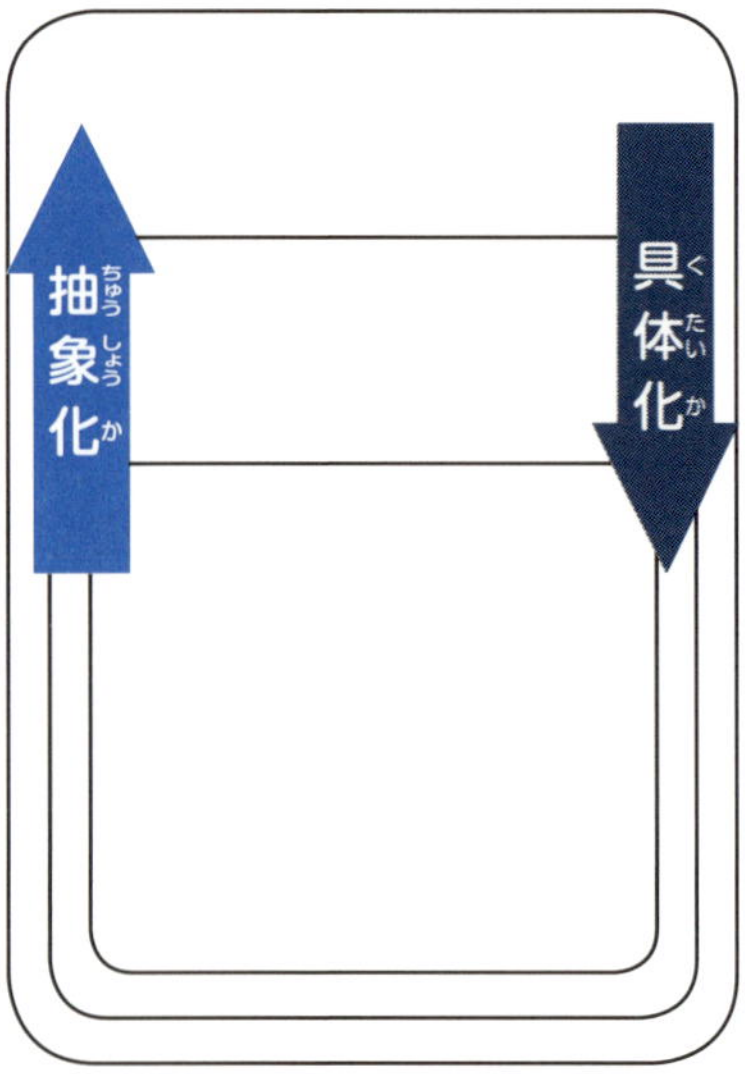

③

④

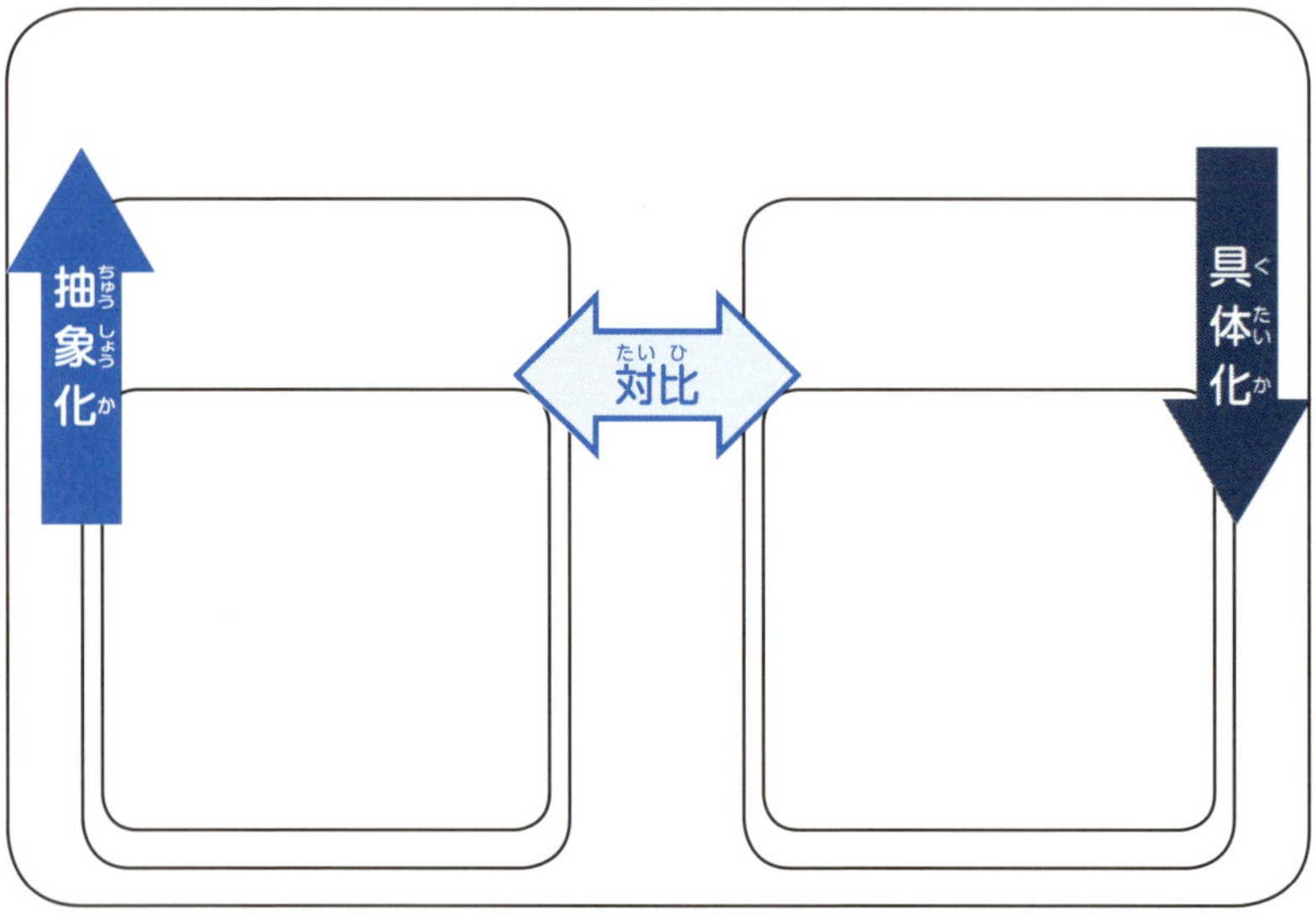

答《こた》え・配点《はいてん》は124ページ

1 レベル★★★

月　日

100点《てん》満点《まんてん》　点《てん》

①

②

③

④

ポイント！

内容《ないよう》が思《おも》いつかない場合《ばあい》は、次《つぎ》のような書《か》き出《だ》しにしてみましょう。

「空《そら》を飛《と》ぶ生《い》き物《もの》はいろいろいる」
「夏《なつ》の風物《ふうぶつ》にはいろいろある」
「調理《ちょうり》方法《ほうほう》にはいろいろある」
「踊《おど》りにはいろいろある」
「体育《たいいく》の授業《じゅぎょう》で習《なら》う運動《うんどう》にはいろいろある」
「夜景《やけい》と言《い》ってもいろいろある」
「変化《へんか》を表《あらわ》す言葉《ことば》にもいろいろある」

パートⅠ

14

マトリョーシカ方式《ほうしき》を応用《おうよう》する③

文章《ぶんしょう》を図《ず》にする

1 次《つぎ》の文章《ぶんしょう》をもとにして、37ページの図《ず》の空欄《くうらん》を埋《う》めなさい。

答《こた》え・配点《はいてん》は125ページ

五感《ごかん》という言葉《ことば》を知《し》っていますか。人間《にんげん》が外界《がいかい》のものごとを感《かん》じ取《と》るための、五《いつ》つの感覚《かんかく》のことです。

第一《だいいち》に、目《め》が光《ひかり》の刺激《しげき》を受《う》けることによって働《はたら》く、視覚《しかく》です。色《いろ》や形《かたち》、大《おお》きさ、明《あか》るさ、位置《いち》、動《うご》き、あるいは距離《きょり》などを認識《にんしき》※します。五感《ごかん》の中《なか》で最《もっと》も依存度《いそんど》※の高《たか》い感覚《かんかく》です。

第二《だいに》に、耳《みみ》が音《おと》の刺激《しげき》を受《う》けることによって働《はたら》く、聴覚《ちょうかく》です。位置《いち》、動《うご》き、あるいは距離《きょり》などを認識《にんしき》するときに重要《じゅうよう》な役目《やくめ》を果《は》たします。左《ひだり》から音《おと》がしているのか、上《うえ》からなのか、あるいは後《うし》ろからなのか。その音《おと》が近《ちか》づいて来《く》るのか、遠《とお》のいて行《い》くのか。こういったことを感《かん》じ取《と》るわけです。もちろん、声《こえ》を認識《にんしき》して会話《かいわ》をするためにも、聴覚《ちょうかく》は不可欠《ふかけつ》です。

第三《だいさん》に、鼻《はな》がにおい物質《ぶっしつ》※に刺激《しげき》を受《う》けることによって働《はたら》く、嗅覚《きゅうかく》です。食《た》べ物《もの》の種類《しゅるい》や異性《いせい》の存在《そんざい》、あるいは有害物《ゆうがいぶつ》かどうかなどを認識《にんしき》します。たとえば、危険《きけん》なガス漏《も》れに気《き》づくためには、嗅覚《きゅうかく》が不可欠《ふかけつ》です。

第四《だいよん》に、舌《した》が味物質《あじぶっしつ》※に刺激《しげき》を受《う》けることによって働《はたら》く、味覚《みかく》です。甘《あま》さ、酸《す》っぱさ、苦《にが》さ、塩辛《しおから》さ（しょっぱさ）、すなわち味《あじ》を認識《にんしき》するときに働《はたら》く感覚《かんかく》です。単《たん》においしいかまずいかなどを判断《はんだん》するためだけでなく、生命《せいめい》に必要《ひつよう》な塩分《えんぶん》などを識別《しきべつ》するためにも不可欠《ふかけつ》な感覚《かんかく》です。

第五《だいご》に、皮膚《ひふ》や粘膜《ねんまく》など、体《からだ》の表面《ひょうめん》に何《なに》かが触《ふ》れることによって働《はたら》く、触覚《しょっかく》です。熱《あつ》さ・冷《つめ》たさ、硬《かた》さ・軟《やわ》らかさ、あるいは重《おも》さ・軽《かる》さなどを認識《にんしき》します。

このように、人間《にんげん》が生《い》きていくのに欠《か》かせない感覚《かんかく》は五《いつ》つあり、それらをひとまとめにして、五感《ごかん》と呼《よ》ぶのです。

※認識《にんしき》……知《し》り、理解《りかい》すること。
※依存度《いそんど》……どのくらい頼《たよ》っているかの度合《どあ》い。
※におい物質《ぶっしつ》……においを感《かん》じさせる化学物質《かがくぶっしつ》。
※味物質《あじぶっしつ》……味《あじ》を感《かん》じさせる化学物質《かがくぶっしつ》。

1
レベル★★
月　日
100点《てん》満点《まんてん》　点《てん》

五感《ごかん》

（　　）が（　　）の刺激《しげき》を受《う》けることによって働《はたら》く。
色《いろ》、（　　）、大《おお》きさ、（　　）、（　　）、動《うご》き、距離《きょり》などを認識《にんしき》する。

聴覚《ちょうかく》

（　　）が（　　）の刺激《しげき》を受《う》けることによって働《はたら》く。
（　　）、（　　）、（　　）などを認識《にんしき》する。
（　　）を認識《にんしき》して会話《かいわ》をするためにも不可欠《ふかけつ》。

嗅覚《きゅうかく》

（　　）が（　　物質《ぶっしつ》）に刺激《しげき》を受《う》けることによって働《はたら》く。
（　　）の種類《しゅるい》や（　　）の存在《そんざい》、（　　）かどうかなどを認識《にんしき》する。

（　　）が味物質《あじぶっしつ》に刺激《しげき》を受《う》けることによって働《はたら》く。
（　　）、（　　）、（　　）、（　　）、すなわち（　　）を認識《にんしき》する。

皮膚《ひふ》や粘膜《ねんまく》など、（　　）に何《なに》かが（　　）ことによって働《はたら》く。（　　）・（　　）、（　　）・（　　）、（　　）・（　　）などを認識《にんしき》する。

ポイント！

「五感《ごかん》の中《なか》で最《もっと》も依存度《いそんど》が高《たか》い」「その音《おと》が近《ちか》づいて来《く》るのか、遠《とお》のいて行《い》くのか」「危険《きけん》なガス漏《も》れに気《き》づくためには」「生命《せいめい》に必要《ひつよう》な塩分《えんぶん》などを識別《しきべつ》する」などといった、より具体的《ぐたいてき》な説明《せつめい》の部分《ぶぶん》を省《はぶ》き、骨組《ほねぐ》みに注目《ちゅうもく》して整理《せいり》します。

パート①

15

マトリョーシカ方式《ほうしき》を応用《おうよう》する④

読解《どっかい》問題《もんだい》に活用《かつよう》する

1

レベル★★★

月　日

100点《てん》満点《まんてん》　点《てん》

1

次《つぎ》の文章《ぶんしょう》を読《よ》み、後《あと》の問《と》いに答《こた》えなさい。A～C及《およ》びア～エの記号《きごう》は、39ページの図《ず》と対応《たいおう》しています。

答《こた》え・配点《はいてん》は126ページ

小学校《しょうがっこう》の授業《じゅぎょう》は、学年《がくねん》の観点《かんてん》で分類《ぶんるい》することができる。

まず、国語《こくご》、算数《さんすう》、体育《たいいく》、音楽《おんがく》、図工《ずこう》（図画工作《ずがこうさく》）、道徳《どうとく》、つまり、全学年共通《ぜんがくねんきょうつう》で行《おこな》われる授業《じゅぎょう》である。特別活動《とくべつかつどう》は、クラブ活動《かつどう》や委員会活動《いいんかいかつどう》などのように学年《がくねん》が限定《げんてい》されるものもあるが、特別活動全体《とくべつかつどうぜんたい》でみると学年《がくねん》の指定《してい》はない。学活《がっかつ》（学級活動《がっきゅうかつどう》）がその一例《いちれい》だ。

次《つぎ》に、生活《せいかつ》（生活科《せいかつか》）だ。つまり、一《いち》、二年生《にねんせい》のみで行《おこな》われる授業《じゅぎょう》である。一《いち》、二年生《にねんせい》は、理科《りか》、社会《しゃかい》の授業《じゅぎょう》がないが、生活《せいかつ》がその代《か》わりの役目《やくめ》を果《は》たしている。

そして、理科《りか》、社会《しゃかい》、総合学習《そうごうがくしゅう》（総合的《そうごうてき》な学習《がくしゅう》の時間《じかん》）、つまり、三《さん》～六年生《ろくねんせい》のみで行《おこな》われる授業《じゅぎょう》である。なお、国語《こくご》の中《なか》の毛筆《もうひつ》の授業《じゅぎょう》は、通常《つうじょう》、三《さん》～六年生《ろくねんせい》で行《おこな》われる。

さらに、家庭《かてい》（家庭科《かていか》）及《およ》び外国語活動《がいこくごかつどう》、つまり、五《ご》、六年生《ろくねんせい》のみで行《おこな》われる授業《じゅぎょう》がある。

このように、小学校《しょうがっこう》の授業《じゅぎょう》は、学年《がくねん》の観点《かんてん》で様々《さまざま》に分類《ぶんるい》することができるのである。

〈問《と》い〉

① この文章《ぶんしょう》では、小学校《しょうがっこう》の授業《じゅぎょう》を四《よっ》つに分類《ぶんるい》しています。それぞれがどのような授業《じゅぎょう》なのか、短《みじか》めに書《か》きなさい。

（ア）

（イ）

（ウ）

（エ）

② 「算数《さんすう》」は、何《なん》の例《れい》として説明《せつめい》されていますか。意味《いみ》の狭《せま》いほうから順《じゅん》に、二通《ふたとお》り答《こた》えなさい。

（ア）の例《れい》

（A）の例《れい》

③「生活《せいかつ》」は、何《なん》の例《れい》として説明《せつめい》されていますか。意味《いみ》の狭《せま》いほうから順《じゅん》に、二通《ふたとお》り答《こた》えなさい。

（イ）の例《れい》

（A）の例《れい》

④「総合学習《そうごうがくしゅう》（総合的《そうごうてき》な学習《がくしゅう》の時間《じかん》）」は、何《なん》の例《れい》として説明《せつめい》されていますか。意味《いみ》の狭《せま》いほうから順《じゅん》に、二通《ふたとお》り答《こた》えなさい。

（ウ）の例《れい》

（A）の例《れい》

⑤「家庭《かてい》」は、何《なん》の例《れい》として説明《せつめい》されていますか。意味《いみ》の狭《せま》いほうから順《じゅん》に、二通《ふたとお》り答《こた》えなさい。

（エ）の例《れい》

（A）の例《れい》

⑥「クラブ活動《かつどう》」は、何《なん》の例《れい》として説明《せつめい》されていますか。意味《いみ》が最《もっと》も狭《せま》くなるように答《こた》えなさい。

特別活動《とくべつかつどう》の中《なか》で、

（B）の例《れい》

⑦「学活《がっかつ》」は、何《なん》の例《れい》として説明《せつめい》されていますか。意味《いみ》の狭《せま》いほうから順《じゅん》に、四通《よんとお》り答《こた》えなさい。

特別活動《とくべつかつどう》の中《なか》で、

（C）の例《れい》

の例《れい》

（ア）の例《れい》

（A）の例《れい》

ポイント！

左《ひだり》の図《ず》を参考《さんこう》にしながら、考《かんが》えてみましょう。（図《ず》の中《なか》の数字《すうじ》は、解説用《かいせつよう》）

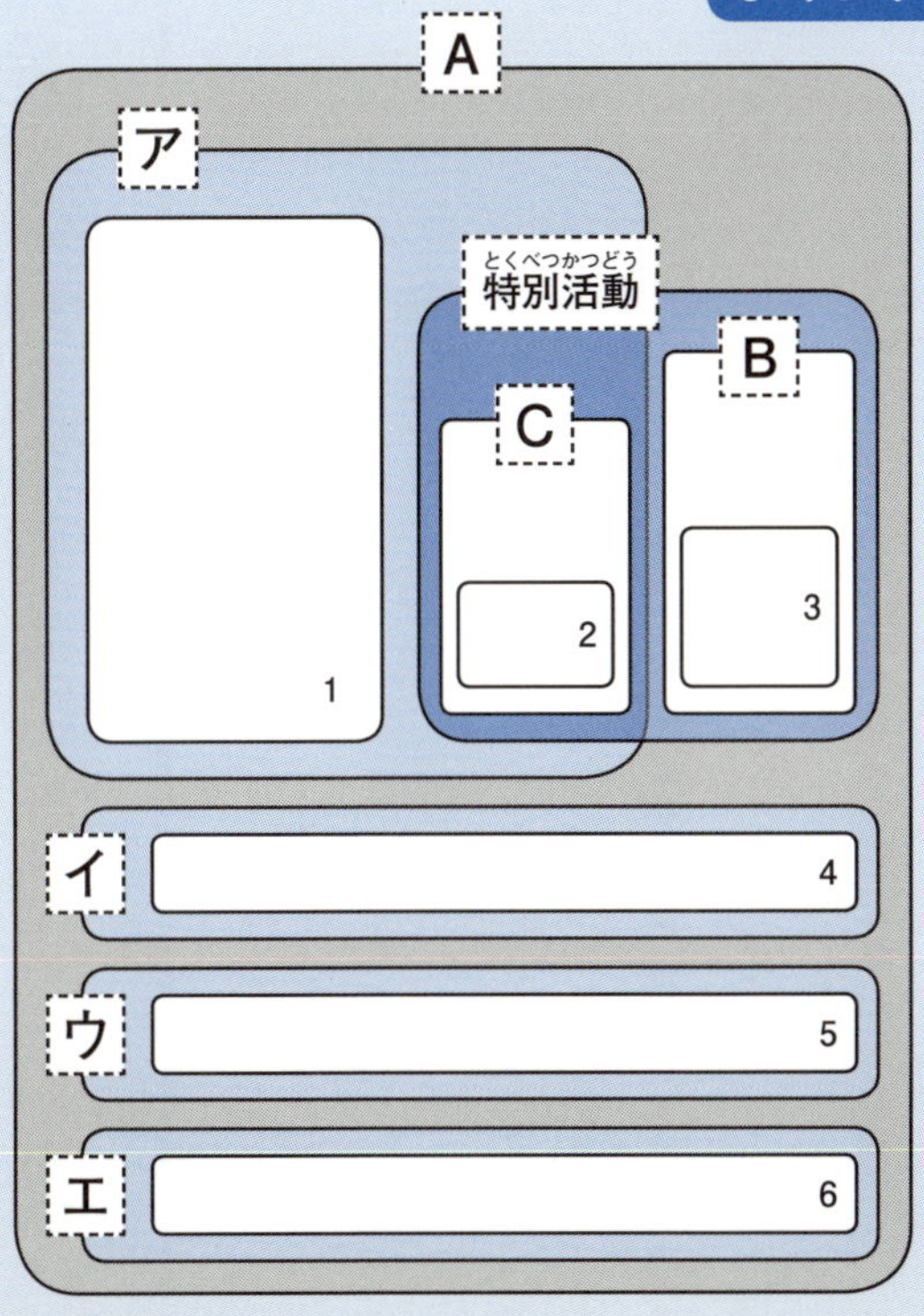

パートⅠ

16 抽象度《ちゅうしょうど》を変《か》えずに言《い》いかえる

1

例《れい》にならって、各文《かくぶん》を書《か》きかえなさい。元《もと》の文《ぶん》の意《い》味《み》がほとんど変《か》わらないように書《か》くこと。

答《こた》え・配点《はいてん》は127ページ

例《れい》 犬《いぬ》が、嬉《うれ》しそうにしっぽを振《ふ》っている。
↓（嬉《うれ》しそうにしっぽを振《ふ》っている）犬《いぬ》。
↓（犬《いぬ》が嬉《うれ》しそうに振《ふ》っている）しっぽ。

① タクシーが家《いえ》に着《つ》いた。
↓（　　　　）タクシー。
↓（　　　　）家《いえ》。

② 妹《いもうと》は、テレビを見《み》ながら涙《なみだ》を流《なが》していた。
↓（　　　　）妹《いもうと》。
↓（　　　　）テレビ。
↓（　　　　）涙《なみだ》。

2

例《れい》にならって、各文《かくぶん》の——部《ぶ》を一文《いちぶん》で書《か》きかえなさい。□で囲《かこ》んだ指示語《しじご》（こそあど言葉《ことば》）が意味《いみ》する内容《ないよう》をできるだけ詳《くわ》しく書《か》くこと。

答《こた》え・配点《はいてん》は127ページ

例《れい》 時計《とけい》が壊《こわ》れてしまった。それを直《なお》してもらうため、時《と》計店《けいてん》に出《で》かけた。
↓（壊《こわ》れてしまった時計《とけい》を直《なお》してもらうため、時計店《とけいてん》に出《で》かけた）。

① 母《はは》は、寒《さむ》がりの私《わたし》のために毛糸《けいと》の帽子《ぼうし》を買《か》ってきてくれた。ところが、私《わたし》は、それをスキー場《じょう》に忘《わす》れてきてしまったのだ。
↓（　　　　）

1 レベル★	月　日
23点《てん》 満点《まんてん》	点《てん》
2 レベル★★	月　日
45点《てん》 満点《まんてん》	点《てん》
3 レベル★★★	月　日
32点《てん》 満点《まんてん》	点《てん》
総合得点《そうごうとくてん》	
100点《てん》 満点《まんてん》	点《てん》

② ヨウジは、第三試合《だいさんしあい》に勝《か》った頃《ころ》になって、ようやく安心感《あんしんかん》を覚《おぼ》えた。しかし、準決勝《じゅんけっしょう》の時刻《じこく》が目前《もくぜん》に迫《せま》ってくると、そんな気持《きも》ちはどこかへ消《き》えてしまった。

↓（　　　　　　　　　　　　　　　　）。

③ フライパンに油《あぶら》をひいておきます。そこに、生卵《なまたまご》を割《わ》り入《い》れます。それを、手早《てばや》くかき混《ま》ぜます。

↓（　　　　　　　　　　　　　　　　）。

3 例《れい》にならって、次《つぎ》の各文《かくぶん》を短《みじか》くしなさい。

答《こた》え・配点《はいてん》は127ページ

例《れい》 予定《よてい》を確認《かくにん》することが大切《たいせつ》だということ

↓（予定《よてい》の確認《かくにん》の重要性《じゅうようせい》）

① 終《お》わったということを伝《つた》えること

↓（　　　　　　　　　　　　　　　　）

② 何《なに》か分《わ》からないことがあるかどうか

↓（　　　　　　　　　　　　　　　　）

③ まだ知《し》らないことを大切《たいせつ》だと考《かんが》えるということ

↓（　　　　　　　　　　　　　　　　）

④ 何《なん》のためにするのかを確《たし》かめることを欠《か》かすことはできないだろう。

↓（　　　　　　　　　　　　　　　　だろう）。

ポイント!

どの問題《もんだい》も、意味《いみ》が通《つう》じやすくなるよう、言葉《ことば》に多少手《たしょうて》を加《くわ》えてもかまいません。たとえば、1の②の二《ふた》つ目《め》ならば、「涙《なみだ》を流《なが》していた」を「涙《なみだ》を流《なが》しながら」に変《か》えてかまいません。ただし、文《ぶん》の意味《いみ》が大《おお》きく変《か》わることのないよう、注意《ちゅうい》しましょう。

3「の」を上手《じょうず》に使《つか》うことが大切《たいせつ》です。

パートⅠ

17 一文《いちぶん》を短《みじか》くする　抽象化《ちゅうしょうか》（要約《ようやく》）する

1

例《れい》にならって各文《かくぶん》の構造《こうぞう》を整理《せいり》し、要約《ようやく》しなさい。
要約《ようやく》とは、文《ぶん》や文章《ぶんしょう》の「骨組《ほねぐ》み〈抽象《ちゅうしょう》〉」を残《のこ》し、「肉《にく》〈具体《ぐたい》〉」を捨《す》てることです。指定《してい》された字数《じすう》以内《いない》で書《か》くこと（句読点《くとうてん》なども字数《じすう》に含《ふく》む）。
※48ページを先《さき》に読《よ》むこと。

答《こた》え・配点《はいてん》は127ページ

例《れい》　兄《あに》は、消《け》しゴムがなくなったと言《い》って泣《な》き出《だ》した妹《いもうと》をなぐさめた。
〈10字《じ》以内《いない》〉　兄《あに》は妹《いもうと》をなぐさめた。

消《け》しゴムが → なくなった　と言《い》って → 泣《な》き出《だ》した → 妹《いもうと》を（2 誰《だれ》を？） → なぐさめた（1 述語《じゅつご》）
兄《あに》は（2 誰《だれ》が？） → なぐさめた（1 述語《じゅつご》）

要約文《ようやくぶん》の作《つく》り方《かた》（骨組《ほねぐ》みの見《み》つけ方《かた》）
1→まず、述語《じゅつご》
2→次《つぎ》に、述語《じゅつご》を直接説明《ちょくせつせつめい》する言葉《ことば》
（特《とく》に、文全体《ぶんぜんたい》の意味《いみ》を支《ささ》えるもの）

① タワーの展望台《てんぼうだい》から家族《かぞく》といっしょにながめた初日《はつひ》の出《で》は、きっと一生《いっしょう》、心《こころ》に残《のこ》るだろう。

2 どこに？
2 何《なに》が？
1 述語《じゅつご》

〈15字《じ》以内《いない》〉

② 目覚《めざ》まし時計《どけい》を止《と》めてまた眠《ねむ》ってしまうことが多《おお》い私《わたし》は、不安《ふあん》なので、目覚《めざ》まし時計《どけい》を五《いつ》つセットしている。

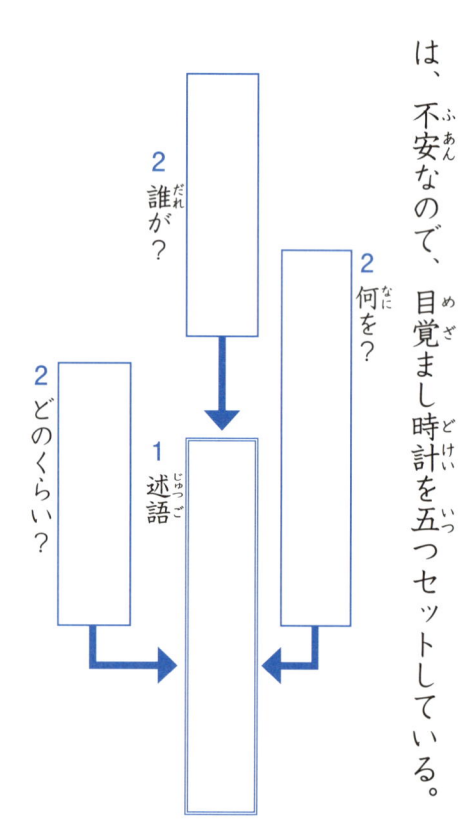

2 何《なに》を？
2 誰《だれ》が？
1 述語《じゅつご》
2 どのくらい？

1 レベル★★
月　日
100点《てん》満点《まんてん》　点《てん》

〈20字《じ》以内《いない》〉

③ 勇気《ゆうき》を出《だ》して立候補《りっこうほ》しなさいと言《い》われたときに思《おも》い切《き》って手《て》を挙《あ》げたタロウ君《くん》は、「勇気《ゆうき》を出《だ》すためにも勇気《ゆうき》がいるからなあ」などとあれこれ迷《まよ》っていた私《わたし》よりもずっと勇気《ゆうき》を持《も》っている。

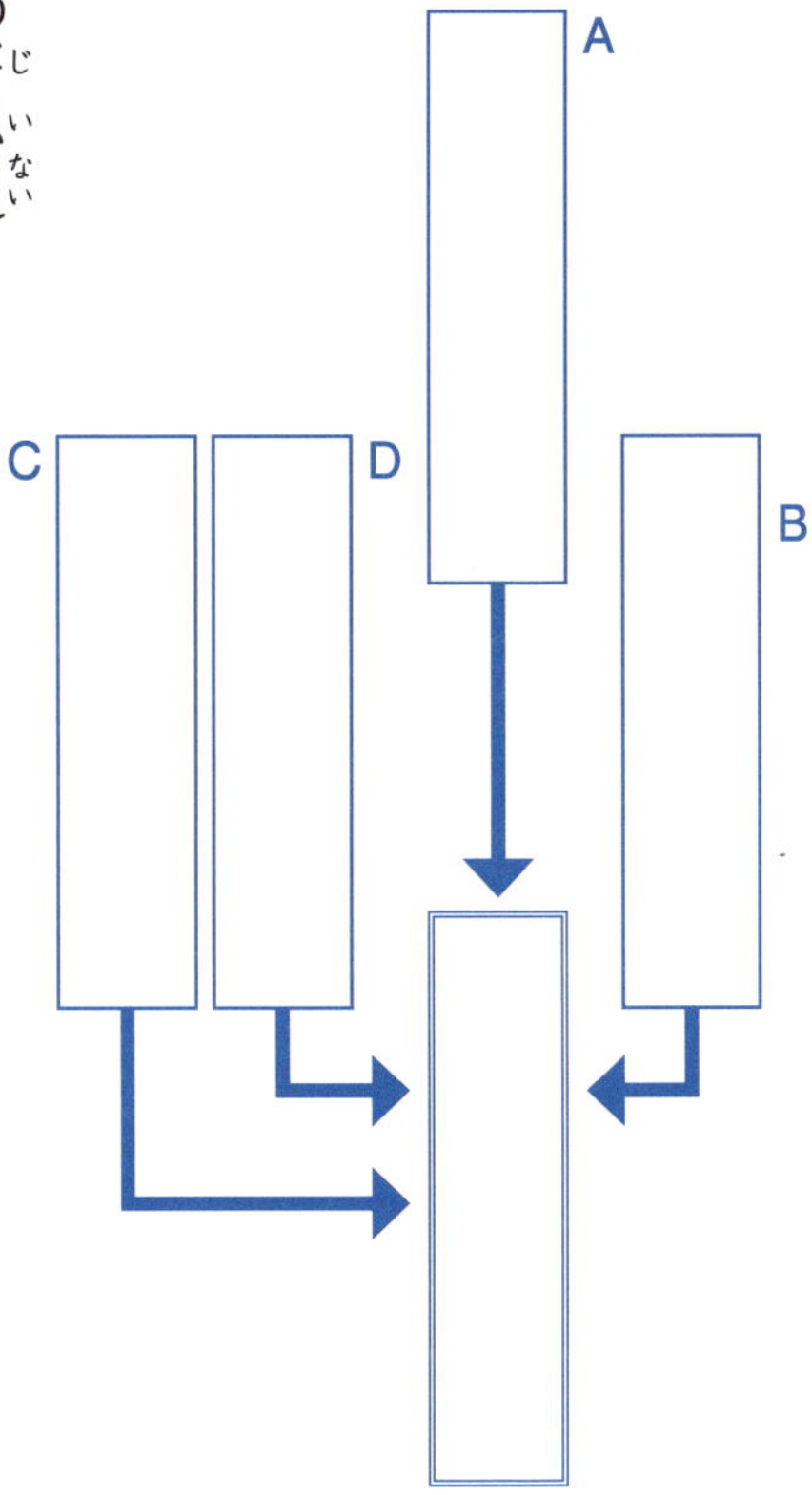

〈25字《じ》以内《いない》〉

④ 夏《なつ》というのは心躍《こころおど》る楽《たの》しみな季節《きせつ》なのだが、そんな夏《なつ》らしい気分《きぶん》に影《かげ》を落《お》とすのは、夏休《なつやす》み直前《ちょくぜん》に配《くば》られる、あの大量《たいりょう》の宿題《しゅくだい》である。

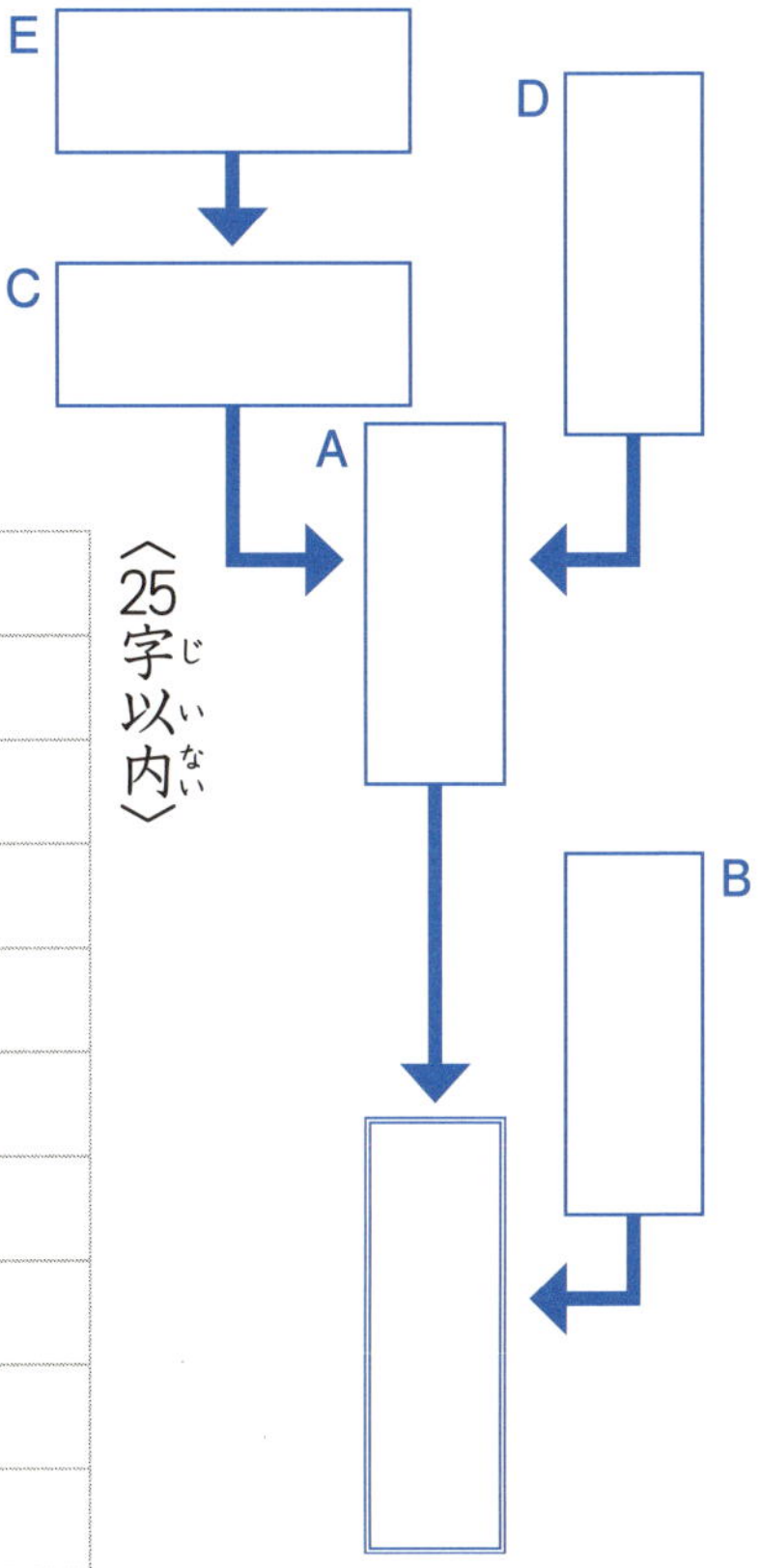

〈25字《じ》以内《いない》〉

ポイント!

まず、「ネ」を入《い》れて切《き》れるところに／を入《い》れます。①の末尾《まつび》なら、「心《こころ》にネ／残《のこ》るだろう」となります。こうして区切《くぎ》った一《ひと》つの部分《ぶぶん》（一文節《いちぶんせつ》）を単位《たんい》として、空欄《くうらん》を埋《う》めます。

各図《かくず》は骨組《ほねぐ》みだけを示《しめ》しています（例題《れいだい》を除《のぞ》く）。

④は、述語《じゅつご》を説明《せつめい》する言葉《ことば》だけでなく、主語《しゅご》（誰《だれ》が・何《なに》が）を説明《せつめい》する言葉《ことば》も必要《ひつよう》になります。

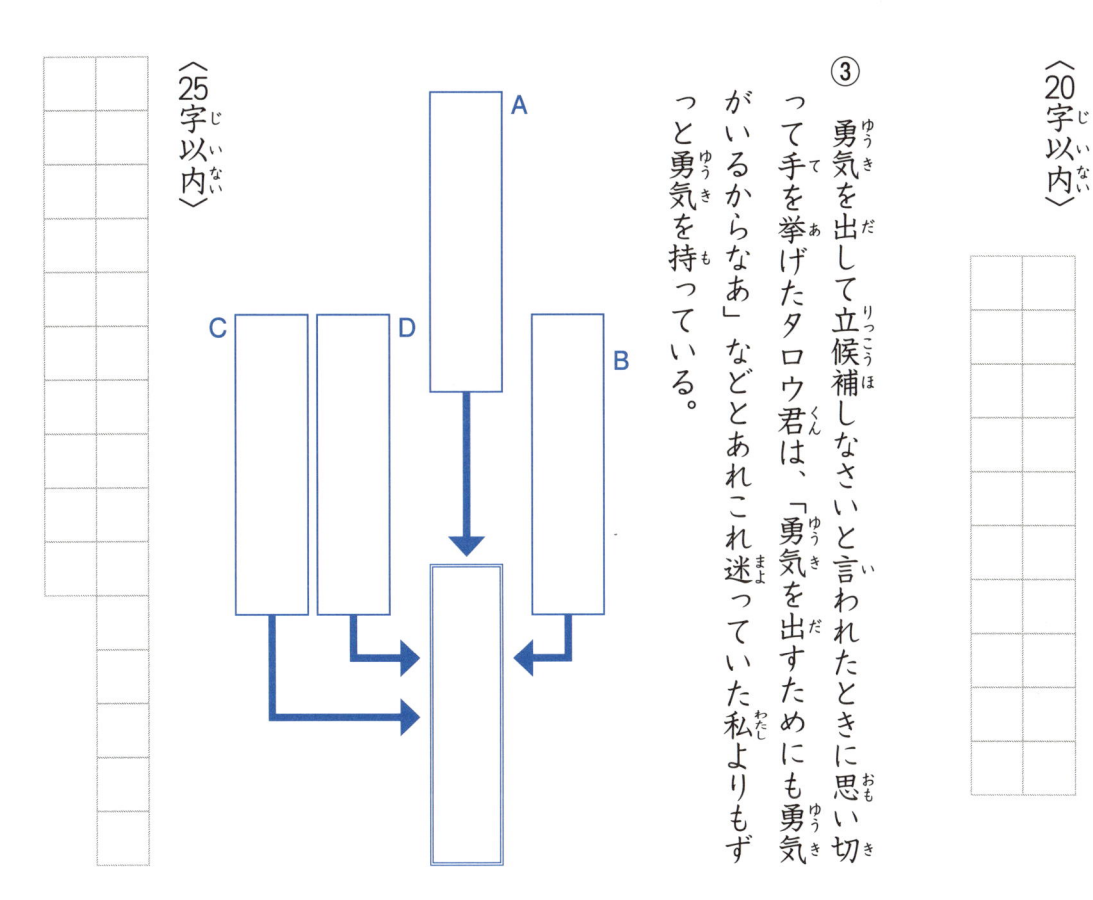

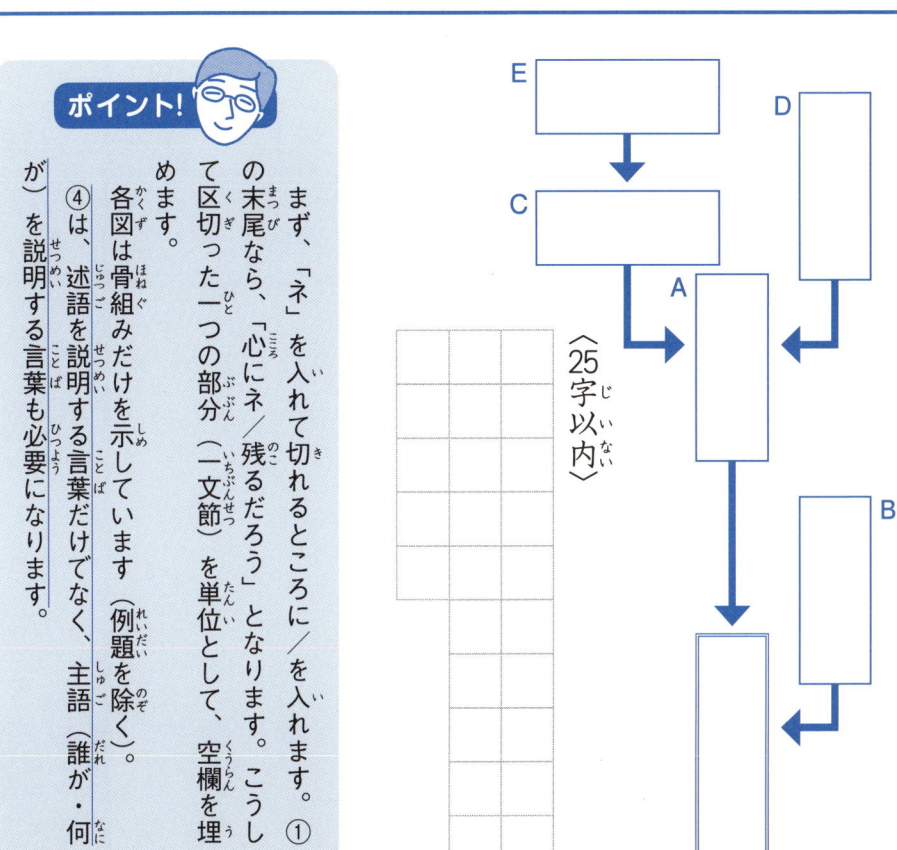

パートⅠ

18 複数《ふくすう》の文《ぶん》を合成《ごうせい》する

1

例《れい》にならって、二《ふた》つの文《ぶん》を一《ひと》つの文《ぶん》にまとめます。それぞれ、指定《してい》された条件《じょうけん》に合《あ》わせて書《か》くこと。文《ぶん》の意味《いみ》が大《おお》きく変《か》わらなければ、言葉《ことば》を多少《たしょう》加《くわ》えたり減《へ》らしたり、言《い》いかえたりしてもかまいません。

答《こた》え・配点《はいてん》は128ページ

例《れい》

1 バレンタインデーに、チョコをもらった。

2 好《す》きだった子《こ》からもらったのは、初《はじ》めてだ。

〈1を中心《ちゅうしん》に〉↓ 初《はじ》めて、好《す》きだった子《こ》からバレンタインデーにチョコをもらった。

〈2を中心《ちゅうしん》に〉↓ 好《す》きだった子《こ》からバレンタインデーにチョコをもらったのは、初《はじ》めてだ。

◎〈1を中心《ちゅうしん》に〉というのは、「文《ぶん》の骨組《ほねぐ》みを2に合《あ》わせて」ということです。言《い》いかえれば、「1の文《ぶん》の述語《じゅつご》を変《か》えずに」ということです。2でも同様《どうよう》です。

①

1 急《きゅう》に雨《あめ》が降《ふ》ってきたため、駅《えき》で傘《かさ》を買《か》った。

2 今《いま》にも破《やぶ》れそうな、薄《うす》いビニール傘《がさ》だった。

〈1を中心《ちゅうしん》に〉↓

〈2を中心《ちゅうしん》に〉↓

②

1 窓《まど》から見《み》える景色《けしき》が、心《こころ》を和《なご》ませてくれた。

2 木々《きぎ》の緑《みどり》と青空《あおぞら》がマッチした景色《けしき》だった。

〈1を中心《ちゅうしん》に〉↓

〈2を中心《ちゅうしん》に〉↓

1 レベル★★★ 月 日 60点《てん》満点《まんてん》 点《てん》

2 レベル★★★ 月 日 40点《てん》満点《まんてん》 点《てん》

総合得点《そうごうとくてん》 100点《てん》満点《まんてん》 点《てん》

2

1と同様《どうよう》に、二《ふた》つの文《ぶん》を一《ひと》つにまとめます。ただし、指定《してい》された字数以内《じすういない》で書《か》くこと。42、43ページで学《がく》習《しゅう》した要約《ようやく》の方法《ほうほう》を活用《かつよう》し、あまり重要《じゅうよう》でない部分《ぶぶん》をカットすること。句読点《くとうてん》なども字数《じすう》に数《かぞ》えます。

答《こた》え・配点《はいてん》は129ページ

①

1　ボランティアは、いつの間《ま》にか私達《わたしたち》をすがすがしい気持《きも》ちにさせてくれる。

2　お金《かね》などの見返《みかえ》りを求《もと》めずに、自分《じぶん》のためというより相手《あいて》のために尽《つ》くすのが、ボランティアである。

〈1を中心《ちゅうしん》に〉〈50字以内《じいない》〉

②

1　スポーツというのは、ルールを守《まも》り相手《あいて》を尊重《そんちょう》するようなフェアプレー精神《せいしん》で臨《のぞ》むべきものである。

2　スポーツにおいては、たとえ大敗《たいはい》しても、あるいは逆《ぎゃく》に相手《あいて》をとことん打《う》ち負《ま》かしたとしても、試合《しあい》が終《お》われば互《たが》いの健闘《けんとう》を称《たた》え合《あ》うようにしたい。

〈2を中心《ちゅうしん》に〉〈50字以内《じいない》〉

ポイント!

1と2の両方《りょうほう》の文《ぶん》に出《で》てくる言葉《ことば》をマルで囲《かこ》み、その言葉《ことば》を重《かさ》ね合《あ》わせるようなイメージでまとめます。2文《ぶん》を一《ひと》つにまとめる前《まえ》の段階《だんかい》で、重要《じゅうよう》でない〈具体《ぐたい》〉の部分《ぶぶん》をカットしてみるようにしましょう。

パートⅠ

19 一文《いちぶん》を長《なが》くする 具体化《ぐたいか》する

1

次《つぎ》の各文《かくぶん》は、骨組《ほねぐ》み〈抽象《ちゅうしょう》〉だけでできています。ここに、肉《にく》〈具体《ぐたい》〉をつけていきます。例《れい》にならって、文《ぶん》を長《なが》くしなさい。ただし、記入欄《きにゅうらん》に収《おさ》まる程度《ていど》の長《なが》さの一文《いちぶん》で書《か》くこと。

答《こた》え・配点《はいてん》は129ページ

例《れい》 彼《かれ》は読《よ》んだ。

↓ 彼《かれ》は、待《ま》ちに待《ま》っていたマンガの最新刊《さいしんかん》を、買《か》った店《みせ》のすぐ外《そと》にあるベンチで、夢中《むちゅう》になって読《よ》んだ。

◎「いつ、どこで、誰《だれ》が、何《なに》を、どのように、なぜ（何《なん》のために）」といった情報《じょうほう》をつけ加《くわ》え、肉《にく》づけします。

① 猫《ねこ》が跳《と》んだ。

② 音《おと》が聞《き》こえてくる。

③ 私《わたし》は食《た》べない。

④ 雲《くも》が流《なが》れていく。

1 レベル★★
月 日
40点《てん》満点《まんてん》 点《てん》

2 レベル★★
月 日
60点《てん》満点《まんてん》 点《てん》

総合得点《そうごうとくてん》
100点《てん》満点《まんてん》 点《てん》

2

1の要領《ようりょう》で、より長《なが》い文章《ぶんしょう》を書《か》きます。例《れい》にならって、肉《にく》づけ（具体化《ぐたいか》）しなさい。

答《こた》え・配点《はいてん》は129ページ

例《れい》

音《おと》と光《ひかり》が近《ちか》づいてきた。彼女《かのじょ》は思《おも》った。

↓

けたたましいサイレンの音《おと》と、せわしなく動《うご》く赤《あか》い光《ひかり》が、彼女《かのじょ》のいる建物《たてもの》へとぐんぐん近《ちか》づいてきた。彼女《かのじょ》は、今《いま》すぐ逃《に》げないと大変《たいへん》なことになると思《おも》った。

① 方法《ほうほう》があるらしい。僕《ぼく》は迷《まよ》った。

② 彼《かれ》は走《はし》らせた。助《たす》けるためだ。顔《かお》が浮《う》かんだ。

ポイント!

文章《ぶんしょう》ができ上《あ》がったらそれを読《よ》み直《なお》し、骨組《ほねぐ》みの部分《ぶぶん》に線《せん》を引《ひ》いてみましょう。骨組《ほねぐ》みをつかむということがどういうことか、よく分《わ》かってくるはずです。

「主語《しゅご》」と「主題《しゅだい》」／「学校文法《がっこうぶんぽう》」と「日本語文法《にほんごぶんぽう》」

「ユリコは、アヤコに手紙《てがみ》を送《おく》った。」

この文《ぶん》の述語《じゅつご》が「送《おく》った」であることは、はっきりしています。一方《いっぽう》、主語《しゅご》となると、考《かんが》え方《かた》は分《わ》かれます。

むろん、学校《がっこう》で習《なら》った考《かんが》え方《かた》なら、「ユリコは」が主語《しゅご》です。しかし、それはあくまでも「学校文法《がっこうぶんぽう》」、すなわち、日本人《にほんじん》が学《まな》ぶ「国語科《こくごか》」における判断《はんだん》です。

実《じつ》は、日本語《にほんご》の捉《とら》え方《かた》にはもう一《ひと》つ、「日本語文法《にほんごぶんぽう》」があります。これは、外国人《がいこくじん》に日本語《にほんご》を教《おし》える「日本語教《にほんごきょう》育《いく》」における捉《とら》え方《かた》です。この中《なか》では、**「主語《しゅご》」**という言《こと》葉《ば》をあまり用《もち》いず、**「主題《しゅだい》」**という言葉《ことば》を用《もち》います。

冒頭《ぼうとう》の例文《れいぶん》を日本語文法《にほんごぶんぽう》で説明《せつめい》すると、「ユリコは」は「主題《しゅだい》」であり、「アヤコに手紙《てがみ》を送《おく》った」は、その主題《しゅだい》についての「解説《かいせつ》」である、ということになります。

また、「手紙《てがみ》は、ユリコがアヤコに送《おく》った。」ならば、「手紙《てがみ》は」が主題《しゅだい》で、残《のこ》りが解説《かいせつ》です。「主語《しゅご》」が何《なん》であるかということは、問題《もんだい》になりません。

もちろん、どちらの例文《れいぶん》でも、動作《どうさ》の主体《しゅたい》はユリコであり、その意味《いみ》では「ユリコは」も「ユリコが」も、重要《じゅうよう》な言葉《ことば》です。しかし、述語《じゅつご》に直接《ちょくせつ》つながっている言葉《ことば》の中《なか》で、主語《しゅご》だけが特別重要《とくべつじゅうよう》であるとは言《い》い切《き》れません。「誰《だれ》が送《おく》った？（ユリコが）」、「誰《だれ》に送《おく》った？（アヤコに）」、「何《なに》を送《おく》った？（手紙《てがみ》を）」、これらはどれも重要《じゅうよう》な情報《じょうほう》であり、主語《しゅご》だけが〝えらい〟わけではない——日本語文法《にほんごぶんぽう》では、このように考《かんが》えるわけです。

そこで、この問題集《もんだいしゅう》（特《とく》に42、43ページなど）では、文《ぶん》の骨組《ほねぐ》みの要素《ようそ》を、第一《だいいち》に「述語《じゅつご》」、第二《だいに》に「述語《じゅつご》を直接《ちょくせつ》説明《せつめい》する言葉《ことば》」という分類《ぶんるい》にしました（述語《じゅつご》と直接《ちょくせつ》の結《むす》びつきがない言葉《ことば》が、肉《にく》づけであるということになります）。

学校文法《がっこうぶんぽう》と日本語文法《にほんごぶんぽう》。このような広《ひろ》い視野《しや》を持《も》つことは、大切《たいせつ》です。興味《きょうみ》のある人《ひと》は、ぜひ、日本語文法《にほんごぶんぽう》の本《ほん》をひもといてみましょう。

パートⅡ

「くらべる力《ちから》」

——対比関係整理力《たいひかんけいせいりりょく》——を高《たか》めるトレーニング

		対比関係《たいひかんけい》		
正反対《せいはんたい》	大《おお》きい	それに対《たい》して/一方《いっぽう》	小《ちい》さい	正反対《せいはんたい》
	自分《じぶん》	しかし/でも	他人《たにん》	
	信《しん》じる	〜ではなく〜	疑《うたが》う	
ワンセット	熱《あつ》い		ぬるい	ワンセット
	バス		タクシー	
	日本《にほん》		西洋《せいよう》	

対比《たいひ》には2つのタイプがあります。正反対《せいはんたい》の対比《たいひ》と、ワンセットの対比《たいひ》。ワンセットとは、「正反対《せいはんたい》とは言《い》えないが対比《たいひ》として成立《せいりつ》するような組《く》み合《あ》わせ」です。「熱《あつ》い」の正反対《せいはんたい》は「冷《つめ》たい」ですが、「ぬるい」とくらべても対比《たいひ》は成立《せいりつ》します。「くらべる力《ちから》」とは、これらの「対比《たいひ》」を活用《かつよう》する力《ちから》です。

〈より詳《くわ》しく〉

◆A「日本《にほん》はもう朝《あさ》だ。しかし、アメリカはまだ夜《よる》だ。」
B「日本《にほん》はもう朝《あさ》だ。しかし、まだ空《そら》は暗《くら》い。」

Aは対比《たいひ》ですが、Bは対比《たいひ》ではありません。この本《ほん》の中《なか》では、Bのようなタイプ（後半《こうはん》が前半《ぜんはん》に対《たい》して「予想外《よそうがい》の展開《てんかい》」になるタイプ）を「**逆接《ぎゃくせつ》**」とし、「**対比《たいひ》**」とは区別《くべつ》しています。

◆「ペンは長《なが》いが鉛筆《えんぴつ》は短《みじか》い」という対比《たいひ》の**観点《かんてん》**（軸《じく》）は、「長《なが》さ（長短《ちょうたん》）」です。一方《いっぽう》、「ペンは200円《えん》だが鉛筆《えんぴつ》は60円《えん》だ」ならば、対比《たいひ》の観点《かんてん》は「金額《きんがく》（の大小《だいしょう》）」です。「ペンは長《なが》いが鉛筆《えんぴつ》は60円《えん》だ」では通《つう》じません。このように、「くらべる」際《さい》は**観点《かんてん》の統一《とういつ》**が不可欠《ふかけつ》になります。

パートⅡ
1
対比型短作文《たいひがたたんさくぶん》①「それに対《たい》して」「しかし」「一方《いっぽう》」「は」

1	
レベル★☆☆	月　日
12点満点《てんまんてん》	点《てん》

2	
レベル★☆☆	月　日
22点満点《てんまんてん》	点《てん》

3	
レベル★★☆	月　日
30点満点《てんまんてん》	点《てん》

4	
レベル★★☆	月　日
36点満点《てんまんてん》	点《てん》

総合得点《そうごうとくてん》	
100点《てん》満点《まんてん》	点《てん》

1

例《れい》にならって、各文《かくぶん》の空欄《くうらん》を埋《う》めなさい。ここでは、できるだけ「正反対《せいはんたい》」の対比《たいひ》になるようにすること。

答《こた》え・配点《はいてん》は130ページ

例《れい》 一円玉《いちえんだま》は軽《かる》い。
それに対《たい》して、五百円玉《ごひゃくえんだま》は（重《おも》い）。

① 夜《よる》は暗《くら》い。
それに対《たい》して、昼《ひる》は（　　　）。

② 冬《ふゆ》は寒《さむ》い。
それに対《たい》して、夏《なつ》は（　　　）。

③ 混雑《こんざつ》した電車《でんしゃ》の中《なか》は狭《せま》く感《かん》じられる。
それに対《たい》して、空《す》いている電車《でんしゃ》の中《なか》は（　　　）感《かん》じられる。

2

例《れい》にならって、各文《かくぶん》の空欄《くうらん》を埋《う》めなさい。

答《こた》え・配点《はいてん》は130ページ

例《れい》 一年生《いちねんせい》にとって、ランドセルは重《おも》い。
しかし、六年生《ろくねんせい》にとっては、それほど（重《おも》くはない）。

① キリンの首《くび》は長《なが》い。
一方《いっぽう》、ウマの首《くび》は、それほど（　　　）。

② 雨水《あまみず》は透明《とうめい》**だが、**水《みず》たまりの水《みず》はそれほど（　　　）。

③ 北海道《ほっかいどう》の冬《ふゆ》は寒《さむ》い。
それにくらべれば、東京《とうきょう》の冬《ふゆ》は（　　　）。

④ 注《そそ》いだばかりのコーヒーは熱《あつ》い**けれども、**注《そそ》いでから一五分《じゅうごふん》もすると、それほど（　　　）。

3

例《れい》にならって、各空欄《かくくうらん》を埋《う》めなさい。⑤は、自分《じぶん》で言葉《ことば》を決《き》めて書《か》くこと。

答《こた》え・配点《はいてん》は130ページ

例《れい》	①	②	③	④	⑤
高《たか》い	強《つよ》い			難《むずか》しい	
高《たか》くはない		古《ふる》くはない			
高《たか》くない	強《つよ》くない				
低《ひく》い			軽《かる》い		

4

各文《かくぶん》の空欄《くうらん》を埋《う》めなさい。2 3の考《かんが》え方《かた》を生《い》かし、二通《ふたとお》りずつ書《か》くこと。一《ひと》つ目《め》は「正反対《せいはんたい》」の対比《たいひ》になるようにすること。

答《こた》え・配点《はいてん》は131ページ

①
友達《ともだち》は、人前《ひとまえ》で話《はな》すのが好《す》きだと言《い》う。
でも、私《わたし》は、人前《ひとまえ》で話《はな》すのが（　　）。
（　　）は（　　）。

②
友達《ともだち》は、先輩《せんぱい》の言葉《ことば》を疑《うたが》っている。
しかし、僕《ぼく》は、先輩《せんぱい》の言葉《ことば》を（　　）。
（　　）は（　　）。

③
友達《ともだち》は、「できない」と言《い》った。
しかし、私《わたし》は、「　　」と言《い》った。
「　　は　　」と言《い》った。

ポイント!

「は」という言葉《ことば》（助詞《じょし》）にはいくつかの働《はたら》きがありますが、その一《ひと》つが「対比《たいひ》」です。「対比《たいひ》の『は』」を意識《いしき》しながら書《か》きましょう。

パートⅡ

2

対比型短作文《たいひがたたんさくぶん》②

後半《こうはん》だけ書《か》く・全部《ぜんぶ》を書《か》く

1 例《れい》にならって、各文《かくぶん》の空欄《くうらん》を埋《う》めなさい。

答《こた》え・配点《はいてん》は131ページ

例《れい》　ゴルフボールは硬《かた》い。
それに対《たい》して、（ピンポン球《だま》は軟《やわ》らかい）。

型《かた》　□は□である。
それに対《たい》して、□は□である。

〈書《か》き方《かた》のルール〉

◎「対比《たいひ》」にこだわり、前半《ぜんはん》と後半《こうはん》でバランスのとれた文《ぶん》章《しょう》になるようにすること。

◎できるだけ「正反対《せいはんたい》」の対比《たいひ》になるよう工夫《くふう》し、それが難《むずか》しいときだけ、「ワンセット」にすること。

◎対義語《たいぎご》（反対語《はんたいご》）が思《おも》い浮《う》かばない場合《ばあい》などは、否定形《ひていけい》でもよい。「さびしい ↔ さびしくない」など。

◎必《かなら》ずしも最後《さいご》が「である」にならなくてもよい。

① 算数《さんすう》のノートは横書《よこが》きである。
それに対《たい》して、（　　　　）。

② 今月《こんげつ》は授業《じゅぎょう》を欠席《けっせき》しなかった。
しかし、（　　　　）。

③ バスは時刻《じこく》通《どお》りに来《こ》ないことが多《おお》い。
一方《いっぽう》、（　　　　）。

④ 夏《なつ》は、身《み》に着《つ》けているものが少《すく》ない。
逆《ぎゃく》に、（　　　　）。

⑤ スパゲティーは洋風《ようふう》の麺類《めんるい》だ。
一方《いっぽう》、（　　　　）。

1 レベル★☆☆	月　日
40点《てん》満点《まんてん》	点《てん》
2 レベル★☆☆	月　日
60点《てん》満点《まんてん》	点《てん》
総合得点《そうごうとくてん》	
100点《てん》満点《まんてん》	点《てん》

2

1の型《かた》を用《もち》いて、短作文《たんさくぶん》を書《か》きなさい。1の〈書《か》き方《かた》のルール〉に従《したが》って書《か》くこと。内容《ないよう》が思《おも》いつかない場合《ばあい》は、「ポイント!」に書《か》かれた反対語《はんたいご》を使《つか》ってもかまいません。

答《こた》え・配点《はいてん》は131ページ

①

②

③

④

⑤

⑥

ポイント!

反対語《はんたいご》を**述部**《じゅつぶ》**（文末**《ぶんまつ》**）**に使《つか》うと、書《か》きやすくなります。

大《おお》きい↔小《ちい》さい　強《つよ》い↔弱《よわ》い

うそ↔本当《ほんとう》（のこと）　自由《じゆう》↔不自由《ふじゆう》

成功《せいこう》↔失敗《しっぱい》　普通《ふつう》↔特別《とくべつ》

パートⅡ

3

対比型短作文《たいひがたたんさくぶん》③

「〜と同時《どうじ》に」「〜ながら」

1 例《れい》にならって、各文《かくぶん》の空欄《くうらん》を埋《う》めなさい。

☞答《こた》え・配点《はいてん》は132ページ

例《れい》 チームの準優勝《じゅんゆうしょう》という結果《けっか》を受《う》けて、喜《よろこ》ぶメンバーがいると同時《どうじ》に、（悔《くや》しがるメンバー）もいるようだった。

◎「〜と同時《どうじ》に」「〜ながら」「〜ながら、同時《どうじ》に」といった表現《ひょうげん》は、対比的《たいひてき》に用《もち》いられることがあります。相反《あいはん》することがらが同時《どうじ》に生《しょう》じているような場合《ばあい》です。

① 机一面《つくえいちめん》に広《ひろ》がっている鉛筆《えんぴつ》の汚《よご》れを消《け》しゴムで落《お》としていたら、消《け》していると同時《どうじ》に（　　　　）ような気《き》がしてきた。消《け》しゴムが、白《しろ》いペンになってしまったかのようだ。

② 電車《でんしゃ》の中《なか》で、私達《わたしたち》は座《すわ》っていたり立《た》っていたりする。その一方《いっぽう》で、電車自体《でんしゃじたい》は走《はし》っている。つまり、私達《わたしたち》は、止《と》まっていながら（　　　　）というわけだ。

③ 論説文《ろんせつぶん》とくらべると、物語文《ものがたりぶん》は読《よ》みやすい。しかし、作者《さくしゃ》の主張《しゅちょう》がはっきりと書《か》かれているわけではない。物《もの》語文《がたりぶん》は、分《わ》かりやすいものでありながら、同時《どうじ》に（　　　　）ものであると言《い》える。

④ 多《おお》くの公園《こうえん》の樹木《じゅもく》は、人間《にんげん》が計画的《けいかくてき》に植《う》えたものだ。春夏秋冬《しゅんかしゅうとう》、いつ訪《おとず》れても色彩豊《しきさいゆた》かな植物《しょくぶつ》を楽《たの》しめるような工夫《くふう》がなされている。そう考《かんが》えると、公園《こうえん》というものは、（　　　　）を味《あじ》わえるような場所《ばしょ》でありながら、同時《どうじ》に（　　　　）的《てき》な場所《ばしょ》であるとも言《い》えるだろう。

⑤ 私達《わたしたち》はたいてい、何《なに》かを（　　　　）と同《どう》時《じ》に、（　　　　）。たとえば、何《なに》か約束《やくそく》したとしても、その約束《やくそく》を相手《あいて》が守《まも》ってくれないのではないかと、多少《たしょう》なりとも心《こころ》の中《なか》で感《かん》じている。

1 レベル★★☆
月　　日
40点《てん》
満点《まんてん》　　点《てん》

2 レベル★★☆
月　　日
60点《てん》
満点《まんてん》　　点《てん》

総合得点《そうごうとくてん》
100点《てん》
満点《まんてん》　　点《てん》

2

「〜と同時《どうじ》に」「〜ながら」「〜ながら、同時《どうじ》に」などの表現《ひょうげん》を用《もち》い、対比的《たいひてき》な短文《たんぶん》を書《か》きなさい。1の文章《ぶんしょう》を参考《さんこう》にすること。

☞答《こた》え・配点《はいてん》は132ページ

①

②

③

④

ポイント!

1 ④・⑤では、「言《い》いかえる力《ちから》」も求《もと》められます。

④ 色彩豊《しきさいゆた》かな植物《しょくぶつ》を楽《たの》しめる
言《い》いかえると→（　　）を楽《たの》しめる
人間《にんげん》が植《う》えた
言《い》いかえると→（　　）的《てき》に植《う》えた

⑤ 相手《あいて》が約束《やくそく》を守《まも》ると思《おも》っている
言《い》いかえると→相手《あいて》を（　　）
相手《あいて》が約束《やくそく》を守《まも》らないかもしれないと思《おも》っている
言《い》いかえると→相手《あいて》を（　　）

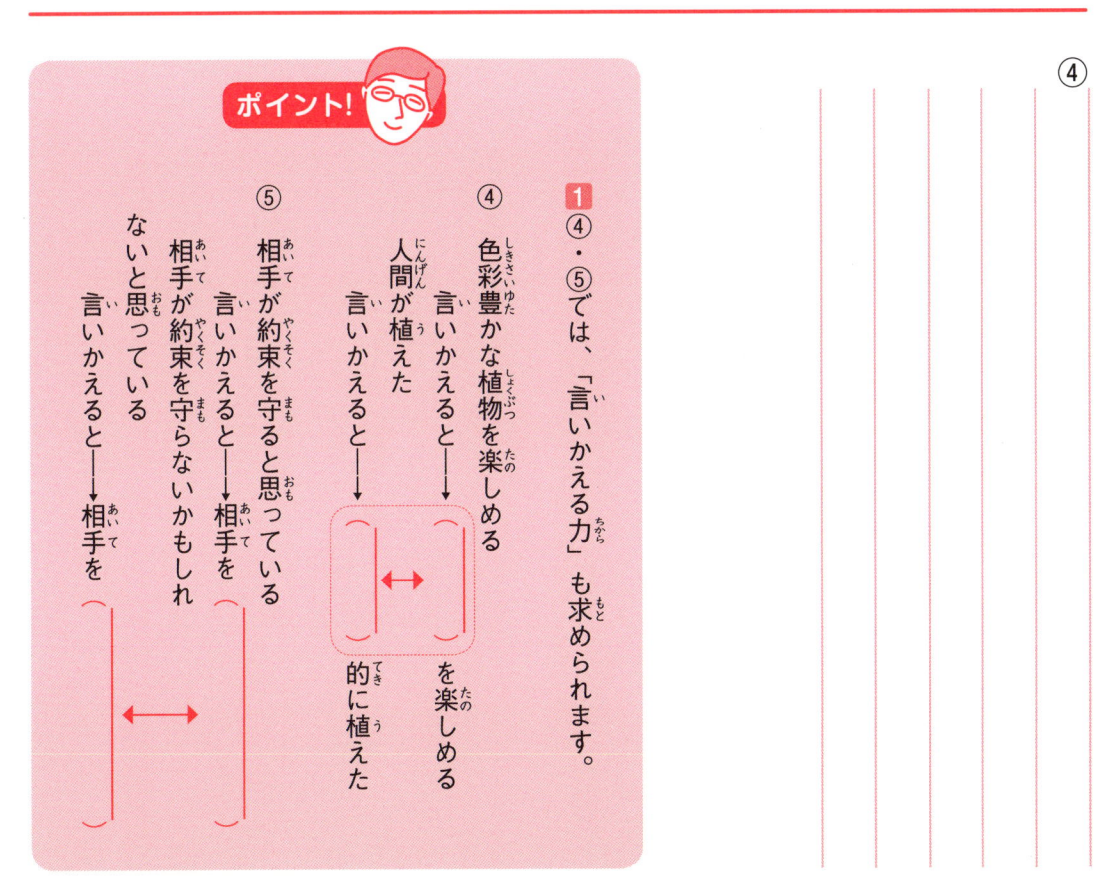

パートⅡ
4
重要度《じゅうようど》の高《たか》い反対語《はんたいご》を整理《せいり》する

レベル★★★　月　日
100点《てん》満点《まんてん》　点《てん》

1

「くらべる力《ちから》」を高《たか》めるために欠《か》かせない反対語《はんたいご》を整理《せいり》します。それぞれの空欄《くうらん》を埋《う》めるのにふさわしい言葉《ことば》を、後《あと》の〈語群《ごぐん》〉から選《えら》んで書《か》きなさい。空《くう》欄《らん》の右《みぎ》に書《か》かれているのは、その言葉《ことば》の意味《いみ》です。外側《そとがわ》の大《おお》きな囲《かこ》みは、意味《いみ》に共通性《きょうつうせい》があることを示《しめ》しています。

答《こた》え・配点《はいてん》は132ページ

①

全体《ぜんたい》
- ア　特《とく》に変《か》わった点《てん》がない様子《ようす》（普通《ふつう》）
- ウ　特殊《とくしゅ》なもの以外《いがい》（　　）
- オ　意味《いみ》が広《ひろ》く全体的《ぜんたいてき》（　　）的《てき》

部分《ぶぶん》
- イ　他《た》との明確《めいかく》な区別《くべつ》がある様子《ようす》（　　）
- エ　他《た》と著《いちじる》しい違《ちが》いがある様子《ようす》（特殊《とくしゅ》）
- カ　意味《いみ》が狭《せま》く個別的《こべつてき》（　　）的《てき》

（ア⇔イ、ウ⇔エ、オ⇔カ）

②

良《よ》い
- ア　良《よ》いところ（メリット）
- ウ　良《よ》いところ（　　）
- オ　良《よ》いところ（長所《ちょうしょ》）
- キ　良《よ》い面《めん》（　　）面《めん》
- ケ　良《よ》い影響《えいきょう》がある（　　）

悪《わる》い
- イ　悪《わる》いところ（　　）
- エ　悪《わる》いところ（欠点《けってん》）
- カ　悪《わる》いところ（　　）
- ク　悪《わる》い面《めん》（　　）面《めん》
- コ　悪《わる》い影響《えいきょう》がある（有害《ゆうがい》）

（ア⇔イ、ウ⇔エ、オ⇔カ、キ⇔ク、ケ⇔コ）

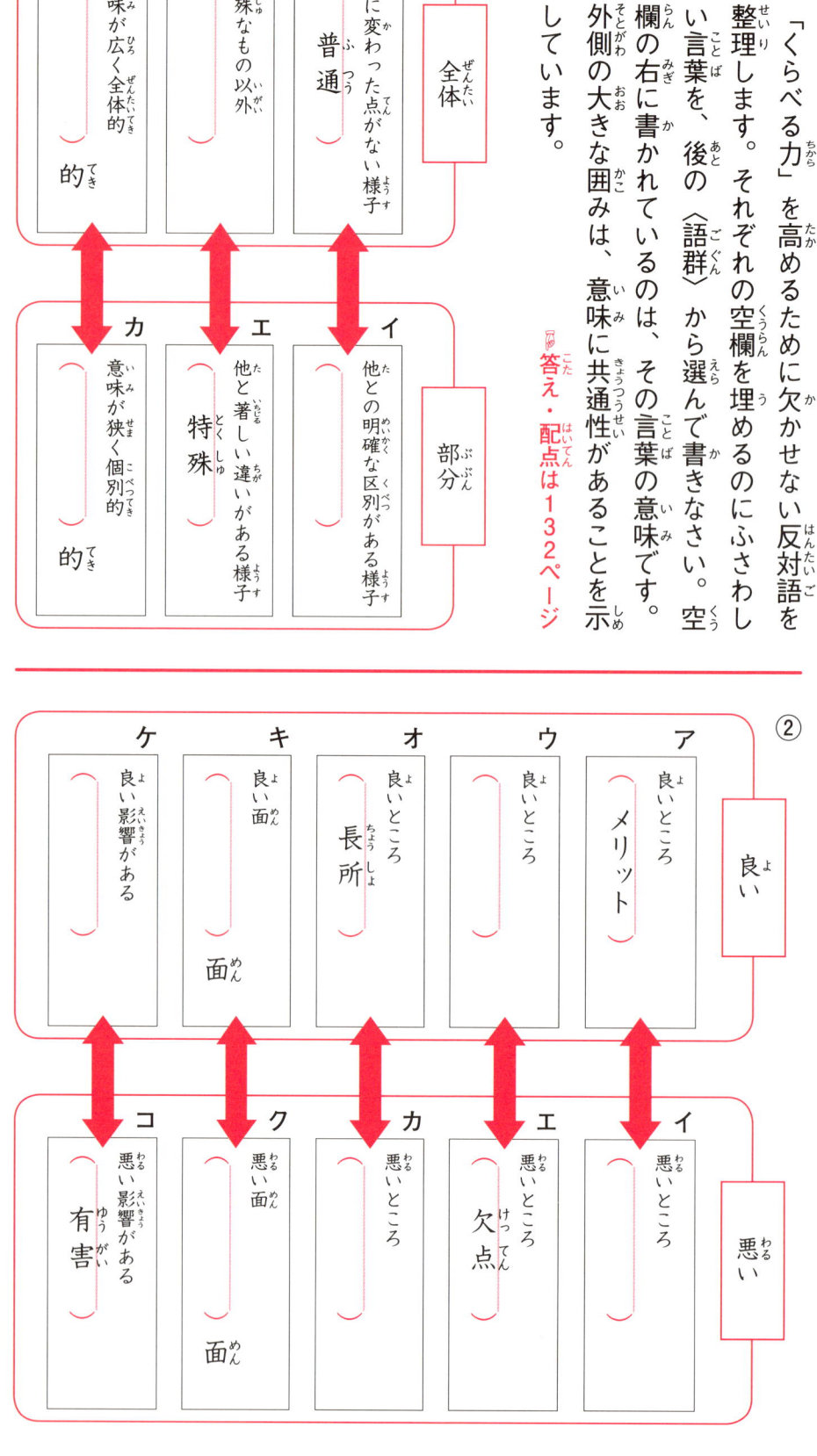

③

外《そと》

ア 外《そと》に出《だ》すこと（　　　）

ウ プラス思考《しこう》（ポジティブ）

オ 形《かたち》（　　　）

キ 体《からだ》（　　　）

ケ 物《もの》（　　　）

内《うち》

イ 内《うち》に入《い》れること（インプット）

エ マイナス思考《しこう》（　　　）

カ 中身《なかみ》（　　　）

ク 心《こころ》（　　　）※

コ 心《こころ》（　　　）※

※は、同《おな》じ言葉《ことば》が入《はい》ります。

④

自分《じぶん》（自己《じこ》）

ア 自分中心《じぶんちゅうしん》の見方《みかた》（　　　）的《てき》な見方《みかた》

ウ 自分《じぶん》から進《すす》んで行《おこな》う様子《ようす》（　　　）的《てき》

オ 個人《こじん》に関《かか》わっている様子《ようす》（　　　）的《てき》

他人《たにん》（他者《たしゃ》）

イ 多《おお》くの人《ひと》が納得《なっとく》する見方《みかた》（　　　）的《てき》な見方《みかた》

エ 自分《じぶん》から進《すす》んでは行《おこな》わない様子《ようす》（　　　）的《てき》

カ 個人《こじん》を離《はな》れている様子《ようす》（　　　）的《てき》

〈語群《ごぐん》〉同《おな》じ言葉《ことば》は一度《いちど》しか使《つか》えません（※の箇所《かしょ》以外《いがい》）。

短所《たんしょ》　マイナス　抽象《ちゅうしょう》　精神《せいしん》　具体《ぐたい》　主観《しゅかん》
客観《きゃっかん》　一般《いっぱん》　私《し》　消極《しょうきょく》　有益《ゆうえき》　利点《りてん》　積極《せっきょく》
アウトプット　ネガティブ　形式《けいしき》　肉体《にくたい》　公《こう》
特別《とくべつ》　デメリット　物質《ぶっしつ》　内容《ないよう》　プラス

ポイント！

よく知《し》らなかった言葉《ことば》は、辞書《じしょ》で確《たし》かめましょう。

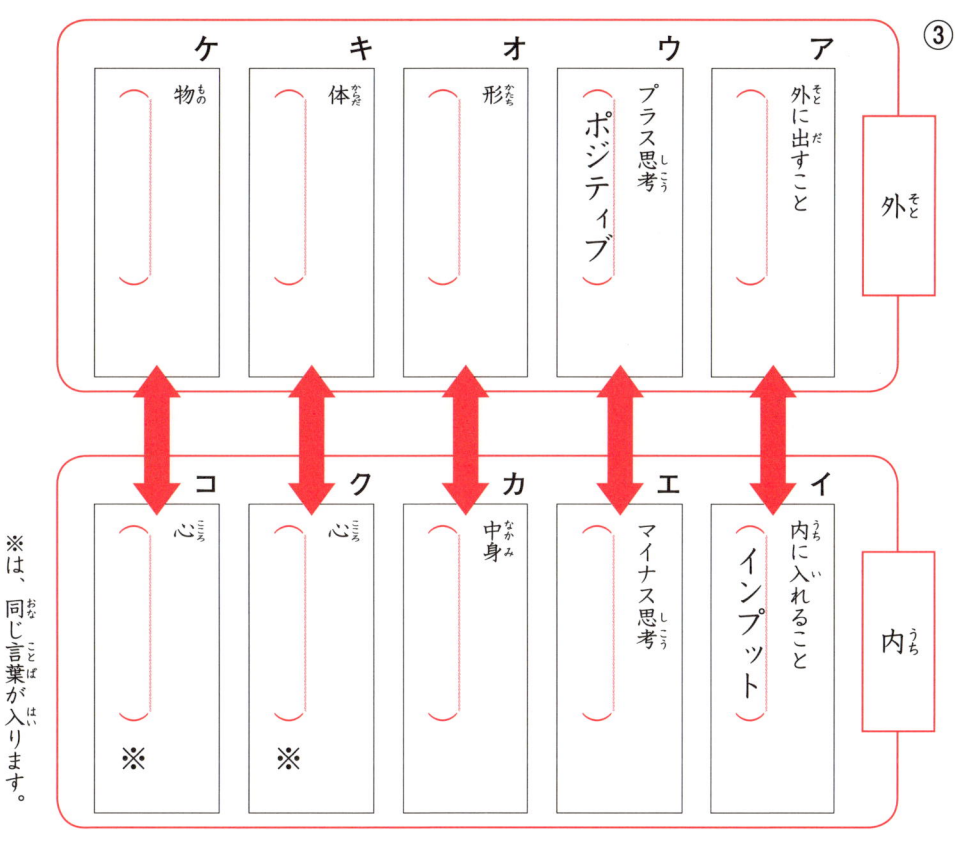

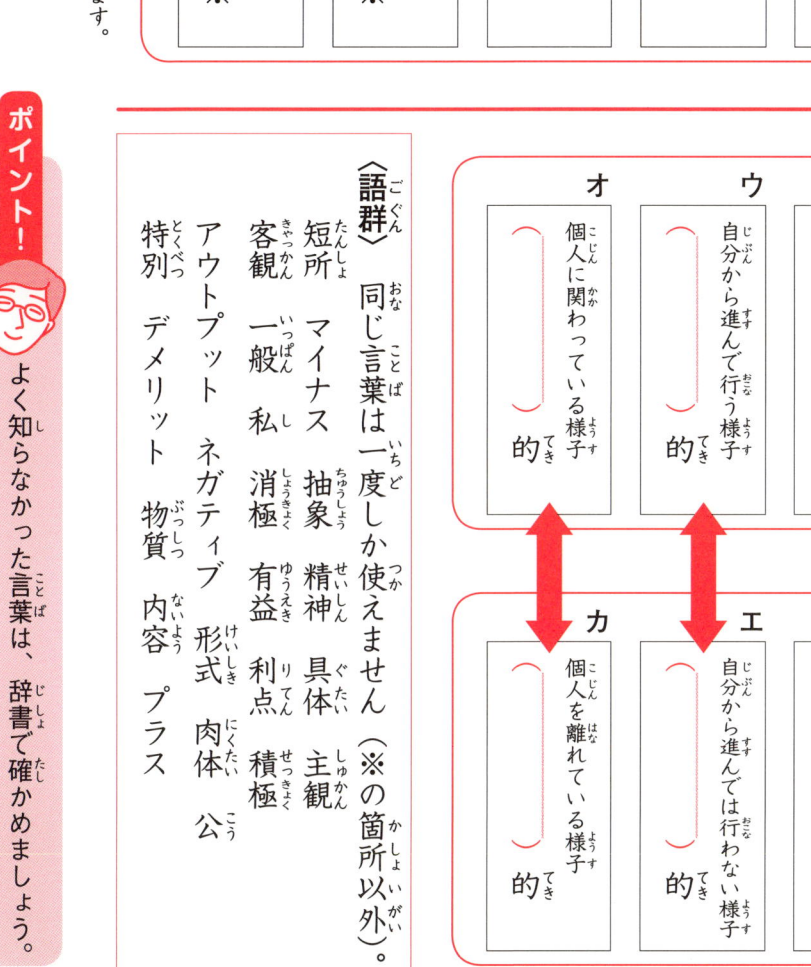

パート Ⅱ

5

対比型《たいひがた》短文読解《たんぶんどっかい》

骨組《ほねぐ》みを引《ひ》き出《だ》す ①

1

例《れい》にならって、各文《かくぶん》の対比構造《たいひこうぞう》を整理《せいり》しなさい。文章《ぶんしょう》の骨組《ほねぐ》みとなっている抽象的《ちゅうしょうてき》な言葉《ことば》を書《か》くこと。意味《いみ》が共通《きょうつう》していれば、文章中《ぶんしょうちゅう》に書《か》かれていない言葉《ことば》を使《つか》ってもかまいません。㊀と㊉は、筆者《ひっしゃ》がどちらを否定《ひてい》しどちらを肯定《こうてい》しているか、または、どちらの価値《かち》を低《ひく》く見《み》てどちらの価値《かち》を高《たか》く見《み》ているかを示《しめ》しています。

答《こた》え・配点《はいてん》は133ページ

例《れい》 エアコンや扇風機《せんぷうき》で作《つく》ったような人工《じんこう》の風《かぜ》ではなく、窓《まど》から何気《なにげ》なく入《はい》ってくるような自然《しぜん》の風《かぜ》が好《す》きだ。

骨組《ほねぐ》み　㊀（人工《じんこう》）ではなく　㊉（自然《しぜん》）

① くよくよ思《おも》い悩《なや》むような後《うし》ろ向《む》きな人《ひと》ではなく、小《ちい》さなことは忘《わす》れてしまえるような前向《まえむ》きな人《ひと》になりたい。

骨組《ほねぐ》み　㊀（　　　　）ではなく　㊉（　　　　）

② 日本人《にほんじん》は、みんながそれぞれに違《ちが》っている部分《ぶぶん》に目《め》を向《む》け、その違《ちが》いを大切《たいせつ》にするようにしてはどうか。みんなが同《おな》じであることに価値《かち》を置《お》こうとする傾向《けいこう》にあるようだから。

骨組《ほねぐ》み　㊀（　　　　）ことよりも　㊉（　　　　）こと

③ 親《おや》や教師《きょうし》などの大人《おとな》がいつでも助《たす》けてくれるような安《あん》全《ぜん》な環境《かんきょう》でいつまでも過《す》ごしていてはいけない。助《たす》けを得《え》られないような危険《きけん》な環境《かんきょう》に身《み》を置《お》き、勇気《ゆうき》を出《だ》して挑戦《ちょうせん》することでこそ、人《ひと》は成長《せいちょう》できる。

骨組《ほねぐ》み　㊀（　　　　）よりも　㊉（　　　　）

1 レベル★★☆
月　日
30点《てん》満点《まんてん》　点《てん》

2 レベル★★☆
月　日
35点《てん》満点《まんてん》　点《てん》

3 レベル★★★
月　日
35点《てん》満点《まんてん》　点《てん》

総合得点《そうごうとくてん》
100点《てん》満点《まんてん》　点《てん》

2

次《つぎ》の文章《ぶんしょう》を読《よ》み、後《あと》の問《と》いに答《こた》えなさい。

答《こた》え・配点《はいてん》は133ページ

計算機《けいさんき》で計算《けいさん》していると、ゼロを一《ひと》つ多《おお》く入《い》れすぎてしまう、÷と×を押《お》し間違《まちが》えてしまうなど、けっこうミスをしてしまい、そのつど式《しき》の最初《さいしょ》から入力《にゅうりょく》し直《なお》さなければならなくなるということがある。紙《かみ》に筆算《ひっさん》するほうが早《はや》く答《こた》えが出《で》るのではないか、と感《かん》じることもある。

なんでも自動化《じどうか》され便利《べんり》な世《よ》の中《なか》だが、手動《しゅどう》もまだまだ捨《す》てたものではないという気《き》がするのだ。

そういえば、洗濯機《せんたくき》で洗《あら》っても落《お》ちない靴下《くつした》の汚《よご》れを洗《せん》濯板《たくいた》で洗《あら》うとよく落《お》ちるという主婦《しゅふ》の立《た》ち話《ばなし》を、ちょうど昨日《きのう》、小耳《こみみ》にはさんだところだ。

〈問一《といいち》〉この文章《ぶんしょう》の対比構造《たいひこうぞう》を考《かんが》え、空欄《くうらん》を埋《う》めなさい。

（　　）↔（　　）

〈問二《といに》〉問一《といいち》で答《こた》えた二《ふた》つのことがらのうち、筆者《ひっしゃ》が価値《かち》を置《お》いているのはどちらですか。

（　　）

3

次《つぎ》の文章《ぶんしょう》を読《よ》み、後《あと》の問《と》いに答《こた》えなさい。

答《こた》え・配点《はいてん》は133ページ

自分《じぶん》の考《かんが》えは絶対《ぜったい》に正《ただ》しいと思《おも》っている若者《わかもの》がいる。しかし、たった二十数年《にじゅうすうねん》の人生経験《じんせいけいけん》に頼《たよ》り切《き》るのは危険《きけん》だ。彼《かれ》らは、大学《だいがく》の授業《じゅぎょう》がよく理解《りかい》できないとき、それを教授《きょうじゅ》の責任《せきにん》にし、自分《じぶん》の学力《がくりょく》や意欲《いよく》の問題《もんだい》とは考《かんが》えない。彼《かれ》らはまた、本《ほん》を読《よ》もうとしない。自分《じぶん》の考《かんが》えが絶対《ぜったい》だから、他者《たしゃ》の考《かんが》えを吸収《きゅうしゅう》しなくてもよいのだ。困《こま》ったものだ。

〈問一《といいち》〉この文章《ぶんしょう》の対比構造《たいひこうぞう》を考《かんが》え、空欄《くうらん》を埋《う》めなさい。

（　　）↔（　　）

〈問二《といに》〉問一《といいち》で答《こた》えた二《ふた》つのことがらのうち、筆者《ひっしゃ》が価値《かち》を置《お》いているのはどちらですか。

（　　）

ポイント！

1 例題《れいだい》で、「エアコンの風《かぜ》ではなく窓《まど》からの風《かぜ》」と答《こた》えてはいけないのは、なぜでしょうか。61ページの《ポイント！》を参考《さんこう》に、考《かんが》えましょう。

パートⅡ

6 対比型作文《たいひがたさくぶん》

骨組《ほねぐ》みを意識《いしき》して書《か》く

1

58、59ページを参考《さんこう》にして短作文《たんさくぶん》を書《か》きなさい。それぞれ、指定《してい》された対比表現《たいひひょうげん》が骨組《ほねぐ》みになるような文章《ぶんしょう》にすること。その際《さい》は、どちらかを否定《ひてい》しどちらかを肯定《こうてい》する、または、どちらかの価値《かち》を低《ひく》く見《み》てどちらかの価値《かち》を高《たか》く見《み》るような文章《ぶんしょう》にすること。なお、欄《らん》を全部《ぜんぶ》埋《う》める必要《ひつよう》はありません（ある程度《ていど》短《みじか》い文章《ぶんしょう》でもかまいません）。

答《こた》え・配点《はいてん》は134ページ

① 心《こころ》 ⟷ 体《からだ》

② 上《うえ》 ⟷ 下《した》

③ つながっている ⟷ 切《き》れている

1 レベル★★★

月　日

100点《てん》満点《まんてん》　点《てん》

④ バランスが良《よ》い ⟷ バランスが悪《わる》い

⑤ 遅《おそ》くても正確《せいかく》 ⟷ 不正確《ふせいかく》でも速《はや》い

ポイント!

次《つぎ》のような型《かた》を意識《いしき》すると、書《か》きやすくなります。

（具体例《ぐたいれい》）→抽象化《ちゅうしょうか》→（抽象《ちゅうしょう》）

ア や イ などのような A

ではなく（よりも）

ウ や エ などのような B

（具体例《ぐたいれい》）→抽象化《ちゅうしょうか》→（抽象《ちゅうしょう》）

骨組《ほねぐ》み

対比《たいひ》

102ページを参考《さんこう》にし、独創性《どくそうせい》のある、あなたらしい文章《ぶんしょう》になるよう工夫《くふう》しましょう。

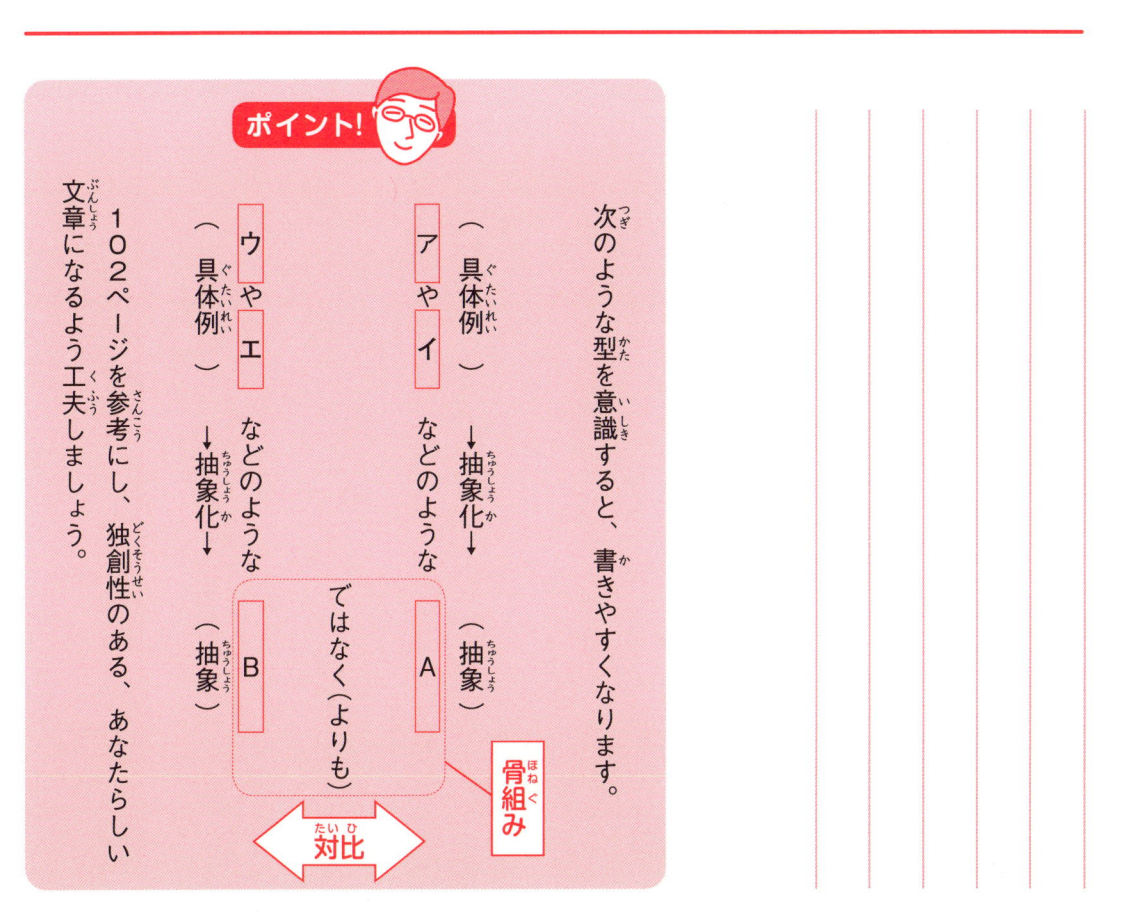

パートⅡ

7

対比型《たいひがた》短文読解《たんぶんどっかい》
骨組《ほねぐ》みを引《ひ》き出《だ》す②

1 次《つぎ》のそれぞれの文章《ぶんしょう》について、その主張《しゅちょう》として最《もっと》もふさわしいものを選《えら》び、記号《きごう》にマルをつけなさい。

答《こた》え・配点《はいてん》は135ページ

① 「時間《じかん》がない、時間《じかん》がない」と言《い》っていた友人《ゆうじん》に、急《きゅう》に時間《じかん》ができた。予定《よてい》が突然《とつぜん》キャンセルになったのだという。さて、彼《かれ》は果《は》たして、有効《ゆうこう》に時間《じかん》を活用《かつよう》できたのだろうか。否《いな》。結局《けっきょく》、家《いえ》でだらだらと過《す》ごしてしまったらしい。人間《にんげん》、何《なに》をしてもいいと言《い》われると、何《なに》もできなくなるものなのだ。

ア　自由《じゆう》な時間《じかん》は貴重《きちょう》だから、無駄《むだ》にしてはいけない。
イ　与《あた》えられた自由《じゆう》は、意外《いがい》に不自由《ふじゆう》なものである。
ウ　時間《じかん》があるかないかは、人《ひと》それぞれである。
エ　不自由《ふじゆう》な時《とき》ほど、自由《じゆう》な発想《はっそう》を持《も》つべきである。
オ　時間《じかん》がないという言葉《ことば》を使《つか》うのはやめたほうがよい。

② 金《きん》メダルを獲得《かくとく》した選手《せんしゅ》は幸《しあわ》せ者《もの》だが、彼《かれ》らが失《うしな》うものもある。それは、次《つぎ》に向《む》かう情熱《じょうねつ》である。その意味《いみ》では、銀《ぎん》メダリストのほうが実《じつ》は幸《しあわ》せなのかもしれない。スポーツ選手《せんしゅ》ならではの情熱《じょうねつ》を、失《うしな》わずにすんでいるのだから。最高《さいこう》のゴールに到達《とうたつ》してしまった人《ひと》は、それまでゴールを目指《めざ》して戦《たたか》い続《つづ》けてきた情熱的《じょうねつてき》な自分《じぶん》とは異《こと》なる自分《じぶん》に、向《む》き合《あ》わなければならないのだ。

ア　目標《もくひょう》を達成《たっせい》せずに情熱《じょうねつ》を持《も》ち続《つづ》けるのではなく、情熱《じょうねつ》を燃《も》え尽《つ》きさせてでも目標《もくひょう》を達成《たっせい》させるべきである。
イ　目標《もくひょう》を見失《みうしな》ってしまう程度《ていど》の弱《よわ》い情熱《じょうねつ》ではなく、いつも目標《もくひょう》を見定《みさだ》めていられるだけの強《つよ》い情熱《じょうねつ》を、抱《いだ》き続《つづ》けることが大切《たいせつ》だ。
ウ　情熱《じょうねつ》を失《うしな》ってしまう程度《ていど》の低《ひく》い目標《もくひょう》ではなく、いつまでも情熱《じょうねつ》を持《も》ち続《つづ》けられるような高《たか》い目標《もくひょう》を持《も》つべきだ。
エ　目標《もくひょう》を完全《かんぜん》に達成《たっせい》すると失《うしな》われてしまう情熱《じょうねつ》も、目標《もくひょう》が達成《たっせい》されない限《かぎ》りは持《も》ち続《つづ》けることができる。

1 レベル★★★
月　日
50点《てん》満点《まんてん》　点《てん》

2 レベル★★★
月　日
50点《てん》満点《まんてん》　点《てん》

総合得点《そうごうとくてん》
100点《てん》満点《まんてん》　点《てん》

2

次《つぎ》の文章《ぶんしょう》の内容《ないよう》と**合《あ》わない文《ぶん》**を、後《あと》のア〜オの中《なか》から**あるだけ**選《えら》び、記号《きごう》にマルをつけなさい。

答《こた》え・配点《はいてん》は135ページ

　現代《げんだい》は、物《もの》が豊《ゆた》かになった一方《いっぽう》で心《こころ》が貧《まず》しくなっている時代《じだい》であると、よく言《い》われる。たしかに、都会《とかい》のレストランの裏口《うらぐち》に回《まわ》ればそこには大量《たいりょう》の残飯《ざんぱん》が廃棄《はいき》されているし、まだまだ使《つか》える家具《かぐ》や家電《かでん》が捨《す》てられているのもよく目《め》にする。私《わたし》たちは、物《もの》の向《む》こう側《がわ》に生産者《せいさんしゃ》の存在《そんざい》を想《おも》い描《えが》く態度《たいど》、あるいは食《た》べ物《もの》となる生命《せいめい》への感謝《かんしゃ》の念《ねん》などを、同時《どうじ》に捨《す》ててしまったのかもしれない。しかし、だからと言《い》って、物質的《ぶっしつてき》な豊《ゆた》かさを手放《てばな》すことが、精神的《せいしんてき》な豊《ゆた》かさを取《と》り戻《もど》すことに直結《ちょっけつ》するとは言《い》い切《き》れない。次々《つぎつぎ》と目《め》まぐるしく新商品《しんしょうひん》が登場《とうじょう》し、古《ふる》い物《もの》は忘《わす》れ去《さ》られていくような社会《しゃかい》の中《なか》であっても、心《こころ》を失《うしな》わずにいることはできる。大切《たいせつ》なのは、見《み》えないものを見《み》ようとする姿勢《しせい》である。パックに詰《つ》められた数百《すうひゃく》グラムの赤《あか》い牛肉《ぎゅうにく》も、もともとは生《い》きて動《うご》く牛《うし》だった。そういった見《み》えない姿《すがた》を見《み》ようとする態度《たいど》を失《うしな》いさえしなければ、物《もの》と心《こころ》の豊《ゆた》かさは、両立《りょうりつ》できるはずなのである。

ア　物《もの》の豊《ゆた》かさを捨《す》てることなく、心《こころ》の豊《ゆた》かさを持《も》ち続《つづ》けることは可能《かのう》である。

イ　見《み》えないものを見《み》ようとする態度《たいど》を持《も》てば、心《こころ》の豊《ゆた》かさよりも物《もの》の豊《ゆた》かさのほうが大切《たいせつ》であるということがはっきり分《わ》かってくるはずである。

ウ　心《こころ》の豊《ゆた》かさを手《て》に入《い》れるには、物《もの》の豊《ゆた》かさを手放《てばな》すことが求《もと》められる。

エ　物《もの》の作《つく》り手《て》や、食《た》べ物《もの》の源《みなもと》にある生命《せいめい》を想《おも》い描《えが》くことは、私《わたし》たちが精神的豊《せいしんてきゆた》かさを失《うしな》わずにいながら、同時《どうじ》に物質的豊《ぶっしつてきゆた》かさを得《え》続《つづ》けるために、大切《たいせつ》なことだ。

オ　物質的豊《ぶっしつてきゆた》かさは、精神的豊《せいしんてきゆた》かさを手《て》に入《い》れるための条件《じょうけん》であると言《い》える。

ポイント!

　どの問題《もんだい》も、選択肢《せんたくし》に頼《たよ》ってはいけません。選択肢《せんたくし》を見《み》る前《まえ》に、本文《ほんぶん》を支《ささ》える「対比《たいひ》の骨組《ほねぐ》み」を、自分自身《じぶんじしん》で引《ひ》き出《だ》す必要《ひつよう》があります（余白《よはく》にメモします）。筆者《ひっしゃ》は、何《なに》を否定《ひてい》し何《なに》を肯定《こうてい》しているのか。何《なに》と何《なに》を対比《たいひ》し、どちらを重視《じゅうし》しているのか。こういった問《と》いを自分自身《じぶんじしん》に投《な》げかけ、答《こた》えを出《だ》せた後《あと》で初《はじ》めて、選択肢《せんたくし》を読《よ》むのです。

パートⅡ

8 対比的心情変化《たいひてきしんじょうへんか》①

1

次《つぎ》の各文及《かくぶんおよ》び図《ず》の空欄《くうらん》を埋《う》めるのにふさわしい言葉《ことば》を、それぞれ後《あと》の〈語群《ごぐん》〉から選《えら》び、書《か》き入《い》れなさい。

答《こた》え・配点《はいてん》は136ページ

① 昨日《きのう》の今頃《いまごろ》は、明日《あした》の発表会本番《はっぴょうかいほんばん》でうまくピアノを弾《ひ》けないのではないかと（A　　　　）だった。しかし、本番《ほんばん》の今日《きょう》になって、Cいつも自分《じぶん》をほめてくれる先生《せんせい》の顔《かお》を見《み》たとたん、（B　　　　）になり、ほとんどミスなく発表《はっぴょう》し終《お》えることができた。

⊖（A　　　　）

対比的心情変化《たいひてきしんじょうへんか》

⊕（B　　　　）

C：いつも自分《じぶん》をほめてくれる先生《せんせい》の顔《かお》を見《み》た

変化《へんか》のきっかけ

---

② 今日《きょう》もあいつに謝《あやま》れなかった……シンジは、自分《じぶん》が悪《わる》いということを分《わ》かっていながら、もう一週間《いっしゅうかん》も謝《あやま》れずにいた。

そんなシンジの（A　　　　）が薄《うす》らいだのは、ほかならぬユウタのおかげだった。

C「シンジが僕《ぼく》に謝《あやま》りたくていろいろ話《はな》しかけてるの、分《わ》かってるよ」

この言葉《ことば》を聞《き》いて、シンジは、肩《かた》の荷《に》が下《お》りたような気《き》がした。

⊖（A　　　　）

対比的心情変化《たいひてきしんじょうへんか》

⊕（B　　　　が薄《うす》らいだ）

C：ユウタが自分《じぶん》を理解《りかい》してくれていたことを知《し》った

変化《へんか》のきっかけ

※ここでは、AとBの空欄《くうらん》は同《おな》じ言葉《ことば》になります。

◎図《ず》の中《なか》のC欄《らん》は、セリフを抽象化《ちゅうしょうか》した表現《ひょうげん》になっています。

1 レベル★★☆	月　日
75点《てん》満点《まんてん》	点《てん》
2 レベル★★★	月　日
25点《てん》満点《まんてん》	点《てん》
総合得点《そうごうとくてん》	
100点《てん》満点《まんてん》	点《てん》

③

アメリカから転入《てんにゅう》してきたジュリアは、自分《じぶん》の意見《いけん》があればためらわずにすぐ口《くち》に出《だ》して言《い》うようなタイプだった。転入《てんにゅう》したその日《ひ》からズバズバと言《い》われてしまったマリコは、かなり戸惑《とまど》った。ジュリアの性格《せいかく》に対《たい》して、（A　　　　）を抱《いだ》いていた。

　ところが、ある日《ひ》、国語《こくご》の問題《もんだい》に次《つぎ》のような文章《ぶんしょう》が出《で》てきた。

「欧米《おうべい》では、人《ひと》と違《ちが》う意見《いけん》を大切《たいせつ》にします。一方《いっぽう》、日本《にほん》では、人《ひと》と同《おな》じ意見《いけん》であることが求《もと》められてしまいます。それが、欧米《おうべい》と日本《にほん》の国民性《こくみんせい》の違《ちが》いです。」

　マリコは思《おも》った――そうか、ジュリアが何《なん》でも遠慮《えんりょ》なく言《い》うのは、性格《せいかく》というよりも、国民性《こくみんせい》なんだな。

　その日《ひ》からマリコは、（A　　　　）どころか、不思議《ふしぎ》な（B　　　　）すら覚《おぼ》えるようになった。私《わたし》がジュリアに（A　　　　）を覚《おぼ》えるのと同《おな》じで、おそらくジュリアも、自分《じぶん》の意見《いけん》をはっきり言《い》わない私《わたし》のような日本人《にほんじん》に、（A　　　　）を覚《おぼ》えているに違《ちが》いない。そう考《かんが》えると、（B　　　　）せずにはいられなかった。

㊀ ジュリアへの（A　　　　）

対比的心情変化《たいひてきしんじょうへんか》

㊉ ジュリアへの（B　　　　）

C：2で考《かんが》えます

変化《へんか》のきっかけ

〈語群《ごぐん》〉共感《きょうかん》　落《お》ち着《つ》いた気持《きも》ち　違和感《いわかん》　自己嫌悪感《じこけんおかん》　落《お》ち着《つ》かない気持《きも》ち

2

右《みぎ》の「C」を考《かんが》えます。「たどる力《ちから》」（81ページ～）を勉強《べんきょう》した後《あと》で、書《か》いてみましょう。

答《こた》え・配点《はいてん》は136ページ

ポイント！

物語文《ものがたりぶん》を読《よ》むときは、いつも「対比的心情変化《たいひてきしんじょうへんか》」を意識《いしき》して読《よ》むようにすることが大切《たいせつ》です。

158ページも活用《かつよう》しましょう。

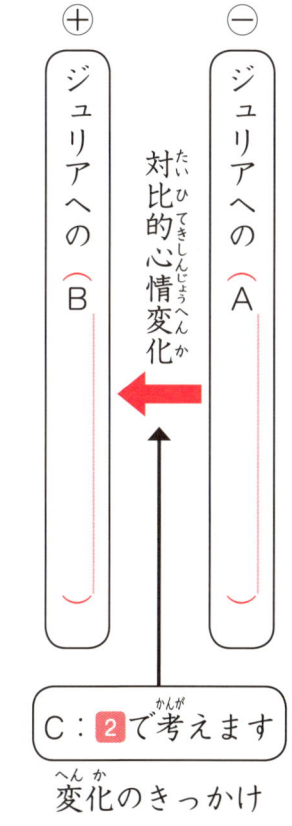

9 対《たい》比《ひ》的《てき》心《しん》情《じょう》変《へん》化《か》②

1

次《つぎ》の文章《ぶんしょう》を読《よ》み、後《あと》の問《と》いに答《こた》えなさい。

答《こた》え・配点《はいてん》は138ページ

　ミナは、塾《じゅく》で返《かえ》されたテストを手《て》にしながら、リビングでうなだれていた。一五〇点中《ひゃくごじってんちゅう》、五二点《ごじゅうにてん》。こんな成績《せいせき》じゃあ中学入試《ちゅうがくにゅうし》で合格《ごうかく》するはずがないよね……それどころか、このままじゃ大人《おとな》になってからも大変《たいへん》なんじゃないの……などと漠然《ばくぜん》としたことをつぶやき、ため息《いき》をついていた。

　そこへ、父《ちち》が帰《かえ》ってきた。うなだれる娘《むすめ》に、父《ちち》は言《い》った。

「あのな。大器晩成《たいきばんせい》っていう言葉《ことば》、知《し》ってるか。」

「なにそれ。」

「将来《しょうらい》、本当《ほんとう》に驚《おどろ》くような成果《せいか》を上《あ》げる人《ひと》は、子《こ》どもの頃《ころ》はたいしたことがないものだ、というようなことだな。」

「ふーん……。」

　部屋《へや》に戻《もど》ったミナは、深呼吸《しんこきゅう》してつぶやいた。

「よし、まあ、じっくり頑張《がんば》ってみるかな。」

〈問一《といいち》〉　この文章《ぶんしょう》の対比的心情変化《たいひてきしんじょうへんか》を整理《せいり》します。次《つぎ》の図《ず》の空欄《くうらん》を埋《う》めなさい。64、65ページを参考《さんこう》にし、心《しん》情表現《じょうひょうげん》を短《みじか》く書《か》き入《い》れること。

㊀（A　　　　）

対比的心情変化《たいひてきしんじょうへんか》 →

㊉（B　　　　）

C：大器晩成《たいきばんせい》という父《ちち》の言葉《ことば》に励《はげ》まされた

変化《へんか》のきっかけ

〈問二《といに》〉　この文章《ぶんしょう》は、要《よう》するにどんな話《はなし》ですか。右《みぎ》の図《ず》を次《つぎ》の〈型《かた》〉に当《あ》てはめながら考《かんが》え、一文《いちぶん》で答《こた》えなさい。〈型《かた》〉の表現《ひょうげん》は、少《すこ》し変《か》えてもかまいません。

〈型《かた》〉Aだったミナが、CによってBに変《か》わった話《はなし》。

① レベル★★★	
月	日
50点《てん》満点《まんてん》	点《てん》

② レベル★★★	
月	日
50点《てん》満点《まんてん》	点《てん》

総合得点《そうごうとくてん》	
100点《てん》満点《まんてん》	点《てん》

2

指定《してい》された手順《てじゅん》で内容《ないよう》を考《かんが》え、対比的心情変化《たいひてきしんじょうへんか》を描《えが》く短《みじか》いお話《はなし》を、自作《じさく》しなさい。

答《こた》え・配点《はいてん》は138ページ

手順《てじゅん》

① 主人公《しゅじんこう》を決《き》める（名前《なまえ》と立場《たちば》）
② 主人公《しゅじんこう》を変化《へんか》させる人《ひと》を決《き》める（名前《なまえ》と立場《たちば》）
③ 下図《かず》のA・B・Cを書《か》き入《い》れる

ポイント!

18〜21ページなども参照《さんしょう》のこと。
2①②の「立場《たちば》」とは、「親《おや》・兄弟《きょうだい》姉《し》妹《まい》・友達《ともだち》・先生《せんせい》」などを意味《いみ》します。

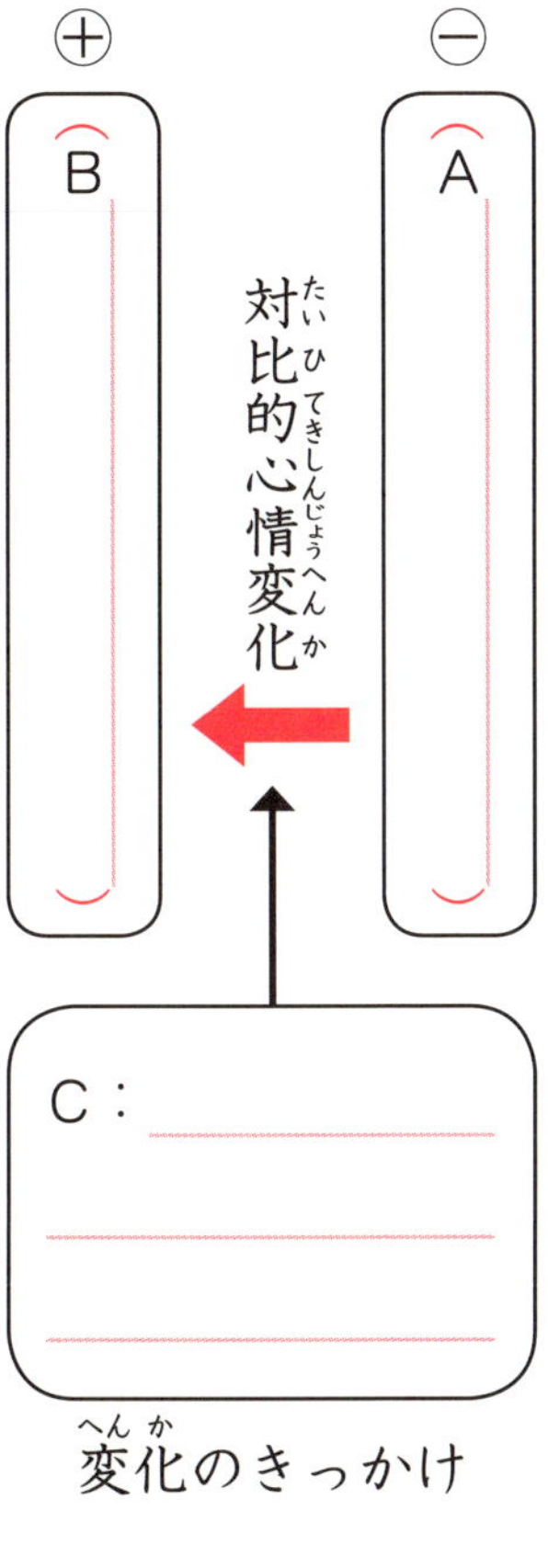

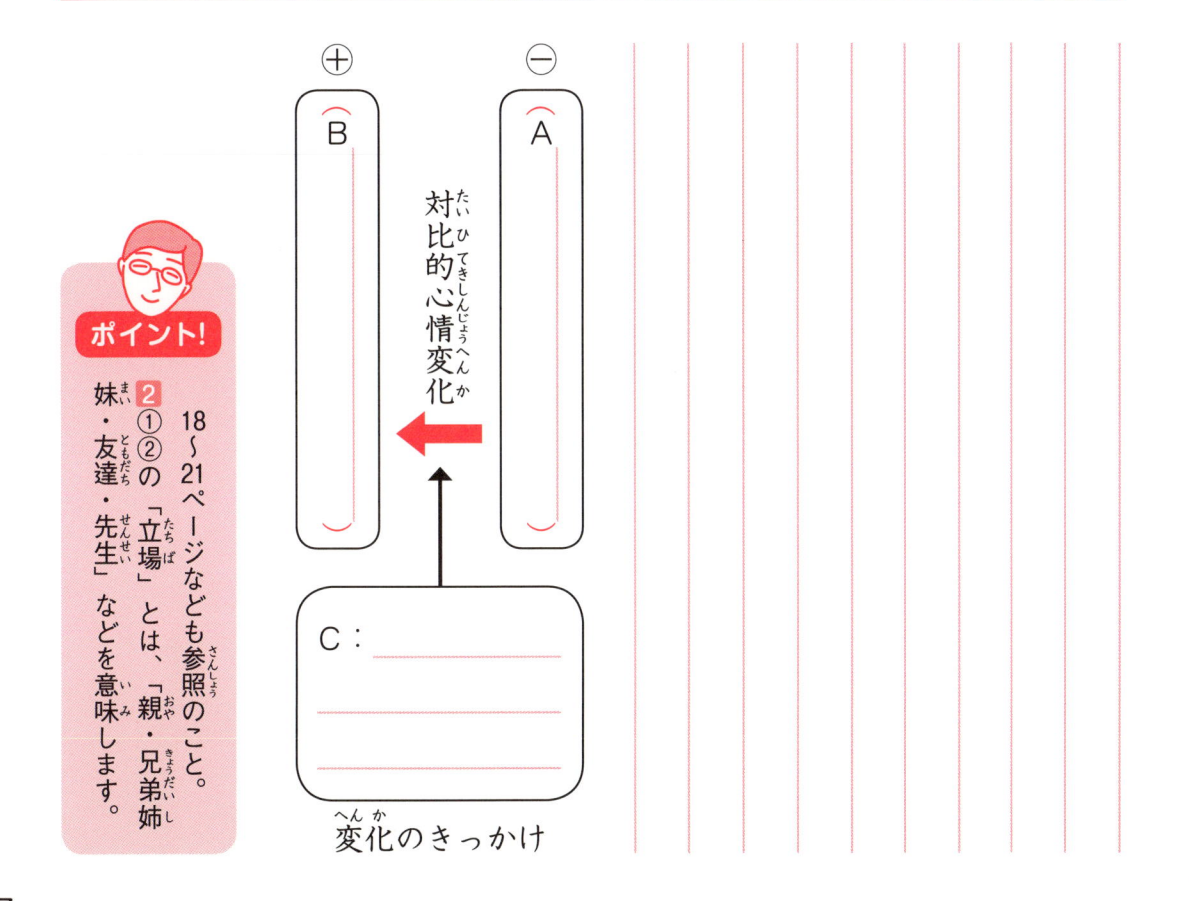

パートⅡ

10

対《たい》比《ひ》の観《かん》点《てん》を考《かん》える①

1レベル★★★

月　日

40点《てん》

満点《まんてん》　　点《てん》

2レベル★★★

月　日

60点《てん》

満点《まんてん》　　点《てん》

総合得点《そうごうとくてん》

100点《てん》

満点《まんてん》　　点《てん》

1

例《れい》にならって、対比《たいひ》の観点《かんてん》を考《かんが》えます。それぞれ、**ふさわしくないものをあるだけ選《えら》び**、記号《きごう》にマルをつけなさい。

答《こた》え・配点《はいてん》は139ページ

例《れい》

夏《なつ》←→冬《ふゆ》

ア　気温《きおん》の高低《こうてい》

イ　楽《たの》しいか楽《たの》しくないか

ウ　昼《ひる》の時間《じかん》が長《なが》いか短《みじか》いか

エ　夏休《なつやす》みの有無《うむ》

オ　季節《きせつ》かどうか

（イ・エ・オに丸印）

多《おお》くの人《ひと》が納得《なっとく》するような観点《かんてん》になっていない。（→イ）

片方《かたほう》には、なくて当然《とうぜん》。対比《たいひ》として機能《きのう》しづらい。（→エ）

冬《ふゆ》・ない（✕）

夏《なつ》・ある（↑）

共通点《きょうつうてん》であり、対比《たいひ》にならない。（→オ）

①　**バス←→タクシー**

ア　乗《の》り心地《ごこち》の良《よ》さ

イ　バス停《てい》の有無《うむ》

ウ　乗客《じょうきゃく》の希望《きぼう》する場所《ばしょ》まで乗《の》せて行《い》ってくれるかどうか

エ　一度《いちど》に乗《の》れる人数《にんずう》が多《おお》いか少《すく》ないか

②　**エレベーター←→エスカレーター**

ア　速度《そくど》の高低《こうてい》

イ　地震《じしん》など緊急時《きんきゅうじ》の安全性《あんぜんせい》

ウ　歩《ある》くことで、より速《はや》く移動《いどう》できるかどうか

エ　わくわくしてくるかどうか

③　**国語《こくご》←→算数《さんすう》**

ア　計算問題《けいさんもんだい》を解《と》くかどうか

イ　教科書《きょうかしょ》やノートが縦書《たてが》きか横書《よこが》きか

ウ　思考力《しこうりょく》を高《たか》める教科《きょうか》かどうか

エ　操作《そうさ》する記号《きごう》が、主《おも》に言葉《ことば》や文《ぶん》か、主《おも》に数《かず》や式《しき》か

④　**緑茶《りょくちゃ》←→コーヒー**

ア　冷《つめ》たくして飲《の》めるかどうか

イ　和風《わふう》か洋風《ようふう》か

ウ　原材料《げんざいりょう》が葉《は》か豆《まめ》か

エ　コーヒーゼリーになるかどうか

2

次《つぎ》のそれぞれの対比《たいひ》について、その観点《かんてん》を考《かんが》えます。1を参考《さんこう》にしながら、それぞれ三《みっ》つずつ挙《あ》げなさい。

答《こた》え・配点《はいてん》は139ページ

① **鉛筆《えんぴつ》←→シャーペン**

・
・
・

② **硬貨《こうか》（コイン）←→紙幣《しへい》（お札《さつ》）**

・
・
・

③ **犬《いぬ》←→猫《ねこ》**

・
・
・

④ **一人《ひとり》で遊《あそ》ぶ←→五人《ごにん》で遊《あそ》ぶ**

・
・
・

⑤ **公立学校《こうりつがっこう》←→私立学校《しりつがっこう》**

・
・
・

ポイント!

そのままでは対比《たいひ》の観点《かんてん》として成立《せいりつ》しないものであっても、**抽象化《ちゅうしょうか》してみる**と成立《せいりつ》する場合《ばあい》があります。たとえば、メールと電話《でんわ》の違《ちが》いを、「声《こえ》で伝《つた》えるかどうか」とせず、「感情《かんじょう》が伝《つた》わりやすいかどうか」とすれば、そこには**共通《きょうつう》した観点《かんてん》**が存在《そんざい》するようになります。「声《こえ》→感情《かんじょう》を伝《つた》えるもの」というような抽象化《ちゅうしょうか》が、カギとなるわけです。

パートⅡ

11 対比《たいひ》の観点《かんてん》を考《かんが》える②

1

例《れい》にならって、あなた独自《どくじ》の反対語《はんたいご》を作《つく》りなさい。どんな観点《かんてん》での反対語《はんたいご》なのかを、同時《どうじ》に書《か》くこと。なるべく多《おお》くの人《ひと》が共感《きょうかん》できるような観点《かんてん》にすること。

答《こた》え・配点《はいてん》は140ページ

例一《れいいち》 時計《とけい》 ⟷ （風呂《ふろ》）
〈対比《たいひ》の観点《かんてん》〉 人々《ひとびと》を緊張《きんちょう》させるものと、リラックスさせるもの

例二《れいに》 負《ま》ける ⟷ （逃《に》げる）
〈対比《たいひ》の観点《かんてん》〉 正々堂々《せいせいどうどう》と戦《たたか》って負《ま》けるか、正々堂々《せいせいどうどう》と戦《たたか》うことなく逃《に》げるか

① ケーキ ⟷ （　　　）
〈対比《たいひ》の観点《かんてん》〉

② 花火《はなび》 ⟷ （　　　）
〈対比《たいひ》の観点《かんてん》〉

③ 日本《にほん》 ⟷ （　　　）
〈対比《たいひ》の観点《かんてん》〉

④ 歌《うた》う ⟷ （　　　）
〈対比《たいひ》の観点《かんてん》〉

1 レベル★★☆
月　日
60点《てん》満点《まんてん》　点《てん》

2 レベル★★☆
月　日
40点《てん》満点《まんてん》　点《てん》

総合得点《そうごうとくてん》
100点《てん》満点《まんてん》　点《てん》

2

1と同様《どうよう》に考《かんが》え、書《か》きなさい。今度《こんど》は、全《すべ》てを自分《じぶん》で考《かんが》えること。

答《こた》え・配点《はいてん》は140ページ

①
（　　　　　　　　）↔（　　　　　　　　）
〈対比《たいひ》の観点《かんてん》〉

②
（　　　　　　　　）↔（　　　　　　　　）
〈対比《たいひ》の観点《かんてん》〉

③
（　　　　　　　　）↔（　　　　　　　　）
〈対比《たいひ》の観点《かんてん》〉

④
（　　　　　　　　）↔（　　　　　　　　）
〈対比《たいひ》の観点《かんてん》〉

ポイント!

「姉《あね》」の反対語《はんたいご》を「妹《いもうと》」とすれば、対比《たいひ》の観点《かんてん》は「年齢《ねんれい》の上下《じょうげ》」となりますが、「兄《あに》」とすれば、対比《たいひ》の観点《かんてん》は「男女《だんじょ》」となります。どんな観点《かんてん》でくらべるのかさえ変《か》えてしまえば、反対語《はんたいご》というものは無限《むげん》に作《つく》り出《だ》せます。

例一《れいいち》は、必《かなら》ずしも反対語《はんたいご》があるわけではないものに、反《はん》対語《たいご》を作《つく》ってみるパターンです。

例二《れいに》は、すぐに思《おも》い浮《う》かぶ反対語《はんたいご》があるがそれをあえて使《つか》わず、別《べつ》の反対語《はんたいご》にしてみるパターンです。

実《じつ》はこの課題《かだい》、「言《い》いかえる力《ちから》」で学習《がくしゅう》した比喩《ひゆ》トレーニングに通《つう》ずるところがあります。「時計《とけい》、つまり、人《ひと》の心《こころ》を束縛《そくばく》し緊張《きんちょう》させるもの」「負《ま》けること、つまり、正々《せいせい》堂々《どうどう》と戦《たたか》った証《あかし》」といった言《い》いかえをできるかどうかが、カギとなるでしょう。

パートⅡ

12 静的観点《せいてきかんてん》から動的観点《どうてきかんてん》へ

相違点《そういてん》を見《み》つける

例《れい》 **1**

例《れい》にならって、①～③の各図《かくず》の空欄《くうらん》を埋《う》めなさい。

答《こた》え・配点《はいてん》は141ページ

自転車《じてんしゃ》	対比《たいひ》の観点《かんてん》	三輪車《さんりんしゃ》
移動手段《いどうしゅだん》	用途《ようと》（使《つか》い道《みち》）	遊具《ゆうぐ》
長《なが》い	ひとこぎで進《すす》む距離《きょり》	短《みじか》い
速《はや》い	速度《そくど》	遅《おそ》い
大《おお》きい	本体《ほんたい》の大《おお》きさ	小《ちい》さい
2つ	タイヤの数《かず》	3つ

↑ 動的観点《どうてきかんてん》

↓ 静的観点《せいてきかんてん》

①

飛行機《ひこうき》	対比《たいひ》の観点《かんてん》	ヘリコプター

↑ 動的観点《どうてきかんてん》

↓ 静的観点《せいてきかんてん》

1 レベル★★★

月　日

100点《てん》 満点《まんてん》　点《てん》

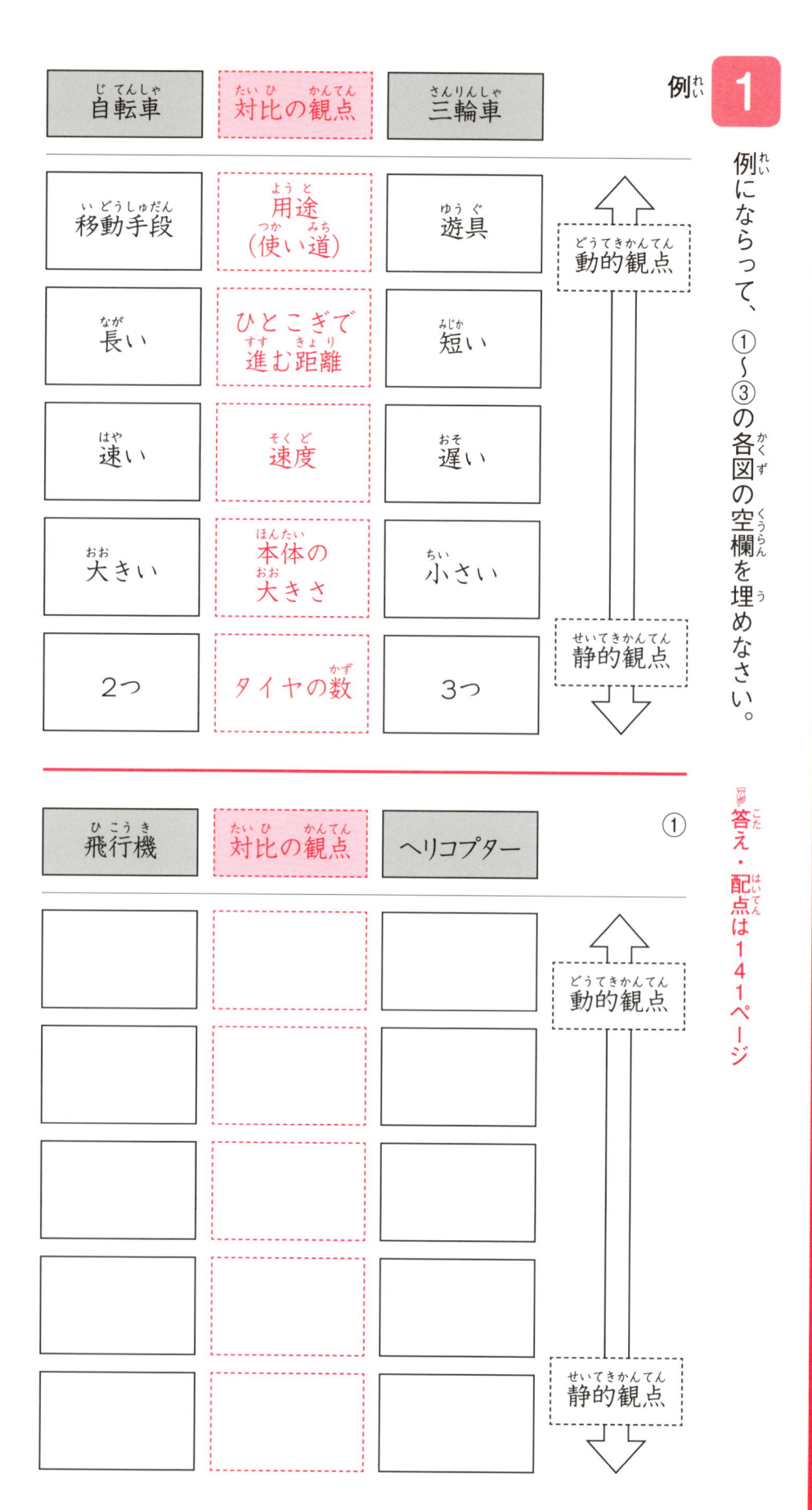

②

朝《あさ》	対比《たいひ》の観点《かんてん》	夜《よる》

動的観点《どうてきかんてん》

静的観点《せいてきかんてん》

③

写真《しゃしん》	対比《たいひ》の観点《かんてん》	映像《えいぞう》

動的観点《どうてきかんてん》

静的観点《せいてきかんてん》

ポイント!

・静的観点《せいてきかんてん》……写真《しゃしん》を見《み》くらべているような観点《かんてん》。
・動的観点《どうてきかんてん》……映像《えいぞう》を見《み》くらべているような観点《かんてん》。

静的観点《せいてきかんてん》から考《かんが》え、徐々《じょじょ》に動的《どうてき》にしていきましょう。

例《れい》の場合《ばあい》……自転車《じてんしゃ》と三輪車《さんりんしゃ》の写真《しゃしん》を見《み》くらべていてもタイヤの数《かず》や本体《ほんたい》の大《おお》きさしか浮《う》かんでこないが、実際《じっさい》に三輪車《さんりんしゃ》や自転《じてん》車《しゃ》に乗《の》っている映像《えいぞう》を思《おも》い浮《う》かべると、新《あたら》しい観点《かんてん》が得《え》られる。

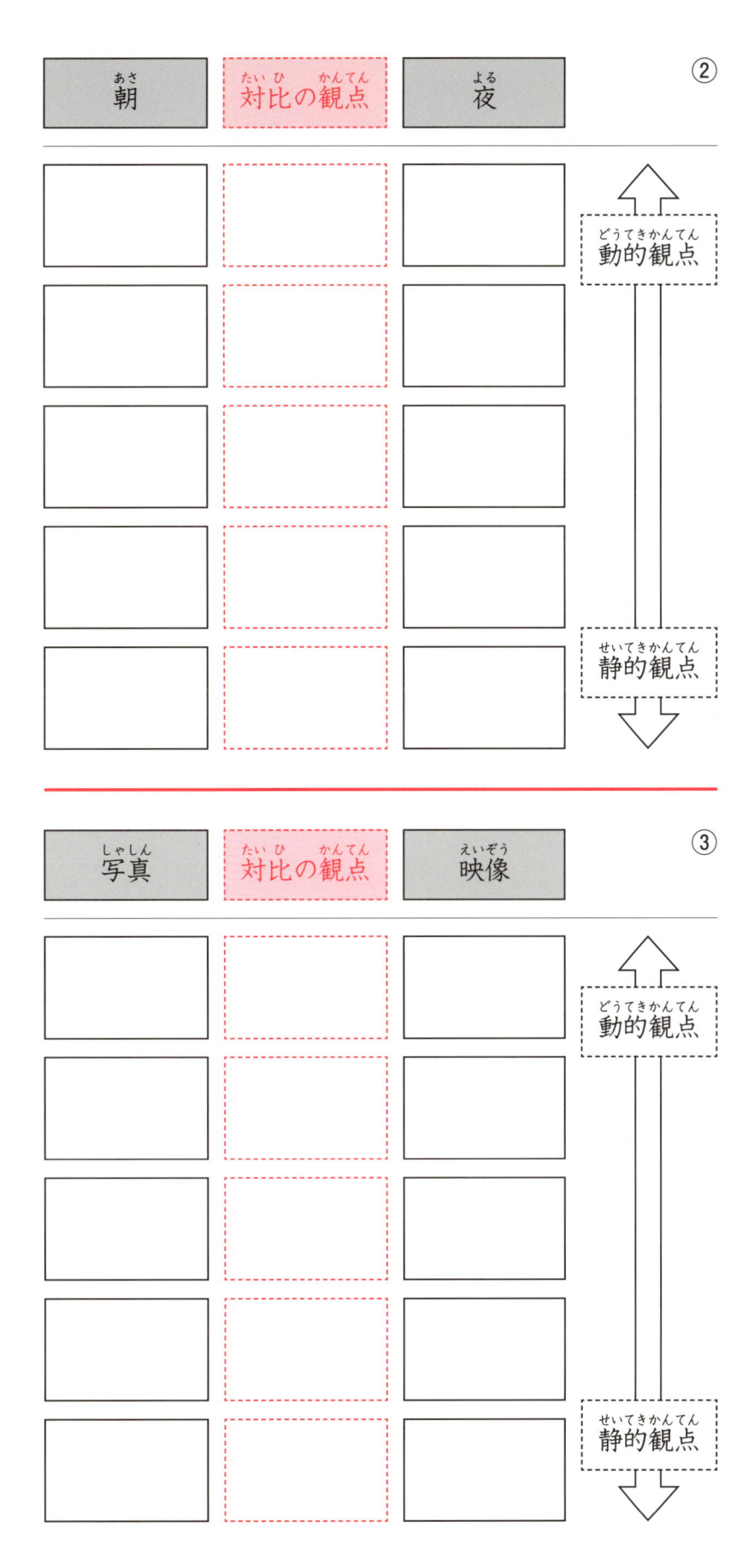

パートⅡ

13 価値《か》《ち》を逆転《ぎゃくてん》させる

1

例《れい》にならって、各文《かくぶん》の空欄《くうらん》を埋《う》めなさい。

答《こた》え・配点《はいてん》は143ページ

例《れい》 バスで行《い》けば早《はや》い。しかし、この程度《ていど》の距離《きょり》ならば、**むしろ**（徒歩《とほ》のほうが早《はや》い）。

型《かた》 A。しかし、（ならば）、**むしろ** B。

◎「徒歩《とほ》のほうが早《はや》い。しかし、**むしろ**バスのほうが早《はや》い」では通《つう》じません。

「むしろ」は一般的《いっぱんてき》な価値《かち》を逆転《ぎゃくてん》させるときに使《つか》います。一般的《いっぱんてき》にはバスのほうが価値《かち》が高《たか》いのですが、あえて徒歩《とほ》の価値《かち》を強調《きょうちょう》するわけです。

① 冬《ふゆ》は、温《あたた》かい飲《の》み物《もの》のほうが嬉《うれ》しい。しかし、ジョギングをした直後《ちょくご》ともなれば、**むしろ**（　　　　）。

② 外《そと》でスポーツをするなら、晴《は》れている日《ひ》のほうがいい。しかし、夏《なつ》の暑《あつ》い日《ひ》ともなると、**むしろ**（　　　　）。

③ 一方的《いっぽうてき》に連絡《れんらく》をするのなら、メールのほうが早《はや》い。しかし、互《たが》いにやりとりを重《かさ》ねなければならない相談《そうだん》ということならば、**むしろ**（　　　　）。

④ いつも大《おお》きな声《こえ》で元気《げんき》に話《はな》しましょう、とよく言《い》われる。しかし、今《いま》は、主人公《しゅじんこう》の死《し》について書《か》かれた文《ぶん》を音読《おんどく》するのだから、**むしろ**（　　　　）。

⑤ 雨《あめ》の日《ひ》は傘《かさ》が必需品《ひつじゅひん》だ。しかし、今日《きょう》は台風《たいふう》だ。傘《かさ》というよりも、**むしろ**（　　　　）。

1 レベル★★☆
月　日
40点《てん》満点《まんてん》　点《てん》

2 レベル★★☆
月　日
40点《てん》満点《まんてん》　点《てん》

3 レベル★★☆
月　日
20点《てん》満点《まんてん》　点《てん》

総合得点《そうごうとくてん》
100点《てん》満点《まんてん》　点《てん》

2

「むしろ」という言葉《ことば》を用《もち》いた短作文《たんさくぶん》を書《か》きなさい。

答《こた》え・配点《はいてん》は143ページ

①

②

③

④

3

次《つぎ》の各文《かくぶん》のうち、「むしろ」の使《つか》い方《かた》に合《あ》わない内《ない》容《よう》になっているものをあるだけ選《えら》び、記号《きごう》にマルをつけなさい。

答《こた》え・配点《はいてん》は143ページ

ア　小学校《しょうがっこう》の友達《ともだち》と再会《さいかい》した時《とき》よりも、高校《こうこう》の友達《ともだち》と再会《さいかい》した時《とき》のほうが、**むしろ**懐《なつ》かしく思《おも》えた。

イ　ほうきを使《つか》うよりも、**むしろ**掃除機《そうじき》を使《つか》うほうが効率《こうりつ》が良《よ》いだろう。

ウ　レトルトカレーを電子《でんし》レンジで温《あたた》めると、温《あたた》め足《た》りない部分《ぶぶん》が残《のこ》り結局再加熱《けっきょくさいかねつ》が必要《ひつよう》になるなどして、時間《じかん》がかかる。**むしろ**鍋《なべ》を使《つか》って加熱《かねつ》するほうが早《はや》い。

エ　クラス替《が》えがあるまでは仲良《なかよ》しだったはずの子《こ》が、今《いま》は私《わたし》ではなく別《べつ》の子《こ》と仲良《なかよ》しになってしまった。仲《なか》が良《よ》かった分《ぶん》だけ、**むしろ**激《はげ》しく嫌《きら》いになってしまいそうだ。

オ　発言《はつげん》した内容《ないよう》がおかしいというのなら、はっきりとそれを言《い》ってもらうよりは、それとなく伝《つた》えてもらうほうが、**むしろ**心《こころ》のわだかまりが少《すく》なくて済《す》む。

ポイント！

96～97、102ページも必《かなら》ず参照《さんしょう》のこと。

パートⅡ

14 対比《たいひ》を武器《ぶき》にして文章《ぶんしょう》を読《よ》み解《と》く①

1 次《つぎ》の文章《ぶんしょう》を読《よ》み、78、79ページの問《と》いに答《こた》えなさい。

答《こた》え・配点《はいてん》は144ページ

人《ひと》に何《なに》かを教《おし》える際《さい》は、とにかくほめることが大切《たいせつ》だ、とよく言《い》われる。ほめることによって技能《ぎのう》が向上《こうじょう》することについては実証実験《じっしょうじっけん》もなされているくらいだから、それ自《じ》体《たい》には何《なん》の異論《いろん》もない。

しかし、教《おし》える立場《たちば》の人々《ひとびと》の中《なか》には、ほめるという行為《こうい》ばかりに気《き》を取《と》られ、何《なに》が何《なん》でもほめる、嘘《うそ》でもほめる、とりあえずほめておけば間違《まちが》いない、などと、偏《かたよ》った考《かんが》え方《かた》を持《も》ってしまっている人《ひと》もいる。根拠《こんきょ》もないけど、とにかくほめる。「うーん、なんとなくいいねえ」と言《い》っておく。こういうことを繰《く》り返《かえ》していると、教《おそ》わるほうも遅《おそ》かれ早《はや》かれ感《かん》づく。この先生《せんせい》、嘘《うそ》ついてるんじゃないか、と。そんなふうに思《おも》われたら、ほめることの価値《かち》はゼロになる。それどころか、マイナスにすら変《か》わる。

では、叱《しか》ることが大切《たいせつ》なのか。もちろん、大切《たいせつ》だ。しかし、その重要度《じゅうようど》は、ほめることより高《たか》くもなければ、低《ひく》くもない。

ほめることより重要《じゅうよう》なことがある。叱《しか》ることより重要《じゅうよう》なことがある。それは、認《みと》めることである。もっと正確《せいかく》に書《か》くならば、「見留《みと》める（見止《みと》める）」ことである。

見留《みと》めるというのは、事実《じじつ》を捉《とら》えるということである。たとえば、友達《ともだち》が落《お》とした消《け》しゴムをさりげなく拾《ひろ》ってあげた子《こ》のその姿《すがた》を、見留《みと》めること。その場合《ばあい》、その見留《みと》めた事実《じじつ》は、ほめるという行為《こうい》につながる。あるいは、さしたる理由《りゆう》もなく隣《となり》の子《こ》の机《つくえ》と自分《じぶん》の机《つくえ》を二《に》センチほど引《ひ》き離《はな》し、隣《となり》の子《こ》を冷《つめ》たい目《め》でにらんだ子《こ》のその姿《すがた》を、見留《みと》めること。その場合《ばあい》、その見留《みと》めた事実《じじつ》は、叱《しか》るという行為《こうい》につながる。

ほめるというのは、プラス評価《ひょうか》である。いいね。偉《えら》いね。立派《りっぱ》だね。こういうプラス評価《ひょうか》は、大切《たいせつ》である。一方《いっぽう》、叱《しか》るというのは、マイナス評価《ひょうか》である。だめだよ。それはおかしいね。こういうマイナス評価《ひょうか》もまた、大切《たいせつ》である。

しかし、それ以上《いじょう》に大切《たいせつ》なのは、見留《みと》めることである。それは、プラス・マイナスという判断《はんだん》あるいは結論《けつろん》を出《だ》す前《まえ》の段階《だんかい》だ。それは、前提《ぜんてい》であり、根拠《こんきょ》である。

事実《じじつ》を見留《みと》める。それを根拠《こんきょ》として、プラス評価《ひょうか》を下《くだ》す。あるいはマイナス評価《ひょうか》を下《くだ》す。まず見留《みと》める。それから評《ひょう》価《か》をする。このステップにおいて、より重要《じゅうよう》なのが見留《みと》める段階《だんかい》であるということに、異論《いろん》の余地《よち》はないだろう。

ほめよう、ほめようと大合唱《だいがっしょう》している教師《きょうし》がいる。彼《かれ》らは、子《こ》どもにマイナス評価《ひょうか》を与《あた》えることを、必要《ひつよう》以上《いじょう》に恐《おそ》れている。しかし、考《かんが》えてもみてほしい。ある子《こ》どもに何《なん》らかのプラス評価《ひょうか》をするためには、その子《こ》どもがそれより下《した》の段階《だんかい》にいたという事実《じじつ》を、見留《みと》めていることが不可欠《ふかけつ》になるはずだ。

点数《てんすう》が六〇点《ろくじってん》から八〇点《はちじってん》に上《あ》がったことをほめるときのことを考《かんが》えてみよう。六〇点《ろくじってん》を取《と》っても八〇点《はちじってん》を取《と》っても、とにもかくにも「うーん、まあ、きみなりによく頑張《がんば》ったね」と言《い》い続《つづ》けてほめるのと、六〇点《ろくじってん》を「ダメだなこれでは」とマイナス評価《ひょうか》していた教師《きょうし》が、八〇点《はちじってん》を取《と》った子《こ》を「よくやった」とほめるのと、どちらが説得力《せっとくりょく》があるか。

どちらが、根拠《こんきょ》を持《も》ってほめていると言《い》えるか。当然《とうぜん》、後《こう》者《しゃ》であろう。悪《わる》い状態《じょうたい》を知《し》っているからこそ、良《よ》い状態《じょうたい》をプラス評価《ひょうか》することができるのだ。

ただし、ここで言《い》いたいのは、マイナス評価《ひょうか》の重要性《じゅうようせい》ではない。こう書《か》くのは、あくまでも、プラス評価《ひょうか》ばかりが良《よ》いものとされる一般的傾向《いっぱんてきけいこう》があるからであるに過《す》ぎない。逆《ぎゃく》に、マイナス評価《ひょうか》こそが重要《じゅうよう》であると言《い》い切《き》るのも、当《とう》然《ぜん》ながら問題《もんだい》がある。

ほめる教育論《きょういくろん》も叱《しか》る教育論《きょういくろん》も、中途半端《ちゅうとはんぱ》である。大切《たいせつ》なのは、まず見留《みと》めること。何《なに》かを教《おし》える立場《たちば》にいる人《ひと》は、このことをいつも念頭《ねんとう》に置《お》いてほしい。

ポイント!

どんな文章《ぶんしょう》を読《よ》む場合《ばあい》でも、次《つぎ》の二点《にてん》をいつも頭《あたま》に置《お》く必要《ひつよう》があります。

① この文章《ぶんしょう》で対比《たいひ》されている「A」と「B」は、それぞれ何《なに》か？

② 筆者《ひっしゃ》は、「A」と「B」のどちらに比重《ひじゅう》（価値《かち》）を置《お》いているのか？

これをもとに、次《つぎ》のページからの問題《もんだい》を解《と》きましょう。

パートⅡ

15 対《たい》比《ひ》を武《ぶ》器《き》にして文《ぶん》章《しょう》を読《よ》み解《と》く②

①
レベル★★★
月　日
100点《てん》満点《まんてん》　点《てん》

1

76、77ページの文章《ぶんしょう》を読《よ》み、次《つぎ》の問《と》いに答《こた》えなさい。

答《こた》え・配点《はいてん》は144ページ

〈問一《といいち》〉文章《ぶんしょう》の全体構成《ぜんたいこうせい》を考《かんが》えます。次《つぎ》のア～ウのうち最《もっと》もふさわしい図《ず》を選《えら》び、記号《きごう》にマルをつけなさい。それぞれの空欄《くうらん》には、下《した》の〈語《ご》群《ぐん》〉の中《なか》のいずれかの言葉《ことば》が入《はい》ります。

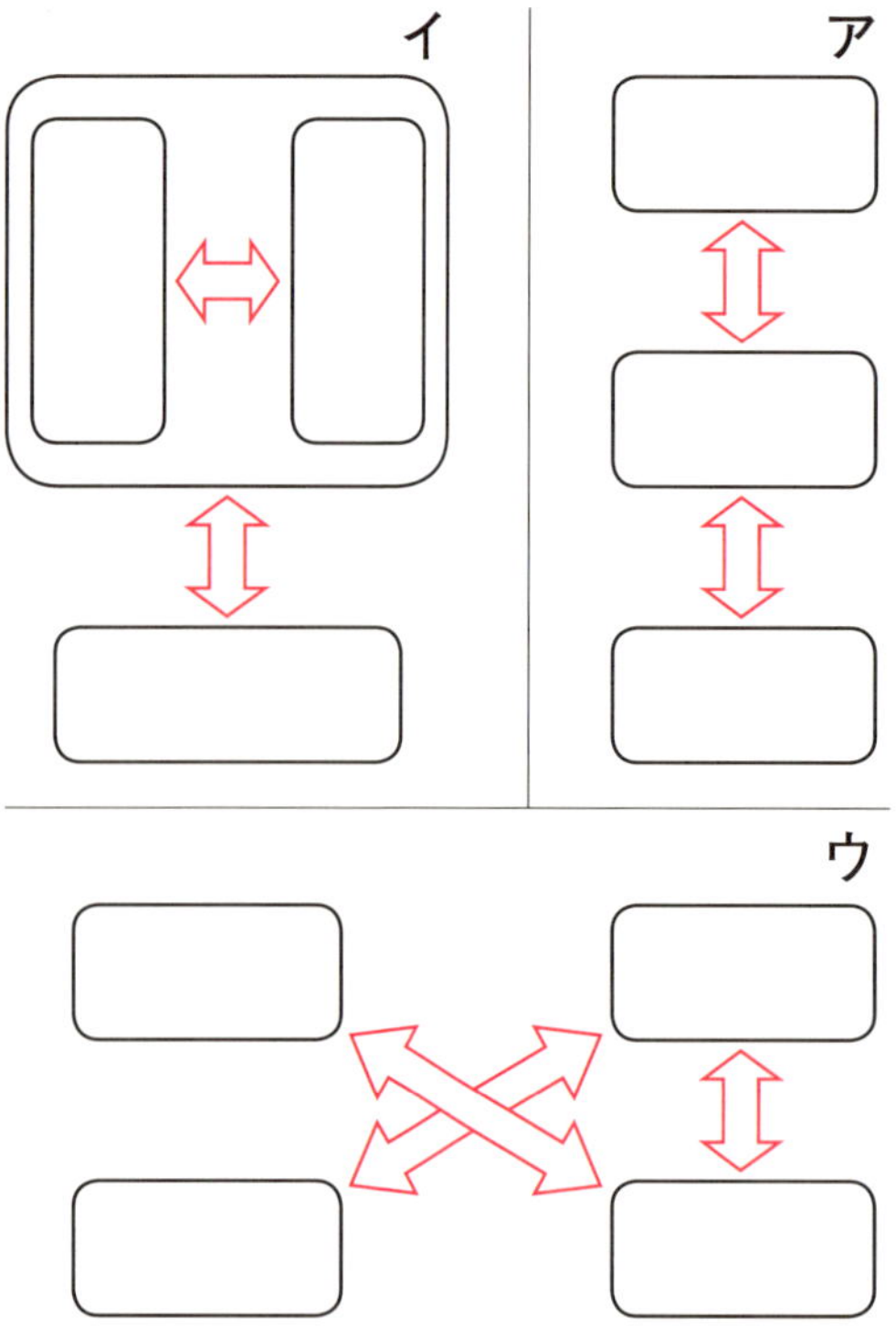

〈語群《ごぐん》〉教《おし》える　叱《しか》る　ほめる　見留《みと》める

〈問二《といに》〉問一《といいち》で選《えら》んだ図《ず》の中《なか》に、上《うえ》の〈語群《ごぐん》〉の言葉《ことば》を書《か》き入《い》れなさい。アかイを選《えら》んだ場合《ばあい》は、言葉《ことば》が一《ひと》つ余《あま》ることになります。

〈問三《といさん》〉次《つぎ》の各説明《かくせつめい》のうち、この文章《ぶんしょう》の筆者《ひっしゃ》の主張《しゅちょう》として正《ただ》しいものにはマル、間違《まちが》っているものにはバツをつけなさい（記号《きごう》に直接《ちょくせつ》マル・バツを記入《きにゅう》する）。

ア　人《ひと》に何《なに》かを教《おし》える際《さい》は、とにかくほめることこそが大切《たいせつ》である。

イ　叱《しか》ることこそが大切《たいせつ》であり、ほめてばかりいるのは子《こ》どもを甘《あま》やかすことになるので危険《きけん》である。

ウ　ほめることにこだわるよりも、まず見留《みと》めることを大切《たいせつ》にすべきである。

エ　良《よ》いか悪《わる》いかの判断《はんだん》の前《まえ》に、根拠《こんきょ》となる事実《じじつ》を見《み》留《と》めることが優先《ゆうせん》される必要《ひつよう》がある。

オ　プラス評価《ひょうか》やマイナス評価《ひょうか》を与《あた》えた後《あと》で、評価《ひょうか》の根拠《こんきょ》となった事実《じじつ》に目《め》を向《む》けるようにすべきである。

〈問四《といよん》〉次《つぎ》のマトリョーシカ方式《ほうしき》（12、13ページ参照《さんしょう》）の図《ず》の空欄《くうらん》を考《かんが》え、後《あと》の〈語群《ごぐん》〉から言葉《ことば》を選《えら》んで書《か》き入《い》れなさい。文章《ぶんしょう》に即《そく》して考《かんが》えること。同《おな》じ言葉《ことば》を二回《にかい》使《つか》ってもかまいません。

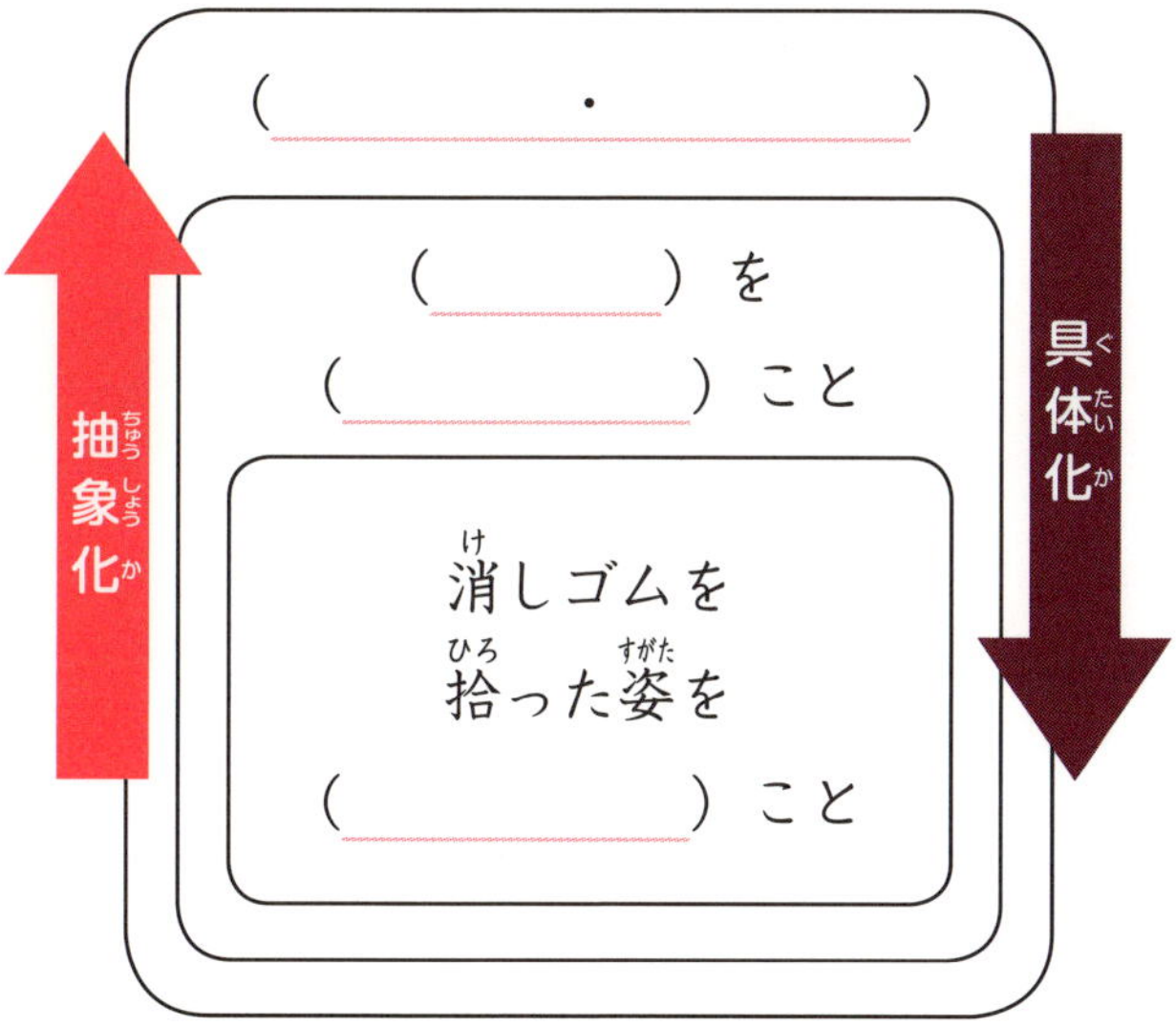

〈語群《ごぐん》〉使《つか》わない言葉《ことば》も含《ふく》まれています。
判断《はんだん》・結論《けつろん》　判断《はんだん》・根拠《こんきょ》　見留《みと》める　評価《ひょうか》
前提《ぜんてい》・根拠《こんきょ》　事実《じじつ》　叱《しか》る　プラス・マイナス

〈問五《といご》〉この文章全体《ぶんしょうぜんたい》を八〇字以内《はちじゅうじいない》で要約《ようやく》しなさい。後《あと》の〈語群《ごぐん》〉を全《すべ》て使《つか》い、「AではなくB」、「AよりもB」の型《かた》（61ページ参照《さんしょう》）を活用《かつよう》して書《か》くこと。

〈語群《ごぐん》〉ほめる　見留《みと》める　根拠《こんきょ》　マイナス
判断《はんだん》　プラス　事実《じじつ》　叱《しか》る　重視《じゅうし》　評価《ひょうか》
「ほめたり」などと変《か》えてもよい。

ポイント!
〈問五《といご》〉要約《ようやく》とは、文章《ぶんしょう》の骨組《ほねぐ》み（抽象《ちゅうしょう》）を残《のこ》して、肉《にく》づけ（具体《ぐたい》）をカットすることです。

「分《わ》かる」とは、どういうことか？

左《さ》図《ず》1～4の手順《てじゅん》で、ウサギの絵《え》を描《か》いていきます。すると、見《み》ている人《ひと》は4の段階《だんかい》で「ウサギだ」と分《わ》かりますね。では、この「分《わ》かる」とはどういうことなのでしょう。

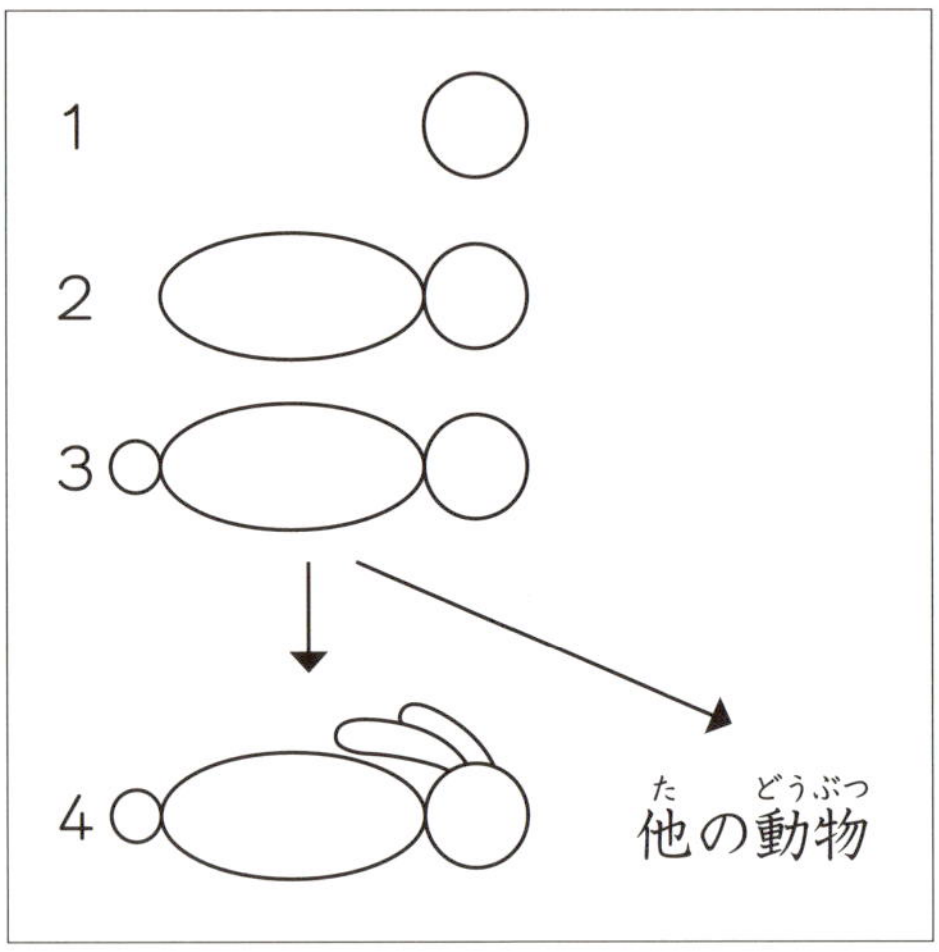

「わかる」という言葉《ことば》を、なぜ「分《わ》かる」と書《か》くのかを考《かんが》えてみましょう。

「分」という字《じ》は、刀《かたな》で二《ふた》つに切《き》り分《わ》ける様子《ようす》を表《あらわ》しています。

何《なに》かを切《き》り分《わ》けることができた（＝区別《くべつ》できた）とき、それを「分《わ》かった」と表現《ひょうげん》するのですね。「わかる」は、「解《わか》る」とも書《か》きます。「理解《りかい》」の「解《かい》」です。この「解《かい》」の字《じ》にも、刀《かたな》があります。この字《じ》は、牛《うし》の角《つの》を刀《かたな》で切《き》り分《わ》ける様子《ようす》を表《あらわ》しています。「わかる」は、「判《わか》る」とも書《か》きます。これにも、刀《かたな》があります。右側《みぎがわ》は「りっとう（立刀《りっとう》）」という部首《ぶしゅ》。つまり、刀《かたな》で半分《はんぶん》に分《わ》けるという字《じ》です。

先《さき》ほどの図《ず》の4の段階《だんかい》で、ウサギだと「分《わ》かった」のは、ウサギと他《た》の動物《どうぶつ》との区別《くべつ》がついた瞬間《しゅんかん》、つまり、「分《わ》かたれた」「分《わ》けられた」瞬間《しゅんかん》だったというわけです。

そう、「分《わ》ける」ことこそが「分《わ》かる」ことなのです。

さて、ここで、これまで学《まな》んできた「くらべる力《ちから》（対比《たいひ》関係整理力《かんけいせいりりょく》）」を振《ふ》り返《かえ》ってみましょう。

「人工《じんこう》・自然《しぜん》」、「後《うし》ろ向《む》き・前向《まえむ》き」、「違《ちが》う・同《おな》じ」、「安《あん》全《ぜん》・危険《きけん》」、「自動《じどう》・手動《しゅどう》」、「動《どう》・静《せい》」、「特別《とくべつ》・普通《ふつう》」などといった「対比《たいひ》の骨組《ほねぐ》み」を意識《いしき》して読《よ》んだり書《か》いたりする方法《ほうほう》を、学《まな》んできましたね。

これらはまさに、二《ふた》つに「分《わ》ける」作業《さぎょう》だったのです。

曖昧《あいまい》で漠然《ばくぜん》とした、あるいは複雑《ふくざつ》で混沌《こんとん》としたイメージを、言葉《ことば》によって「整理《せいり》」し「単純化《たんじゅんか》」していくための三《みっ》つの方法《ほうほう》（5ページ参照《さんしょう》）のうちの重要《じゅうよう》な一《ひと》つは、対比関《たいひかん》係《けい》の整理《せいり》、すなわちこの「分《わ》ける」ことにあったわけです。

あなたが何《なに》かを考《かんが》え「分《わ》かった」とき、あなたは必《かなら》ず、何《なに》かと何《なに》かを「分《わ》けた」はずです。それが何《なに》と何《なに》であったのかを、ときどき、意識《いしき》してみるようにしましょう。

パート Ⅲ

「たどる力《ちから》」

―因果関係整理力《いんがかんけいせいりりょく》―

を高《たか》めるトレーニング

原因《げんいん》

宿題《しゅくだい》を忘《わす》れた。

宿題《しゅくだい》を忘《わす》れたからだ。

だから →

因果関係《いんがかんけい》

← なぜなら

結果《けっか》

叱《しか》られた。

叱《しか》られた。

因果関係《いんがかんけい》……原因《げんいん》と結果《けっか》の関係《かんけい》。

「青《あお》が好《す》きだ。だから、赤《あか》も好《す》きだ。」→因果関係《いんがかんけい》が成立《せいりつ》しない。

「青《あお》が好《す》きだ。だから、水色《みずいろ》も好《す》きだ。」→因果関係《いんがかんけい》が成立《せいりつ》する。

「因果関係《いんがかんけい》が成立《せいりつ》する」とは、「なるほどと思《おも》える」ということです。10人中《にんちゅう》8人《にん》が「なるほど」と思《おも》えるかどうか（すなわち、客観性《きゃっかんせい》が高《たか》いかどうか）。これが、正《ただ》しい因果関係《いんがかんけい》の一《ひと》つの基準《きじゅん》になります。「たどる力《ちから》」とは、原因《げんいん》と結果《けっか》を正《ただ》しくつなげていくための力《ちから》です。

〈より詳《くわ》しく〉 ◆因果関係《いんがかんけい》が「正《ただ》しい」と言《い》えるかどうかは、「常識《じょうしき》」に左右《さゆう》されます（89ページ参照《さんしょう》）。10kmくらいは歩《ある》くのが常識《じょうしき》だと思《おも》っている人達《ひとたち》の中《なか》であれば、「目的地《もくてきち》まで10kmだ。だから、徒歩《とほ》で行《い》った。」という文《ぶん》がそのまま受《う》け入《い》れられるでしょう。それはたとえば、交通網《こうつうもう》が未発達《みはったつ》な時代《じだい》や地域《ちいき》における「常識《じょうしき》」かもしれません。常識《じょうしき》は、ほかにも、性別《せいべつ》・年齢《ねんれい》・職種等々《しょくしゅとうとう》、様々《さまざま》な条件《じょうけん》によって変化《へんか》します。話《はな》すときも聞《き》くときも、書《か》くときも読《よ》むときも、相手《あいて》の常識《じょうしき》と自分《じぶん》の常識《じょうしき》の違《ちが》いを考《かんが》え、その差《さ》を埋《う》めるように「たどる」ことが求《もと》められるのです。

パートⅢ

1 「だから」「なぜなら」「そのため」「すると」

1

例《れい》にならって、各文《かくぶん》の空欄《くうらん》を埋《う》めなさい。

答《こた》え・配点《はいてん》は145ページ

例《れい》
・雨《あめ》がやんだ。だから、かさをたたんだ。
・かさをたたんだ。なぜなら、雨《あめ》がやんだからだ。

①
・汚《よご》れがひどかった。だから、クリーニングに出《だ》した。
・クリーニングに出《だ》した。なぜなら、（　　　　）。

②
・今日《きょう》は霧《きり》が出《で》ていた。だから、いつもは見《み》えるはずの富士山《ふじさん》が、見《み》えなかった。
・いつもは見《み》えるはずの富士山《ふじさん》が、見《み》えなかった。なぜなら、（　　　　）。

③
・別《べつ》の辞書《じしょ》でも調《しら》べてみた。なぜなら、あまり詳《くわ》しく載《の》っていなかったからだ。
・（　　　　）。だから、別《べつ》の辞書《じしょ》でも調《しら》べてみた。

2

それぞれの空欄《くうらん》を、自分《じぶん》で考《かんが》えて埋《う》めなさい。

答《こた》え・配点《はいてん》は145ページ

① 予備《よび》の消《け》しゴムを持《も》っていた。だから、（　　　　）。

② 不安《ふあん》になった。なぜなら、（　　　　）。

③ 式《しき》も計算《けいさん》も合《あ》っていたが、答《こた》えに単位《たんい》をつけるのを忘《わす》れてしまった。だから、（　　　　）。

④ （　　　　）。だから、呼《よ》び止《と》められたことに気《き》づかなかった。

1 レベル★	月　日
12点《てん》満点《まんてん》	点《てん》
2 レベル★★	月　日
32点《てん》満点《まんてん》	点《てん》
3 レベル★★	月　日
56点《てん》満点《まんてん》	点《てん》
総合得点《そうごうとくてん》	
100点《てん》満点《まんてん》	点《てん》

3 次《つぎ》の文章《ぶんしょう》の空欄《くうらん》を考《かんが》えて埋《う》めなさい。

答《こた》え・配点《はいてん》は146ページ

① この植木鉢《うえきばち》だけ、水《みず》やりをうっかり忘《わす》れていた。
そのため、（　　　　　　　　）。

② （　　　　　　　　）。
その結果《けっか》、二位《にい》だった私《わたし》が繰《く》り上《あ》がって一位《いちい》になった。

③ これまで、この建物《たてもの》の四階《よんかい》からの景色《けしき》しか見《み》たことがなかったが、今日《きょう》初《はじ》めて、九階《きゅうかい》まで上《あ》がってみた。
すると、（　　　　　　　　）。

④ 「明日《あした》、一緒《いっしょ》に映画《えいが》を見《み》に行《い》きませんか。
というのも、（　　　　　　　　）。」

⑤ 「このセーター、着《き》たくない。
だって、（　　　　　　　　）だもん。」

⑥ 「あの子《こ》は体育着《たいいくぎ》を忘《わす》れたんだって。」
「ああ、**それで、**（　　　　　　　　）。」

⑦ 「あのとき、僕《ぼく》はその場《ば》にいなかったよ。」
「じゃあ、（　　　　　　　　）。」

⑧ 彼《かれ》は思《おも》わず、小声《こごえ》で「あっ」と言《い》った。
（　　　　　　　　）のだ。

ポイント!

接続表現《せつぞくひょうげん》は、その働《はたら》きを意識《いしき》して使《つか》うことが大切《たいせつ》です。

原因《げんいん》（条件《じょうけん》）→結果《けっか》

- A だから B
- A その結果《けっか》 B
- A によって B
- A それで B
- A すると B
- A そのため B
- A したがって B
- A ゆえに B
- A じゃあ B
- A ならば B

結果《けっか》→原因《げんいん》

- B なぜなら A から
- B A から
- B A ので
- B A ため
- B A のだ
- B A わけだ
- B というのも A
- B だって A

パートⅢ

2

「ため」が持《も》つ二《ふた》つの役割《やくわり》を理解《りかい》する

1 レベル★☆☆	月	日
20点《てん》満点《まんてん》		点《てん》
2 レベル★★☆	月	日
20点《てん》満点《まんてん》		点《てん》
3 レベル★★☆	月	日
20点《てん》満点《まんてん》		点《てん》
4 レベル★★★	月	日
40点《てん》満点《まんてん》		点《てん》
総合得点《そうごうとくてん》		
100点《てん》満点《まんてん》		点《てん》

1

例《れい》にならって、各文《かくぶん》の空欄《くうらん》を埋《う》めなさい。

答《こた》え・配点《はいてん》は146ページ

例《れい》 分《わ》かりやすくする**ため**、図《ず》にして整理《せいり》した。

→ 図《ず》にして整理《せいり》したのは、分《わ》かりやすくする**ため**だ。

① 風邪《かぜ》の予防《よぼう》の**ため**、マスクをした。

→ （　　　　）。

② 人数《にんずう》を数《かぞ》えやすくする**ため**、整列《せいれつ》させた。

→ （　　　　）。

③ 掃除《そうじ》をする**ため**、机《つくえ》を下《さ》げた。

→ （　　　　）。

④ 自信《じしん》をつける**ため**、簡単《かんたん》な問題《もんだい》から始《はじ》めた。

→ （　　　　）。

2

1の各文《かくぶん》の内容《ないよう》を整理《せいり》します。次《つぎ》の各文《かくぶん》の空欄《くうらん》に、「目的《もくてき》」か「手段《しゅだん》」のどちらかを書《か》きなさい。

答《こた》え・配点《はいてん》は146ページ

① 風邪《かぜ》の予防《よぼう》は、（　　）である。

② 整列《せいれつ》させたのは、（　　）である。

③ 机《つくえ》を下《さ》げた（　　）は、掃除《そうじ》をすることである。

④ 簡単《かんたん》な問題《もんだい》から始《はじ》めた（　　）は、自信《じしん》をつけることである。

3

次《つぎ》のア〜エの——部《ぶ》は、「目的《もくてき》」か「理由《りゆう》」か。よりふさわしいほうを選《えら》び、それぞれマルをつけなさい。

答《こた》え・配点《はいてん》は146ページ

ア 温《あたた》めるため、レンジに入《い》れた。　目的《もくてき》　理由《りゆう》

イ 温《あたた》めたため、おいしくなった。　目的《もくてき》　理由《りゆう》

ウ 書《か》くためにペンをとった。　目的《もくてき》　理由《りゆう》

エ 書《か》いたために跡《あと》が残《のこ》った。　目的《もくてき》　理由《りゆう》

4 次《つぎ》の文《ぶん》を読《よ》み、後《あと》の①～③の問《と》いに答《こた》えなさい。

答《こた》え・配点《はいてん》は146ページ

> 流《なが》れ星《ぼし》を見《み》るために夜中《よなか》の二時半《にじはん》まで起《お》きていたため、寝不足《ねぶそく》になった。

① 「目的《もくてき》」を表《あらわ》している「ため」に［　］を、「理由《りゆう》」を表《あらわ》している「ため」に（　）を、それぞれつけなさい。

② 「夜中《よなか》の二時半《にじはん》まで起《お》きていたのは、なぜですか」という問《と》いの答《こた》えを、二通《ふたとお》り考《かんが》えました。次《つぎ》の各文《かくぶん》の空欄《くうらん》を考《かんが》えて埋《う》めなさい。

ア 流《なが》れ星《ぼし》を（　　　　）ため。

イ 流《なが》れ星《ぼし》を（　　　　　　　　）から。

③ ②のように答《こた》えが二通《ふたとお》りになってしまう問《と》いは、良《よ》い問《と》いであるとは言《い》えません。

そこで、アの答《こた》えしか出《で》てこないような問《と》いを、二通《ふたとお》り考《かんが》えました。

次《つぎ》の各文《かくぶん》の空欄《くうらん》を埋《う》めなさい。

1 「夜中《よなか》の二時半《にじはん》まで起《お》きていた（　　　　）を答《こた》えなさい。」

2 「夜中《よなか》の二時半《にじはん》まで起《お》きていたのは、（　　　　　　　　）。」

ポイント!

1 手段《しゅだん》と目的《もくてき》の説明順序《せつめいじゅんじょ》を入《い》れ替《か》える作業《さぎょう》です。

3 **4** 「ため（為《ため》）」には本来《ほんらい》、「利益《りえき》」の意味《いみ》があり（例《れい》「相手《あいて》のためを思《おも》っての行動《こうどう》」）、それが転《てん》じて生《う》まれたのが「目的《もくてき》」の意味《いみ》です。

なお、読解問題《どっかいもんだい》では、「なぜですか」という問《と》いが多数《たすう》出《で》てきます。目的《もくてき》と理由《りゆう》のどちらでも説明《せつめい》できる場合《ばあい》もありますが、明《あき》らかに目的《もくてき》を問《と》うている場合《ばあい》と、明《あき》らかに理由《ゆう》を問《と》うている場合《ばあい》とがありますから、それらの違《ちが》いを意識《いしき》して解《と》くことが必要《ひつよう》です。

「～ため」の「～」の部分《ぶぶん》に意志《いし》を表《あらわ》す動詞《どうし》の連体形《れんたいけい》※が入《はい》ると、「目的《もくてき》」の意味《いみ》に解釈《かいしゃく》されやすくなります（※動詞《どうし》の連体形《れんたいけい》……辞書《じしょ》に載《の》っている言《い》い切《き》りの形《かたち》〈終止形《しゅうしけい》〉と同《おな》じ形《かたち》）。

目的《もくてき》 「見《み》るため」「読《よ》むため」〈動詞《どうし》の連体形《れんたいけい》＋ため〉

理由《りゆう》 「見《み》たため」「読《よ》んだため」

パートⅢ

3 急行列車《きゅうこうれっしゃ》と各駅停車《かくえきていしゃ》①

1

次《つぎ》の文章《ぶんしょう》の空欄《くうらん》を考《かんが》えて埋《う》めなさい。

答《こた》え・配点《はいてん》は146ページ

1「このトイレには石鹸《せっけん》がない。
だから、石鹸《せっけん》を置《お》くべきだ。」

2「このトイレには石鹸《せっけん》がない。
だから、このトイレを使《つか》う多《おお》くの人《ひと》が困《こま》っている。
だから、石鹸《せっけん》を置《お》くべきだ。」

1と2をくらべると、（　　）のほうが説得力《せっとくりょく》があります。（　　）は、「ない」ということだけを理由《りゆう》に「置《お》くべき」と言《い》っていますが、やや強引《ごういん》です。一方《いっぽう》、（　　）は、「多《おお》くの人《ひと》が困《こま》っている」という事実《じじつ》が述《の》べられています。これが、「置《お》くべき」という結論《けつろん》を支《ささ》える根拠《こんきょ》になっています。

2のように、原因《げんいん》と結果《けっか》（根拠《こんきょ》と結論《けつろん》）をなるべく細分化《さいぶんか》し、小《ちい》さなステップにしてたどるのが、「たどる力《ちから》」の基《き》本《ほん》です（実際《じっさい》の文章《ぶんしょう》にする際《さい》は、「だから」を連続《れんぞく》で使《つか》わず、どちらかに「そのため」を用《もち》いるなどの工夫《くふう》をします）。

1のようなたどり方《かた》を、「急行列車《きゅうこうれっしゃ》のたどり方《かた》」と呼《よ》ぶことにします。2のようなたどり方《かた》を、「各駅停車《かくえきていしゃ》のたどり方《かた》」と呼《よ》ぶことにします。

ア このトイレには石鹸《せっけん》がない。

だから←　→なぜなら

イ このトイレを使《つか》う多《おお》くの人《ひと》が困《こま》っている。

だから←　→なぜなら

ウ 石鹸《せっけん》を置《お》くべきだ。

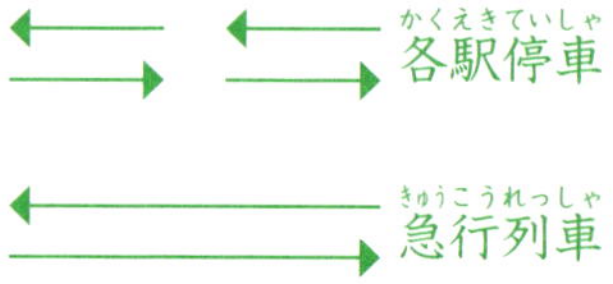

右図《うず》をもとにすれば、次《つぎ》のようになります。

急行列車《きゅうこうれっしゃ》のたどり方《かた》　ア→（　　）
各駅停車《かくえきていしゃ》のたどり方《かた》　ア→（　　）→（　　）

もちろん、矢印《やじるし》の向《む》きが逆《ぎゃく》になっても、同《おな》じです。

1 レベル★★
月　日
40点《てん》
満点《まんてん》　点《てん》

2 レベル★★
月　日
60点《てん》
満点《まんてん》　点《てん》

総合得点《そうごうとくてん》
100点《てん》
満点《まんてん》　点《てん》

2

「ア」と「ウ」しかない急行列車《きゅうこうれっしゃ》の関係《かんけい》を、各駅停車《かくえきていしゃ》にします。「イ」に入《い》れるのに最《もっと》もふさわしい文《ぶん》を、それぞれA～Cから選《えら》び、記号《きごう》にマルをつけなさい。

答《こた》え・配点《はいてん》は147ページ

①

ア　太陽《たいよう》がまぶしかった。

だから←　→なぜなら

イ　？

だから←　→なぜなら

ウ　外出《がいしゅつ》を控《ひか》えることにした。

各駅停車《かくえきていしゃ》

急行列車《きゅうこうれっしゃ》

A　外出《がいしゅつ》にはちょうどよい天気《てんき》だと思《おも》った。

B　おなかが痛《いた》かった。

C　日焼《ひや》けが心配《しんぱい》になった。

②

ア　朝《あさ》、寝坊《ねぼう》した。

だから←　→なぜなら

イ　？

だから←　→なぜなら

ウ　学校《がっこう》に遅刻《ちこく》した。

各駅停車《かくえきていしゃ》

急行列車《きゅうこうれっしゃ》

A　かなりあわてていた。

B　家《いえ》を出《で》るのが遅《おそ》くなった。

C　忘《わす》れ物《もの》に気《き》づいて取《と》りに戻《もど》った。

③

ア　昔《むかし》から、ピアノを弾《ひ》くのが好《す》きだった。

だから←　→なぜなら

イ　？

だから←　→なぜなら

ウ　ピアニストになることができた。

各駅停車《かくえきていしゃ》

急行列車《きゅうこうれっしゃ》

A　本格的《ほんかくてき》な厳《きび》しいトレーニングを始《はじ》めても苦《く》にならず、どんどん上達《じょうたつ》した。

B　ピアノが楽《たの》しくてしかたなかった。

C　有名《ゆうめい》なピアニストの先生《せんせい》に教《おそ》わることができた。

ポイント!

2　「アだからイ（イなぜならア）」、「イだからウ（ウなぜならイ）」のどちらでも通《つう》じることを確認《かくにん》します。片方《かたほう》だけでは、「たどる」ことができているとは言《い》えません。

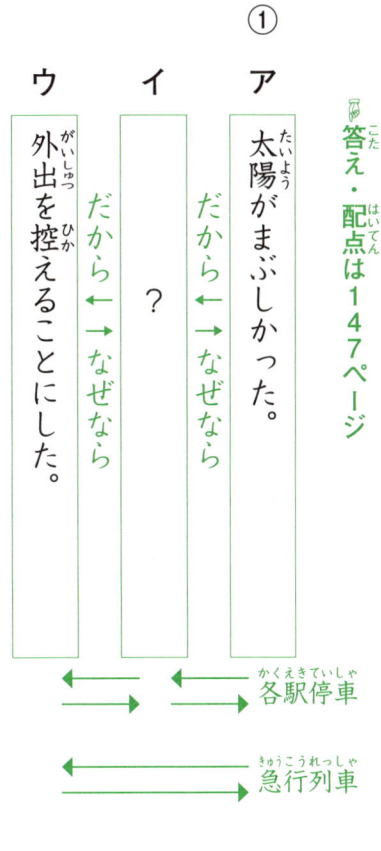

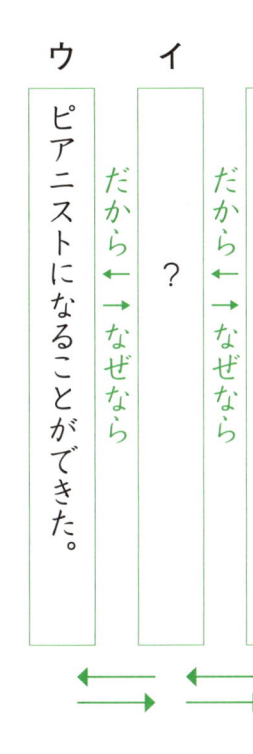

パートⅢ

4 急行列車《きゅうこうれっしゃ》と各駅停車《かくえきていしゃ》②

1 レベル★★★	月　日
65点《てん》満点《まんてん》	点《てん》
2 レベル★★	月　日
15点《てん》満点《まんてん》	点《てん》
3 レベル★★★	月　日
20点《てん》満点《まんてん》	点《てん》
総合得点《そうごうとくてん》	
100点《てん》満点《まんてん》	点《てん》

1

次《つぎ》のそれぞれの文章《ぶんしょう》の因果関係《いんがかんけい》を整理《せいり》します。図《ず》の空欄《くうらん》を埋《う》めなさい。長《なが》い文《ぶん》は必要《ひつよう》に応《おう》じて要約《ようやく》すること（要約《ようやく》については42、43ページ参照《さんしょう》）。

答《こた》え・配点《はいてん》は147ページ

① 真冬《まふゆ》は寒《さむ》い。二月《にがつ》などは気温《きおん》が一桁《ひとけた》になる。そんな日《ひ》は、ごわごわとたくさんの服《ふく》を重《かさ》ね着《ぎ》している人《ひと》が増《ふ》える。しかし、そのいでたちでデパートなどに入《はい》ると、大変《たいへん》だ。厚着《あつぎ》をしているので、暖房《だんぼう》を不快《ふかい》に感《かん》じるのだ。寒《さむ》い日《ひ》ほど、暖房《だんぼう》の設定温度《せっていおんど》を下《さ》げるべきだろう。

ア　真冬《まふゆ》は、多《おお》くの人《ひと》が厚着《あつぎ》をしている。

だから←　→なぜなら

イ　多《おお》くの人《ひと》は（　　）。

だから←　→なぜなら

ウ　デパートなどでは、（　　）。

② 日本《にほん》における発電方法《はつでんほうほう》の主軸《しゅじく》は、二酸化炭素排出《にさんかたんそはいしゅつ》※の問題《もんだい》を持《も》つ火力発電《かりょくはつでん》である。そのため、電気《でんき》を消費《しょうひ》すると、その分《ぶん》だけ二酸化炭素《にさんかたんそ》が排出《はいしゅつ》されることになる。ということは、節電《せつでん》は二酸化炭素《にさんかたんそ》の排出《はいしゅつ》を減《へ》らすことにつながる。そう考《かんが》えると、家庭《かてい》やオフィスでの節電《せつでん》が地球《ちきゅう》温暖化防止《おんだんかぼうし》につながるということも、納得《なっとく》できる。

※排出《はいしゅつ》……不要《ふよう》なものを外《そと》に出《だ》すこと

ア　（　　）。

だから←　→なぜなら

イ　（　　）。

だから←　→なぜなら

ウ　（　　）。

だから←　→なぜなら

エ　家庭《かてい》やオフィスでの節電《せつでん》は地球温暖化防止《ちきゅうおんだんかぼうし》につながる。

2

次《つぎ》の文章《ぶんしょう》を読《よ》み、途中《とちゅう》の指示《しじ》に従《したが》いなさい。

答《こた》え・配点《はいてん》は147ページ

次《つぎ》の文章《ぶんしょう》は、特《とく》に違和感《いわかん》がありません。

「この椅子《いす》はペンキ塗《ぬ》り立《た》てだから、座《すわ》っちゃだめだよ。」

しかし、相手《あいて》がペンキについての「常識《じょうしき》」を何《なに》も持《も》たないならば、その相手《あいて》にとって、この因果関係《いんがかんけい》は「急行列車《きゅうこうれっしゃ》」だということになります。

そこで、次《つぎ》の図《ず》の「イ」を埋《う》め、「各駅停車《かくえきていしゃ》」にしなさい。

ア

この椅子《いす》はペンキ塗《ぬ》り立《た》てだ。

だから←　→なぜなら

イ

（　　　　　　　　　　）。

だから←　→なぜなら

ウ

この椅子《いす》に座《すわ》ってはいけない。

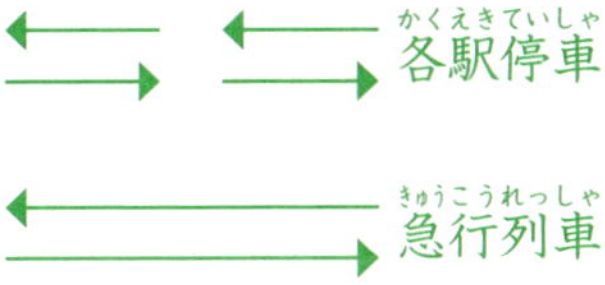

3

1の②について考《かんが》えます。地球温暖化《ちきゅうおんだんか》についての「常識《じょうしき》」を持《も》たない人《ひと》にこの文章《ぶんしょう》の意味《いみ》を伝《つた》えるためには、「エ」の前《まえ》に「ウ」とは別《べつ》の「駅《えき》」をつけ加《くわ》える必要《ひつよう》があります。その内容《ないよう》を考《かんが》え、次《つぎ》の図《ず》の★欄《らん》を埋《う》めなさい（92～95ページを終《お》えた後《あと》に解《と》けば、理解《りかい》がより深《ふか》まるはずです）。なお、「ウ」の内容《ないよう》も改《あらた》めて書《か》き入《い》れること。

答《こた》え・配点《はいてん》は147ページ

ウ

（　　　　　　　　　　）

★

（　　　　　　　　　　）

だから →

エ

家庭《かてい》やオフィスでの節電《せつでん》は地球温暖化防止《ちきゅうおんだんかぼうし》につながる。

ポイント!

1 因果関係《いんがかんけい》を表《あらわ》す接続語《せつぞくご》にマルをつけながら進《すす》めましょう。①4行目《ぎょうめ》の「ので」が、アとイの間《あいだ》の「だから」と一致《いっち》します。②「そのため」、「ということは」、「そう考《かんが》えると」が、図《ず》の中《なか》の三《みっ》つの「だから」と一致《いっち》します。

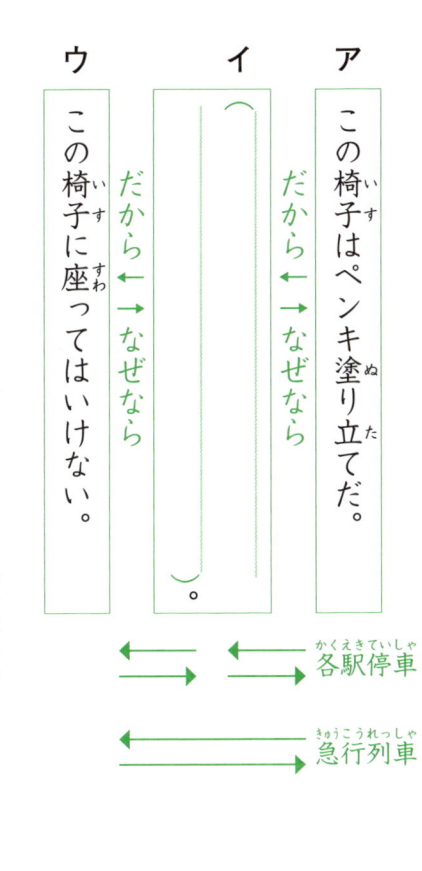

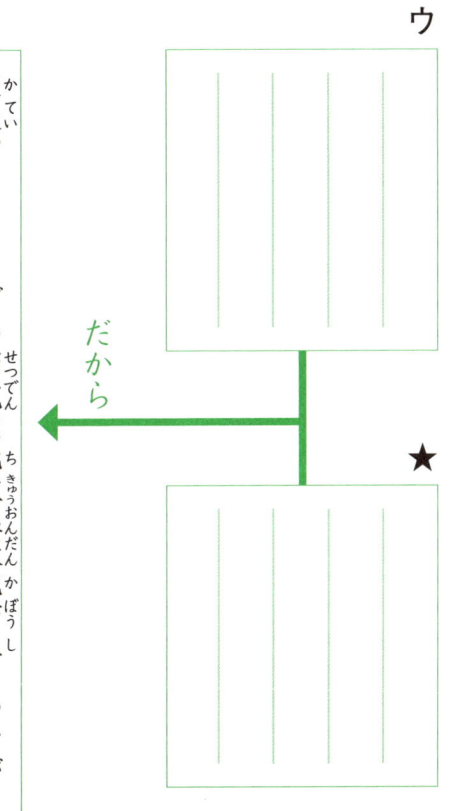

パートⅢ

5 上《のぼ》り列車《れっしゃ》と下《くだ》り列車《れっしゃ》

1

次《つぎ》の文章《ぶんしょう》を読《よ》み、後《あと》の図《ず》の空欄《くうらん》を埋《う》めなさい。

答《こた》え・配点《はいてん》は148ページ

A

娘《むすめ》「今日《きょう》ね、中休《なかやす》みに友達《ともだち》とケンカしちゃってね、それで、着替《きが》えが間《ま》に合《あ》わなくなっちゃって、だから先生《せんせい》から、三時間目《さんじかんめ》の体育《たいいく》は見学《けんがく》しなさいって言《い》われちゃったの。」

母《はは》「ふーん。」

B

娘《むすめ》「今日《きょう》の三時間目《さんじかんめ》の体育《たいいく》は、見学《けんがく》することになっちゃったんだ。」

母《はは》「どうして？」

娘《むすめ》「着替《きが》えが間《ま》に合《あ》わなかったから。」

母《はは》「中休《なかやす》みに何《なに》かあったの？」

娘《むすめ》「うん。友達《ともだち》とケンカしちゃって。」

母《はは》「ああ、なるほどね。」

明《あき》らかに、Bの会話《かいわ》のほうが分《わ》かりやすい展開《てんかい》になっていますね。Aは、すべての理由《りゆう》を最初《さいしょ》から順《じゅん》に説明《せつめい》しようとしています。いわば、「上《のぼ》り列車《れっしゃ》」です。そのため、聞《き》き手《て》（母《はは》）は、話《はな》し手《て》（娘《むすめ》）が最終的《さいしゅうてき》に何《なに》を言《い》いたいのか分《わ》からないまま、がまんして話《はなし》を聞《き》き続《つづ》けなければなりません。さて、図《ず》で整理《せいり》してみましょう。

ア（　　　　）。
だから←→なぜなら

イ（　　　　）。
だから←→なぜなら

ウ（　　　　）。

Aは、ア↓イ↓ウの順《じゅん》にたどって説明《せつめい》しています。一方《いっぽう》で、Bは、ウ↓イ↓アの順《じゅん》にたどって説明《せつめい》しています。

会話《かいわ》などでは、「**まず結論《けつろん》、次《つぎ》に理由《りゆう》**」という、いわば「下《くだ》り列車《れっしゃ》」の順序《じゅんじょ》が分《わ》かりやすさを生《う》むことが多《おお》いのです。

1 レベル★★☆
月　日
30点《てん》満点《まんてん》　点《てん》

2 レベル★★★
月　日
70点《てん》満点《まんてん》　点《てん》

総合得点《そうごうとくてん》
100点《てん》満点《まんてん》　点《てん》

2

次《つぎ》の文章《ぶんしょう》を最後《さいご》まで読《よ》み、下図《かず》ア〜ウの内容《ないよう》を用《もち》いて、A・Bの文章《ぶんしょう》をそれぞれ書《か》きなさい。

答《こた》え・配点《はいてん》は148ページ

（1の続《つづ》き）
会話《かいわ》だけでなく、実《じつ》は多《おお》くの文章《ぶんしょう》が、「まず結論《けつろん》、次《つぎ》に理由《りゆう》」という「下《くだ》り列車《れっしゃ》」の構成《こうせい》になっています。次《つぎ》の二《ふた》つの文章《ぶんしょう》を読《よ》みくらべてみましょう。

A

B

一行目《いちぎょうめ》から読者《どくしゃ》を引《ひ》きつけ、「先《さき》を読《よ》みたい」と思《おも》わせる展開《てんかい》になっているのは、明《あき》らかにBのほうですね。

A・Bの内容《ないよう》を図《ず》に整理《せいり》すると、次《つぎ》のようになります。

ア
危険《きけん》な場所《ばしょ》では注意深《ちゅういぶか》くなるが、安全《あんぜん》な場所《ばしょ》では油断《ゆだん》しやすい。

だから← →なぜなら

イ
危険《きけん》な場所《ばしょ》ではなく、安全《あんぜん》な場所《ばしょ》でこそ、けがをしたり事故《じこ》に遭《あ》ったりしやすい。

だから← →なぜなら

ウ
安全《あんぜん》な場所《ばしょ》ほど危険《きけん》である。

ポイント!

読解問題《どっかいもんだい》において「なぜですか」などと問《と》う設問《せつもん》に多《おお》く見《み》られるのは、「結論《けつろん》↓理由《りゆう》」の下《くだ》り列車《れっしゃ》で書《か》かれた文章《ぶんしょう》を、逆《ぎゃく》に「理由《りゆう》↓結論《けつろん》」の上《のぼ》り列車《れっしゃ》に直《なお》させるようなパターンです。覚《おぼ》えておきましょう。

2 Aは、「ア↓イ↓ウ」で書《か》きます。Bは、「ウ↓イ↓ア」あるいは「ウ↓ア↓イ」のどちらかで書《か》きましょう。

6 むすんでたどる①

1

次《つぎ》の文章《ぶんしょう》を読《よ》み、途中《とちゅう》の空欄《くうらん》を考《かんが》えて埋《う》めなさい。

答《こた》え・配点《はいてん》は149ページ

〈例文《れいぶん》〉
ここは事務室《じむしつ》だ。事務室《じむしつ》には、許可《きょか》がないと入《はい》れない。
だから、ここは許可《きょか》がないと入《はい》れない。

〈例文《れいぶん》〉の因果関係《いんがかんけい》を整理《せいり》すると、次《つぎ》のようになります。

① ここは事務室《じむしつ》だ。

② ＿＿＿＿＿＿＿＿

だから →

③ ここは許可《きょか》がないと入《はい》れない。

「①→③」のみ、または「②→③」のみでは因果関係《いんがかんけい》が成《せい》立《りつ》しないという点《てん》に、注目《ちゅうもく》してください。

「①→③」たとえ事務室《じむしつ》であっても、「許可《きょか》なく入《はい》れる場所《ばしょ》」であれば、③の結論《けつろん》に至《いた》りません。

「②→③」たとえ「＿＿＿＿＿＿＿＿」としても、ここが事《じ》務《む》室《しつ》でないならば、③の結論《けつろん》には至《いた》りません。

このように、複数《ふくすう》の要因《よういん》を結《むす》び合《あ》わせてたどっていく考《かん》え方《かた》を、「**むすんでたどる力《ちから》**」と名《な》づけます。

なお、この「①・②」→「③」の因果関係《いんがかんけい》は、次《つぎ》のように一直線《いっちょくせん》にして表現《ひょうげん》することもできます。

ア ここは事務室《じむしつ》であり、＿＿＿＿＿＿＿＿

だから →

イ ここは許可《きょか》がないと入《はい》れない。

理由《りゆう》を一文《いちぶん》で説明《せつめい》しなければならないときは、この「ア」のように①・②を合成《ごうせい》することも必要《ひつよう》です。

1 レベル★★☆
月　日
45点《てん》満点《まんてん》　点《てん》

2 レベル★★★
月　日
55点《てん》満点《まんてん》　点《てん》

総合得点《そうごうとくてん》
100点《てん》満点《まんてん》　点《てん》

2

次《つぎ》の文章《ぶんしょう》を読《よ》み、後《あと》の問《と》いに答《こた》えなさい。

答《こた》え・配点《はいてん》は150ページ

深夜《しんや》、大音量《だいおんりょう》でテレビを見《み》ていると、ほとんどの場合《ばあい》は隣《となり》の部屋《へや》の人《ひと》が苦情《くじょう》を言《い》いに来《く》る。ところが、今夜《こんや》は何《なに》も言《い》って来《こ》ない。こんな遅《おそ》い時刻《じこく》に大音量《だいおんりょう》でテレビをつけているのに。おそらく、家《いえ》を空《あ》けて出《で》かけているのだろう。

〈問一《といいち》〉「家《いえ》を空《あ》けて出《で》かけているのだろう」とありますが、「今夜《こんや》、隣《となり》の人《ひと》は出《で》かけている」と推測《すいそく》できる理由《りゆう》として最《もっと》もふさわしいものを次《つぎ》の中《なか》から選《えら》び、記号《きごう》にマルをつけなさい。

ア 大音量《だいおんりょう》でテレビをつけているのに苦情《くじょう》が来《こ》ないから。

イ 隣《となり》の部屋《へや》から何《なん》の物音《ものおと》も聞《き》こえて来《こ》ないから。

ウ 深夜《しんや》、大音量《だいおんりょう》でテレビをつけているといつもは苦情《くじょう》が来《く》るはずなのだが、今夜《こんや》は、遅《おそ》い時刻《じこく》に大音量《だいおんりょう》でテレビをつけているにもかかわらず、苦情《くじょう》が来《こ》ないから。

エ 深夜《しんや》の遅《おそ》い時刻《じこく》に大音量《だいおんりょう》でテレビをつけているのに苦《く》情《じょう》が来《こ》ないから。

〈問二《といに》〉上《うえ》の文章《ぶんしょう》の因果関係《いんがかんけい》を整理《せいり》した次《つぎ》の図《ず》の空欄《くうらん》を考《かんが》えて埋《う》めなさい。

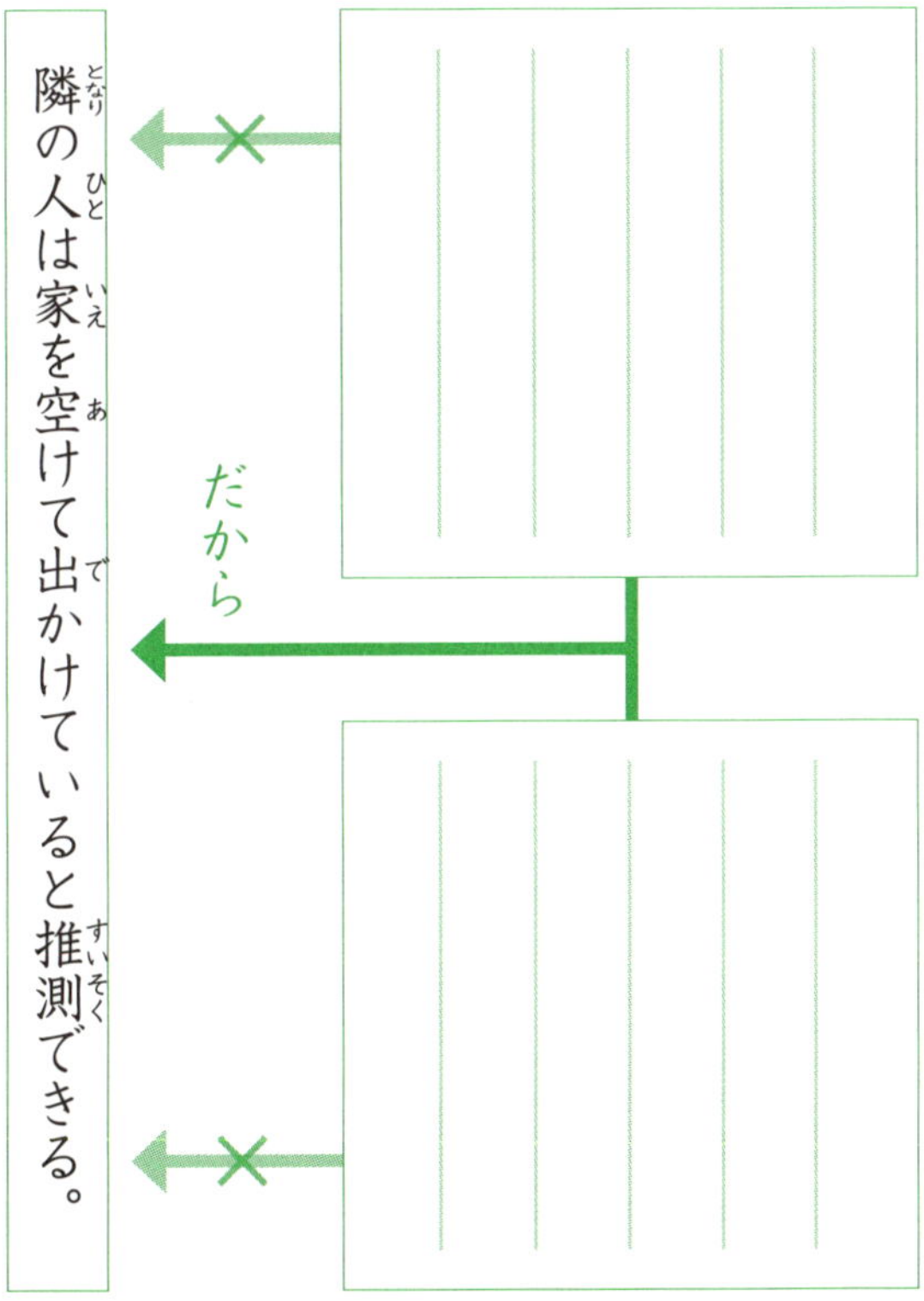

ポイント!

1 図《ず》をシンプルにするため、「なぜなら」の矢印《やじるし》は省略《しょうりゃく》してありますが、ここでも、86、87ページなどと同様《どうよう》、「なぜなら」を用《もち》いて「逆《ぎゃく》にたどる」ことが可能《かのう》です。

パートⅢ

7 むすんでたどる②

1

次《つぎ》の各文《かくぶん》において、――部《ぶ》のように言《い》える理由《りゆう》を考《かんが》えます。それぞれ最《もっと》もふさわしいものを選《えら》び、記号《きごう》にマルをつけなさい。

答《こた》え・配点《はいてん》は150ページ

①
今日《きょう》は雨《あめ》だ。
試合《しあい》は、雨《あめ》が降《ふ》ったら中止《ちゅうし》だ。
だから、今日《きょう》の試合《しあい》は中止《ちゅうし》になるだろう。

ア 試合《しあい》は、雨《あめ》が降《ふ》ったら中止《ちゅうし》だから。

イ 今日《きょう》は雨《あめ》だから。

ウ 今日《きょう》は雨《あめ》であり、試合《しあい》は雨《あめ》が降《ふ》ったら中止《ちゅうし》だから。

②
3Dメガネをつけないと、この映画《えいが》は立体的《りったいてき》に見《み》えない。
一方《いっぽう》、エミは3Dメガネを持《も》っていない。
だから、エミはこの映画《えいが》を見《み》ても立体的《りったいてき》に見《み》ることはできない。

ア 3Dメガネをつけないと、この映画《えいが》は立体的《りったいてき》に見《み》えないから。

イ この映画《えいが》を立体的《りったいてき》に見《み》るために必要《ひつよう》な3Dメガネをエミは持《も》っていないから。

ウ エミは3Dメガネを持《も》っていないから。

2

次《つぎ》の文章《ぶんしょう》を読《よ》み、後《あと》の図《ず》の空欄《くうらん》を埋《う》めなさい。

答《こた》え・配点《はいてん》は150ページ

子育《こそだ》て中《ちゅう》の若《わか》い親《おや》にとって、公園《こうえん》は不可欠《ふかけつ》な場所《ばしょ》だ。子《こ》どもたちを遊《あそ》ばせたり、親《おや》どうしで仲間《なかま》づくりをしたり……。

しかし、この町《まち》は、子育《こそだ》て世代《せだい》が増《ふ》え続《つづ》けているにもかかわらず、公園《こうえん》が整備《せいび》されていない。

そのため、この町《まち》に公園《こうえん》を造《つく》ってほしいという要望《ようぼう》が増《ふ》えている。

1 レベル★★
月　日
30点《てん》満点《まんてん》　点《てん》

2 レベル★★★
月　日
30点《てん》満点《まんてん》　点《てん》

3 レベル★★★
月　日
40点《てん》満点《まんてん》　点《てん》

総合得点《そうごうとくてん》
100点《てん》満点《まんてん》　点《てん》

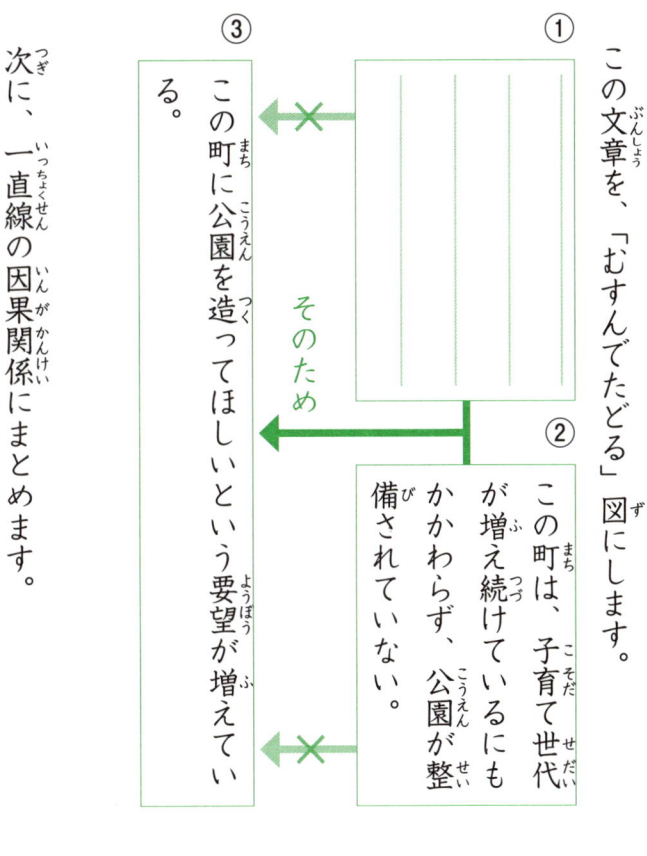

この文章《ぶんしょう》を、「むすんでたどる」図《ず》にします。

①

②
この町《まち》は、子育《こそだ》て世代《せだい》が増《ふ》え続《つづ》けているにもかかわらず、公園《こうえん》が整《せい》備《び》されていない。

そのため

③
この町《まち》に公園《こうえん》を造《つく》ってほしいという要望《ようぼう》が増《ふ》えている。

次《つぎ》に、一直線《いっちょくせん》の因果関係《いんがかんけい》にまとめます。

ア
この町《まち》は、子育《こそだ》て世代《せだい》が増《ふ》え続《つづ》けているにもかかわらず、

公園《こうえん》が整備《せいび》されていない。

そのため

イ
この町《まち》に公園《こうえん》を造《つく》ってほしいという要望《ようぼう》が増《ふ》えている。

3

「むすんでたどる」文章《ぶんしょう》を自作《じさく》します。図《ず》を埋《う》めてから本文《ほんぶん》を書《か》きなさい。94ページ1①のような短《みじか》めの文章《ぶんしょう》にすること。

答《こた》え・配点《はいてん》は150ページ

〈本文《ほんぶん》〉

①

②

だから

③

ポイント!

2①では、具体的《ぐたいてき》な説明《せつめい》の部分《ぶぶん》をカットし、大切《たいせつ》な文《ぶん》のみを記入《きにゅう》します。「ア」では、①を利用《りよう》します。①の文《ぶん》を、「公園《こうえん》」で終《お》わる文《ぶん》に書《か》きかえます(40ページ参照《さんしょう》)。

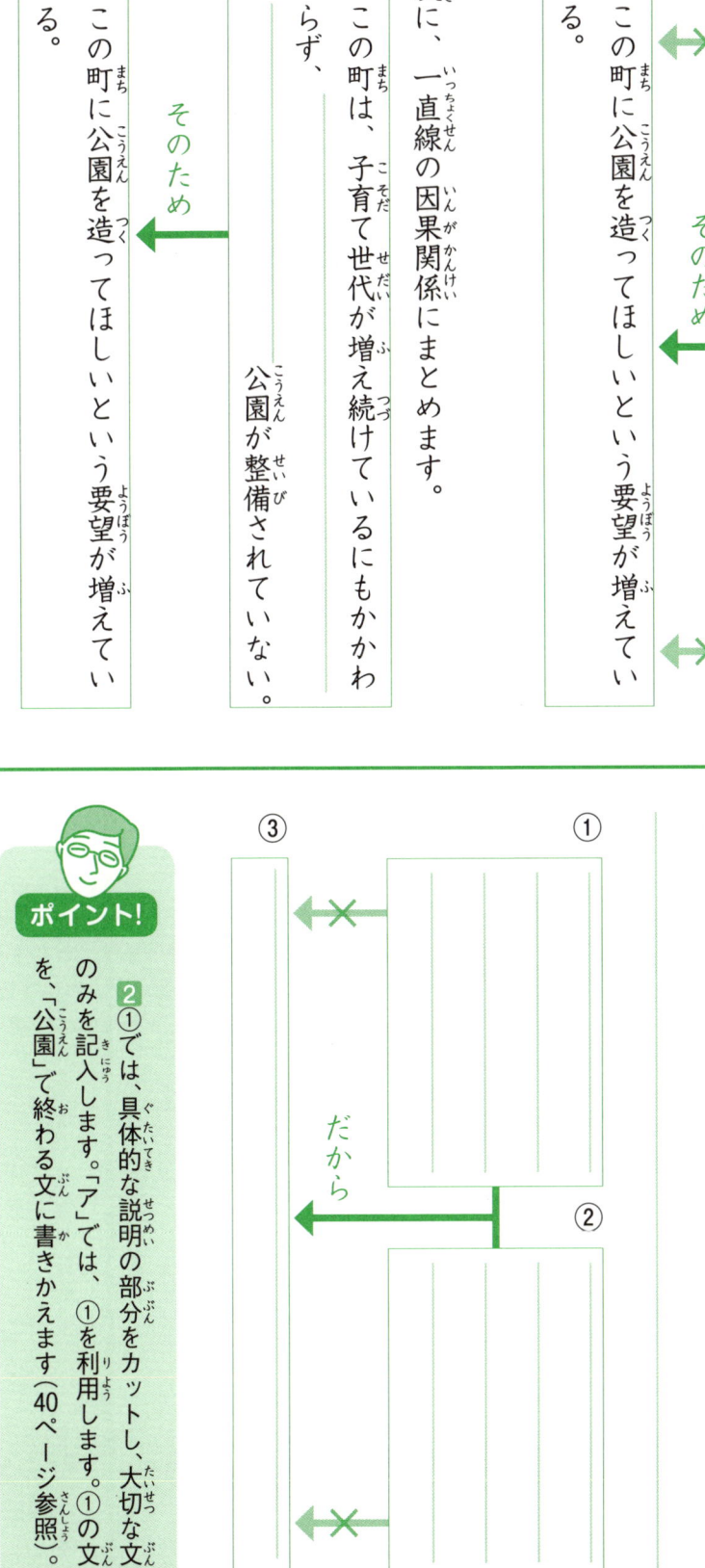

パートⅢ

8 パラドックスを解釈《かいしゃく》する

1

パラドックス（逆説的表現《ぎゃくせつてきひょうげん》）について具体的《ぐたいてき》に説明《せつめい》したア・イの文《ぶん》のうち、納得《なっとく》できるほうをそれぞれ選《えら》び、記号《きごう》にマルをつけなさい。例《れい》を参考《さんこう》にすること。

答《こた》え・配点《はいてん》は151ページ

例《れい》 安《やす》いものは高《たか》い

ア 値段《ねだん》の安《やす》いものほど質《しつ》が悪《わる》いことが多《おお》く、買《か》い直《なお》しが必要《ひつよう》になるなどして当初《とうしょ》より高《たか》い金額《きんがく》を支払《しはら》うことになるため、結局《けっきょく》のところ、安《やす》いものは高《たか》いと言《い》える。

イ 値段《ねだん》の安《やす》いものほど、別《べつ》の店《みせ》では高《たか》く売《う》られている場合《ばあい》があるので、結局《けっきょく》のところ、安《やす》いものは高《たか》いと言《い》える。

◎ 逆説的《ぎゃくせつてき》な結論《けつろん》を支《ささ》える根拠《こんきょ》（理由《りゆう》）を考《かんが》えます。

◎ 客観性《きゃっかんせい》（多《おお》くの人《ひと》が納得《なっとく》できること）が大切《たいせつ》です。

◎ 二《ふた》つの相反《あいはん》することがらが「同時《どうじ》に」成立《せいりつ》するのが、パラドックスの特徴《とくちょう》です。

---

① あの人《ひと》は近《ちか》くて遠《とお》い関係《かんけい》にある

ア あの人《ひと》は近《ちか》くに住《す》んでいるようだが、話《はな》したこともなく名前《なまえ》も知《し》らないので、結局《けっきょく》のところ、近《ちか》くて遠《とお》い関係《かんけい》であると言《い》える。

イ あの人《ひと》は、以前《いぜん》は近《ちか》くに住《す》んでいたけれども、今《いま》は遠《とお》くへ引《ひ》っ越《こ》してしまったので、結局《けっきょく》のところ、近《ちか》くて遠《とお》い関係《かんけい》であると言《い》える。

② 全体《ぜんたい》は部分《ぶぶん》である

ア 市《し》の全体《ぜんたい》を収《おさ》めた地図《ちず》を見《み》ていると、町《まち》などの細《こま》かな部分《ぶぶん》が気《き》になり始《はじ》めることが多《おお》いのと同《おな》じで、全体《ぜんたい》を見《み》ようとするとどうしても部分《ぶぶん》が気《き》になるため、結局《けっきょく》のところ、全体《ぜんたい》は部分《ぶぶん》であると言《い》える。

イ 市《し》の全体《ぜんたい》は県《けん》の一部《いちぶ》であり、県《けん》の全体《ぜんたい》は国《くに》の一部《いちぶ》であり、国《くに》の全体《ぜんたい》は世界《せかい》の一部《いちぶ》であるというように、全体《ぜんたい》というものは、より高《たか》い視点《してん》で見《み》ればいつも一部《いちぶ》であるため、結局《けっきょく》のところ、全体《ぜんたい》は部分《ぶぶん》であると言《い》える。

1 レベル★★☆
月　日
40点《てん》満点《まんてん》　点《てん》

2 レベル★★★
月　日
60点《てん》満点《まんてん》　点《てん》

総合得点《そうごうとくてん》
100点《てん》満点《まんてん》　点《てん》

2

次《つぎ》のそれぞれの〈結論《けつろん》〉がなぜ成《な》り立《た》つのか、その根拠《こんきょ》（理由《りゆう》）を説明《せつめい》しなさい。書《か》き方《かた》は、1を参考《さんこう》にすること。

答《こた》え・配点《はいてん》は151ページ

① 〈結論《けつろん》〉「目立《めだ》つものほど、目立《めだ》たない」

② 〈結論《けつろん》〉「ピンチはチャンス」

③ 〈結論《けつろん》〉「連帯責任《れんたいせきにん》※は無責任《むせきにん》」

※連帯責任《れんたいせきにん》……複数《ふくすう》の人《ひと》が共同《きょうどう》で責任《せきにん》を負《お》うこと。いわば「みんなの責任《せきにん》」。

ポイント!

少《すこ》し考《かんが》えただけでは矛盾《むじゅん》したおかしなことを言《い》っているように思《おも》えるけれども、よく考《かんが》えると実《じつ》は世《よ》の中《なか》の真実《しんじつ》の一面《いちめん》を言《い》い当《あ》てていることに気《き》づく——そういった表現《ひょうげん》を、パラドックス（逆説的表現《ぎゃくせつてきひょうげん》）と言《い》います。「急《いそ》がば回《まわ》れ」、「失敗《しっぱい》は成功《せいこう》のもと」など、古《ふる》くから言《い》い伝《つた》えられているパラドックスは、たくさんあります。↓102ページ参照《さんしょう》。

パートⅢ

9 一《いっ》般《ぱん》化《か》して自《じ》問《もん》自《じ》答《とう》する①

1

次《つぎ》の文章《ぶんしょう》を読《よ》み、後《あと》の問《と》いに答《こた》えなさい。

答《こた》え・配点《はいてん》は151ページ

夏祭《なつまつ》り。九枚《きゅうまい》のパネルをボールで何枚《なんまい》落《お》とせるかを競《きそ》う、いわゆる「ストラックアウト」のゲームに、サトルが挑戦《ちょうせん》した。友達《ともだち》のダイキ、ケイコ、ユウタが、そばで見守《みまも》っている。小学生《しょうがくせい》の野球《やきゅう》チームに所属《しょぞく》してエースピッチャーをしているサトルは、心《こころ》の中《なか》でつぶやいた。

（ここはバッチリ決《き》めるぞ。ケイコちゃんにかっこいいところを見《み》せるチャンスなんだから。）

見《み》ている三人《さんにん》は、期待《きたい》をこめて口々《くちぐち》に言《い》った。

「サトルなら、九枚全部《きゅうまいぜんぶ》落《お》とせるんじゃないか？」「絶対《ぜったい》行《い》けるよ！」「余裕《よゆう》でしょ！」

一枚目《いちまいめ》、二枚目《にまいめ》、三枚目《さんまいめ》……なんと八枚目《はちまいめ》まで成功《せいこう》し、拍手喝采《はくしゅかっさい》を浴《あ》びたサトルは、どんなもんだい、とばかりにガッツポーズ。

「あっといっちまい！　あっといっちまい！」

ダイキたちから、あと一枚《いちまい》コールが沸《わ》き起《お》こる。

「絶対《ぜったい》決《き》めてやるから。エースピッチャーの腕《うで》をよく見《み》ておけよ！」

サトルは、三人《さんにん》に、というよりもケイコに顔《かお》を向《む》け、自信《じしん》ありげにそう言《い》った。

それは、渾身《こんしん》のスピードボールだった――しかしそのボールは、最後《さいご》のパネルを大《おお》きく外《はず》れてしまった。

「あぁ……。」

見《み》ていた三人《さんにん》も、いつのまにかその周《まわ》りで応援《おうえん》していた大人《おとな》たちも、みながためいきを漏《も》らした。

サトルは、がっくり肩《かた》を落《お》とした。うつむいた顔《かお》は、ほのかに赤《あか》らんでいた。みんなに顔《かお》を向《む》けられない……特《とく》に、ケイコに見《み》せる顔《かお》がない。

――その後《ご》、猿《さる》も木《き》から落《お》ちるんだから気《き》にしないで、とケイコに言《い》ってもらえたのはせめてもの救《すく》いだったが、サトルにとってほろ苦《にが》い夏《なつ》の思《おも》い出《で》になってしまったことには、変《か》わりなかった。

1 レベル★★★
月　日
72点《てん》
満点《まんてん》　点《てん》

2 レベル★★★
月　日
28点《てん》
満点《まんてん》　点《てん》

総合得点《そうごうとくてん》
100点《てん》
満点《まんてん》　点《てん》

〈問一《といいち》〉

終《お》わりの場面《ばめん》で、サトルが顔《かお》を赤《あか》らめたのはなぜですか。顔《かお》を赤《あか》らめたときの心情《しんじょう》と、その心情《しんじょう》に至《いた》った理由《りゆう》とを明《めい》確《かく》にすること。なお、問二《といに》以降《いこう》は、問一《といいち》の考《かんが》え方《かた》のヒントになっています。まずはそれを見《み》ずに、自力《じりき》で書《か》いてみること（１０１ページまで全《すべ》て終《お》えてから、採点《さいてん》をすること）。

〈問二《といに》〉

問一《といいち》の考《かんが》え方《かた》を説明《せつめい》した次《つぎ》の文章《ぶんしょう》を読《よ》み、途中《とちゅう》の空欄《くうらん》を埋《う》めなさい（※どうし、＊どうしは同《おな》じ言葉《ことば》が入《はい》ります）。

——問一《といいち》の考《かんが》え方《かた》——

まず、心情《しんじょう》をズバリ一言《ひとこと》で表現《ひょうげん》する必要《ひつよう》があります。そのための突破口《とっぱこう》は、**一般化《いっぱんか》して自問自答《じもんじとう》すること**です。

すなわち、次《つぎ》のような問《と》いを自分《じぶん》に投《な》げかけます。

「顔《かお》が赤《あか》くなるのって、**普通《ふつう》は**、どんなときだ？」

この「普通《ふつう》は」が、一般化《いっぱんか》（抽象化《ちゅうしょうか》）です。

さて、今《いま》の自問《じもん》に対《たい》して、次《つぎ》のように自答《じとう》します。

「顔《かお》が赤《あか》くなるのは、普通《ふつう》は次《つぎ》のようなときだ。

①＿＿＿※なったとき

②腹《はら》が立《た》ったとき」

もちろん、嬉《うれ》しさで興奮《こうふん》したときも赤《あか》くなるかもしれませんが、この場面《ばめん》はそういうプラス方向《ほうこう》への展開《てんかい》ではないため、除外《じょがい》します。また、この場面《ばめん》は腹《はら》が立《た》った場面《ばめん》でもありませんから、②も除外《じょがい》します。

どうやら、①が原因《げんいん》のようです。

そこで、再《ふた》び、「**一般化《いっぱんか》して自問自答《じもんじとう》**」します。

「＿＿＿※なるのって、普通《ふつう》は、どんなときだ？」

この自問《じもん》に対《たい》して、自答《じとう》します。

「普通《ふつう》は、人前《ひとまえ》で＿＿＿＊したときだ。」

そこで、今度《こんど》は**具体化《ぐたいか》して**自問《じもん》します。

「じゃあ、この場面《ばめん》における＿＿＿＊とは、具体的《ぐたいてき》にどういうできごとだ？」（↓１００ページに続《つづ》く）

一般化《いっぱんか》して自問自答《じもんじとう》する②

1 98、99ページを終《お》えてから、次《つぎ》の文章《ぶんしょう》を読《よ》み、途中《とちゅう》の指示《しじ》に従《したが》いなさい。

答《こた》え・配点《はいてん》は151ページ

(99ページの続《つづ》き)
その答《こた》えを、次《つぎ》のように整理《せいり》します。

A にもかかわらず、B こと。
C にもかかわらず、D こと。

A ケイコに＿＿＿＿
にもかかわらず、
B ＿＿＿＿
C 絶対《ぜったい》決《き》めてやる、などと、＿＿＿＿
にもかかわらず、
D 大《おお》きく外《はず》してしまった

さて、ここまでの全《すべ》ての考《かんが》えを「むすんでたどる」図《ず》に整理《せいり》すると、次《つぎ》のようになります。

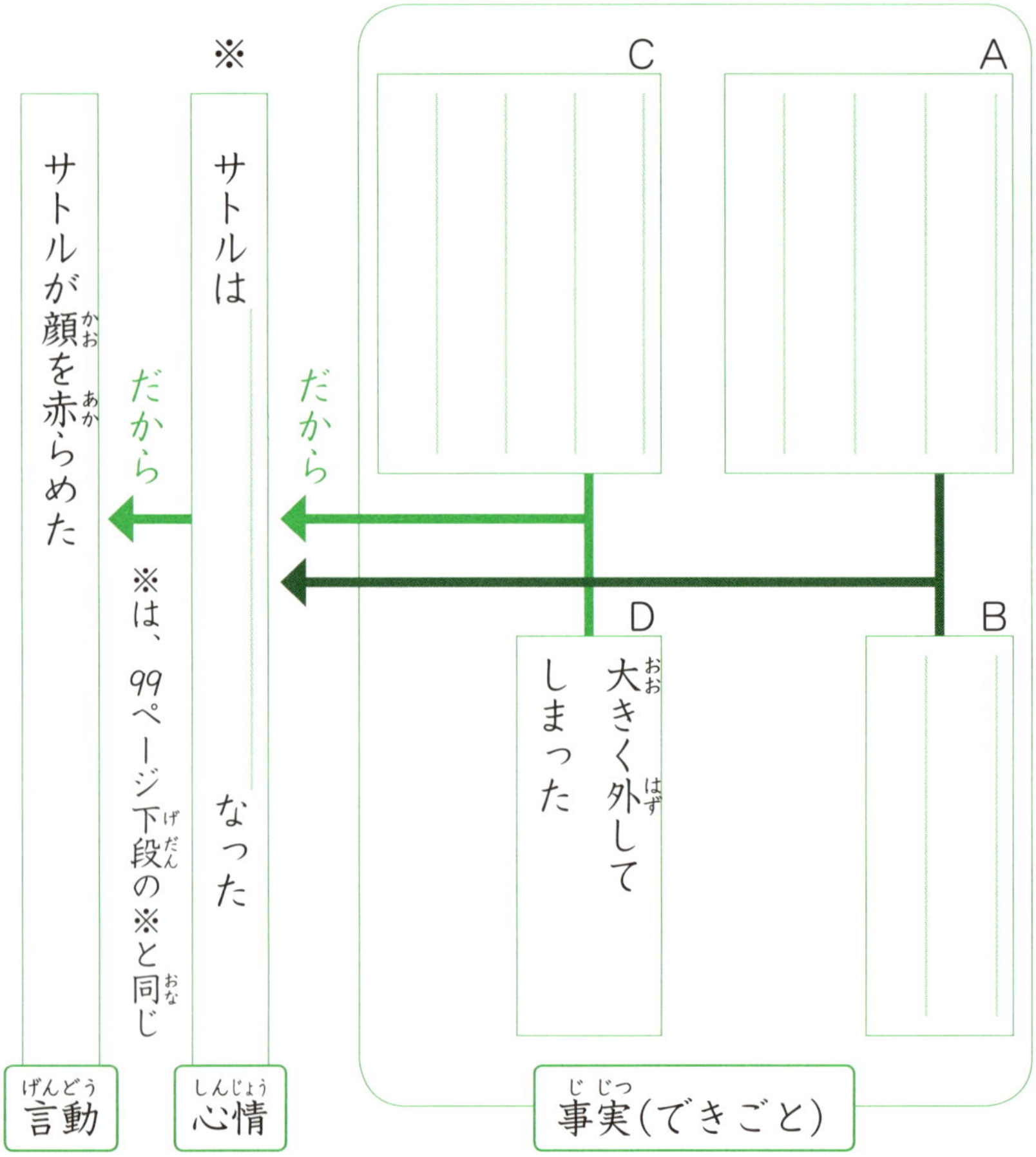

〈問三《といさん》〉　ここまでの考《かんが》え方《かた》を踏《ふ》まえて、改《あらた》めて、〈問一《といいち》〉と同《おな》じ問《と》いに答《こた》えなさい。

終《お》わりの場面《ばめん》で、サトルが顔《かお》を赤《あか》らめたのはなぜですか。顔《かお》を赤《あか》らめたときの心情《しんじょう》と、その心情《しんじょう》に至《いた》った理由《りゆう》とを明《めい》確《かく》にすること。

2　次《つぎ》の①・②の問題《もんだい》に答《こた》えなさい。

答《こた》え・配点《はいてん》は152ページ

①　批判《ひはん》や苦情《くじょう》を受《う》けたとき、「何《なに》も言《い》い返《かえ》せない」ということがあります。それは、一般的《いっぱんてき》にはどんなときですか。

次《つぎ》の文《ぶん》の空欄《くうらん》を埋《う》めなさい。

相手《あいて》に何《なに》も言《い》い返《かえ》せないときというのは、普通《ふつう》、次《つぎ》のようなときである。

・自分《じぶん》の＿＿＿＿。
・相手《あいて》の＿＿＿＿。

②　誰《だれ》かを好《す》きになるとき（異性《いせい》を好《す》きになるとき、あるいは、同性《どうせい》も含《ふく》む他人《たにん》に対《たい》して好感《こうかん》を覚《おぼ》えるとき）というのは、一般的《いっぱんてき》にはどんなときですか。

次《つぎ》の文《ぶん》の空欄《くうらん》を埋《う》めなさい。

誰《だれ》かを好《す》きになるときというのは、普通《ふつう》、次《つぎ》のようなときである。

・相手《あいて》の＿＿＿＿。
・相手《あいて》が＿＿＿＿。

ポイント！

2　99ページで扱《あつか》った、「一般化《いっぱんか》して自問自答《じもんじとう》する」考《かん》え方《かた》の練習《れんしゅう》です。

なぜ「逆説的発想《ぎゃくせつてきはっそう》」が大切《たいせつ》なのか？

96、97ページなどで、パラドックス（逆説的表現《ぎゃくせつてきひょうげん》）について学《まな》びました。逆説的発想《ぎゃくせつてきはっそう》は、ふくしま式問題集《しきもんだいしゅう》の全《すべ》てにおいて、その根底《こんてい》に流《なが》れる思想《しそう》になっています。

では、なぜ逆説的発想《ぎゃくせつてきはっそう》が大切《たいせつ》なのでしょうか。

それを考《かんが》えるため、次《つぎ》の例文三《れいぶんさん》セットを、それぞれ読《よ》みくらべてみてください。

①A　プレゼントとは、もらうと嬉《うれ》しいものである。

B　プレゼントとは、もらうとお返《かえ》しを考《かんが》えなければならず、なかなか面倒《めんどう》なものである。

②A　満員電車《まんいんでんしゃ》は、心身《しんしん》を疲《つか》れさせる、イヤなものである。

B　満員電車《まんいんでんしゃ》は、心《こころ》と体《からだ》を鍛《きた》えてくれる、絶好《ぜっこう》のトレーニングの場《ば》である。

③A　博物館《はくぶつかん》は、珍《めずら》しいものや不思議《ふしぎ》なものがたくさん並《なら》んでおり、知的好奇心《ちてきこうきしん》を満足《まんぞく》させてくれる。

B　博物館《はくぶつかん》などに行《い》かなくても、珍《めずら》しいものや不思議《ふしぎ》なものは、日常《にちじょう》の中《なか》にごろごろ転《ころ》がっている。

さて、いかがでしょうか。いずれも、Aが常識的発想《じょうしきてきはっそう》、Bが逆説的発想《ぎゃくせつてきはっそう》で書《か》かれた文《ぶん》です。

面白《おもしろ》いのは、どちらですか？

続《つづ》きを読《よ》みたくなるのは、どちらですか？

Bですよね。

では、プロの書《か》き手《て》（本《ほん》などを書《か》いてそれを売《う》っている人《ひと》）は、どちらの発想《はっそう》で文章《ぶんしょう》を書《か》くと思《おも》いますか？

当然《とうぜん》、Bですよね。

一度《いちど》、書店《しょてん》へ行《い》き、タイトルだけでも眺《なが》めてみてください。常識《じょうしき》をくつがえすようなタイトルが、これでもかというくらいに並《なら》んでいるはずですから。

あなたが苦労《くろう》している読解問題《どっかいもんだい》で引用《いんよう》されている文章《ぶんしょう》も、そのほとんどが、逆説的発想《ぎゃくせつてきはっそう》で書《か》かれているのです。

あなたも、当《あ》たり前《まえ》のことを当《あ》たり前《まえ》の書《か》き方《かた》で訴《うった》えるような文章《ぶんしょう》を書《か》くのではなく、少《すこ》し「ひねくれた」文章《ぶんしょう》を書《か》けるように、工夫《くふう》してみてほしいと思《おも》います。

パート Ⅳ

「総《そう》合《ごう》問《もん》題《だい》」

本当《ほんとう》の国語力《こくごりょく》

〈論理的思考力《ろんりてきしこうりょく》〉

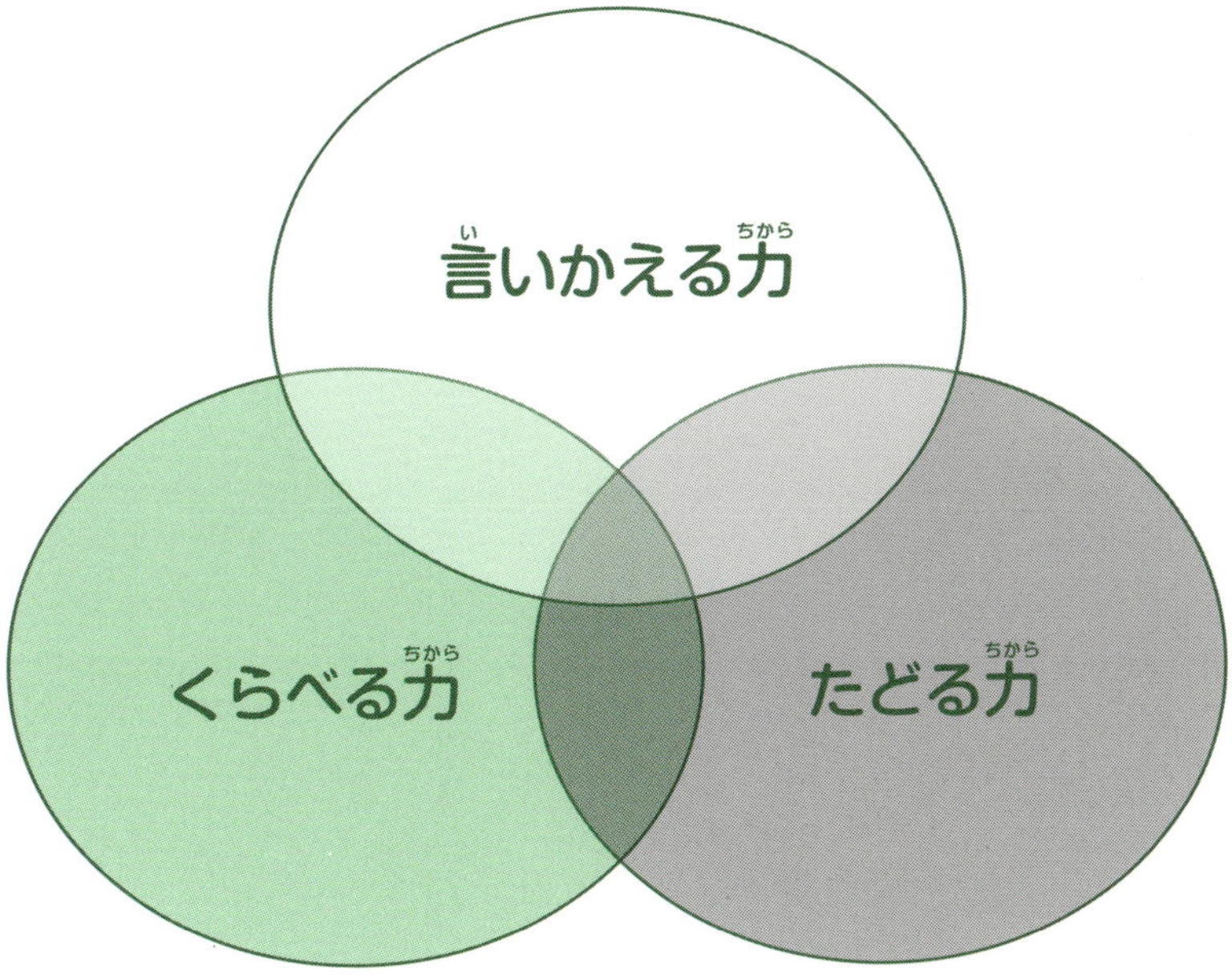

ここまで、論理的思考力《ろんりてきしこうりょく》を構成《こうせい》する「３つの力《ちから》」を、
それぞれに学《まな》んできました。
最後《さいご》は、それらを組《く》み合《あ》わせて使《つか》いこなす応用問題《おうようもんだい》です。
さあ、あと一息《ひといき》。頑張《がんば》りましょう！

パートⅣ

1 文《ぶん》や段落《だんらく》の関係《かんけい》を図《ず》にする①

1
レベル★★☆
月　日
100点《てん》満点《まんてん》　点《てん》

1

例《れい》にならって、文《ぶん》と文《ぶん》の関係《かんけい》を考《かんが》えます。後《あと》の選択肢《せんたくし》から言葉《ことば》を選《えら》び、書《か》き入《い》れなさい。また、該当《がいとう》する「関係図《かんけいず》」を選《えら》び、記号《きごう》を書《か》き入《い》れなさい（同《おな》じ記号《きごう》を何度《なんど》使《つか》ってもかまいません）。並列関係《へいれつかんけい》・補足関係《ほそくかんけい》については、〈ポイント！〉を参考《さんこう》にすること。

答《こた》え・配点《はいてん》は153ページ

例《れい》
1 咳《せき》がひどかった。
2 だから、マスクをしたまま授業《じゅぎょう》を受《う》けた。
（因果関係《いんがかんけい》）関係図《かんけいず》（Ａ）

①
1 昼《ひる》からは北風《きたかぜ》が強《つよ》まり、雨《あめ》も降《ふ》るでしょう。
2 つまり、悪天候《あくてんこう》になる見込《みこ》みです。
（　　　）関係《かんけい》　関係図《かんけいず》（　）

②
1 今日《きょう》は雨《あめ》だ。
2 よって、運動会《うんどうかい》は中止《ちゅうし》だ。
（　　　）関係《かんけい》　関係図《かんけいず》（　）

③
1 今日《きょう》は雨《あめ》だ。
2 一方《いっぽう》、昨日《きのう》は晴《は》れだった。
（　　　）関係《かんけい》　関係図《かんけいず》（　）

④
1 今日《きょう》は雨《あめ》です。
2 また、明日《あした》も雨《あめ》だそうです。
（　　　）関係《かんけい》　関係図《かんけいず》（　）

⑤
1 いろいろなデザートを食《た》べた。
2 たとえば、プリンやヨーグルトだ。
3 また、バナナやみかんも食《た》べた。
「2」と「3」は（　　　）関係《かんけい》
「1」と「2・3」は（　　　）関係《かんけい》
関係図《かんけいず》（　）

⑥
1 今日《きょう》は雨《あめ》です。
2 ただし、昨日《きのう》は晴《は》れていました。
（　　　）関係《かんけい》　関係図《かんけいず》（　）

⑦
1　ケガをした原因《げんいん》は二《ふた》つある。
2　まず、準備運動《じゅんびうんどう》が足《た》りなかったこと。
3　次《つぎ》に、走《はし》りながらふざけていたこと。
「2」と「3」は（　　　　）関係《かんけい》
「1」と「2・3」は（　　　　）関係《かんけい》
関係図《かんけいず》（　　）

⑧
1　プリンやヨーグルトを食《た》べた。
2　バナナやみかんも食《た》べた。
3　要《よう》するに、デザートを食《た》べたのだ。
「1」と「2」は（　　　　）関係《かんけい》
「1・2」と「3」は（　　　　）関係《かんけい》
関係図《かんけいず》（　　）

⑨
1　まず、準備運動《じゅんびうんどう》が足《た》りなかった。
2　次《つぎ》に、走《はし》りながらふざけていた。
3　だからこそ、ケガをしたのだ。
「1」と「2」は（　　　　）関係《かんけい》
「1・2」と「3」は（　　　　）関係《かんけい》
関係図《かんけいず》（　　）

〈選択肢《せんたくし》〉　同等《どうとう》　対比《たいひ》　因果《いんが》　並列《へいれつ》　補足《ほそく》

関係図《かんけいず》

A（上下《じょうげ》）
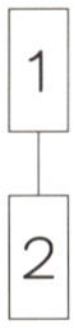

同等関係《どうとうかんけい》・因果関係《いんがかんけい》・補足関係《ほそくかんけい》

B（左右《さゆう》）
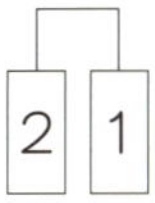

対比関係《たいひかんけい》・並列関係《へいれつかんけい》

C（上下《じょうげ》＋左右《さゆう》）
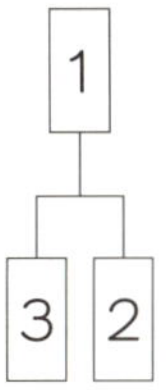

D（左右《さゆう》＋上下《じょうげ》）
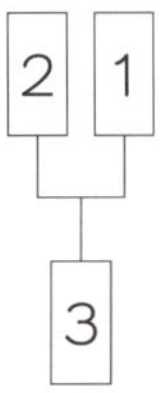

ポイント!

並列関係《へいれつかんけい》とは、複数《ふくすう》のことがらが単純《たんじゅん》な同列《どうれつ》で並《なら》べられている関係《かんけい》です。**「また・または・しかも・あるいは・そして」**などの接続語《せつぞくご》が用《もち》いられます。「朝《あさ》あるいは夜《よる》」のような関《かん》係《けい》です。なお、「雨《あめ》・雪《ゆき》・悪天候《あくてんこう》」の中《なか》で並列《へいれつ》と言《い》えるのは、「雨《あめ》・雪《ゆき》」だけです。「悪天候《あくてんこう》」はほか二《ふた》つより抽象的《ちゅうしょうてき》ですから並列《へいれつ》とは言《い》えません（「雨《あめ》・雪《ゆき》」と「悪天候《あくてんこう》」は同等関係《どうとうかんけい》）。補足関係《ほそくかんけい》とは、単純《たんじゅん》な同列《どうれつ》ではなく、中心《ちゅうしん》となる「A」があり、その上《うえ》で「b」という補足情報《ほそくじょうほう》が加《くわ》えられるような関《かん》係《けい》です（A＋b）。**「ただ・ただし・実《じつ》は・なお」**などの接続《せつぞく》語《ご》が用《もち》いられます。「僕《ぼく》は小学生《しょうがくせい》だ。ただし、来月《らいげつ》にはもう中学生《ちゅうがくせい》になる」などといった使《つか》われ方《かた》になります。

この二《ふた》つの関係《かんけい》は、「論理的思考力《ろんりてきしこうりょく》」と呼《よ》ぶにはやや不向《ふむ》きであり、学習《がくしゅう》の優先順位《ゆうせんじゅんい》が下《さ》がるため、ふくしま式《しき》「三《みっ》つの力《ちから》」には含《ふく》めていません。

パートⅣ

2 文《ぶん》や段落《だんらく》の関係《かんけい》を図《ず》にする②

1

次《つぎ》の文章《ぶんしょう》の段落関係《だんらくかんけい》を図《ず》にします。下図《かず》の空欄《くうらん》に、段落番号《だんらくばんごう》（上部《じょうぶ》の数字《すうじ》）を書《か》き入《い》れなさい。

答《こた》え・配点《はいてん》は153ページ

1 和風《わふう》というのは、「日本《にほん》らしい」という意味《いみ》です。

2 和風《わふう》のものにはいろいろな種類《しゅるい》があります。さて、どのような種類《しゅるい》があるのでしょうか。

3 まず、食《た》べ物《もの》です。

4 たとえば、あんみつ・おはぎなど、あんこを使《つか》った和《わ》菓子《がし》です。

5 また、そば・天《てん》ぷらなどの料理《りょうり》も、代表的《だいひょうてき》です。

6 次《つぎ》に、衣服《いふく》です。

7 たとえば、着物《きもの》・振袖《ふりそで》・浴衣《ゆかた》などの和服《わふく》です。

8 さらに、けん玉《だま》・竹《たけ》とんぼ・百人一首《ひゃくにんいっしゅ》カルタなどの遊《あそ》びも、忘《わす》れてはいけません。

9 このように、和風《わふう》のものには様々《さまざま》な種類《しゅるい》があるのです。

段落関係図《だんらくかんけいず》

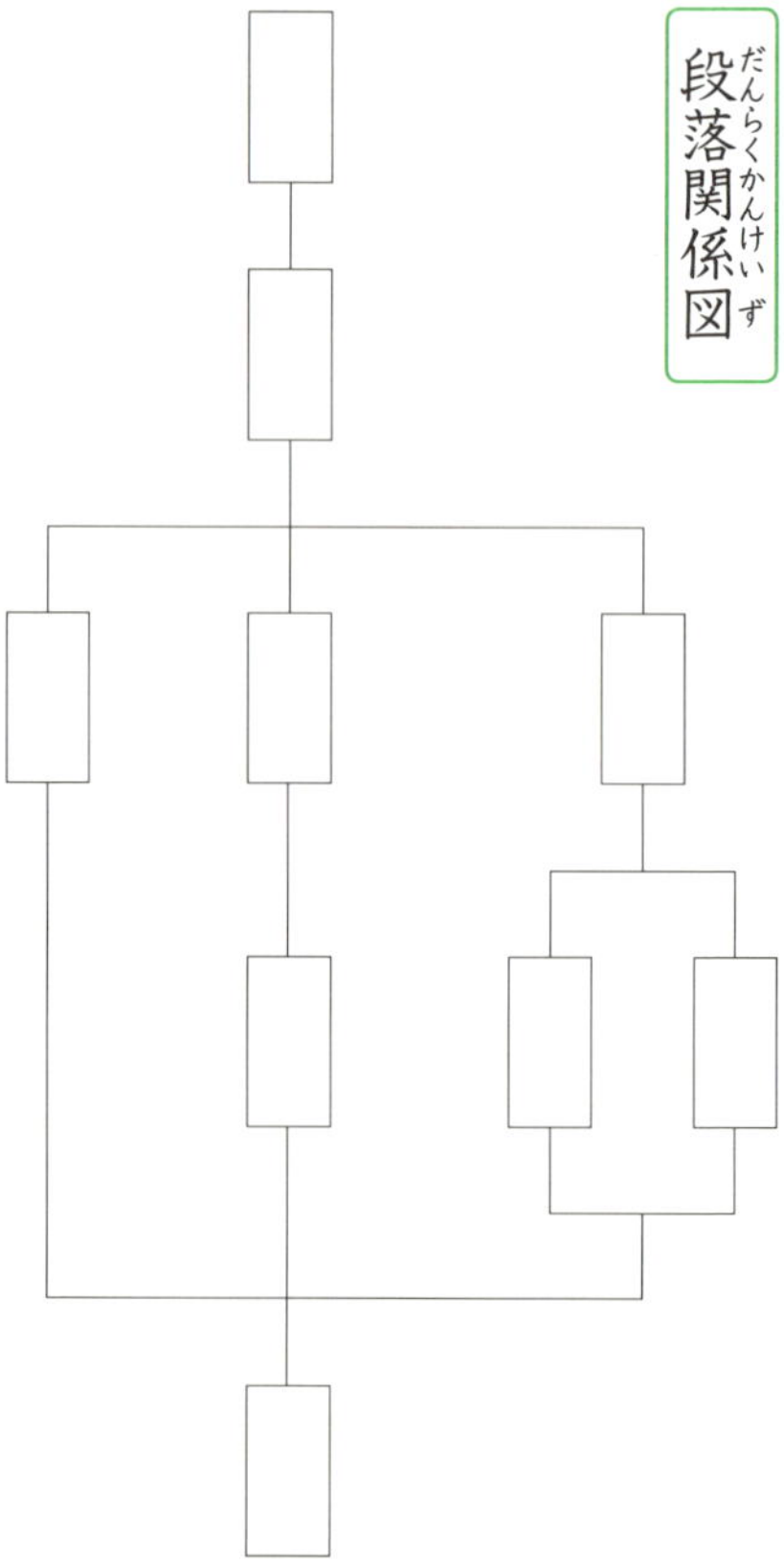

2

次《つぎ》の文章《ぶんしょう》を読《よ》み、後《あと》の問《と》いに答《こた》えなさい。上部《じょうぶ》の数字《すうじ》は段落番号《だんらくばんごう》です。

答《こた》え・配点《はいてん》は153ページ

1 「幸福《こうふく》」も「幸運《こううん》」も、どちらもプラスの意味《いみ》を持《も》つ、似《に》たような表現《ひょうげん》である。

2 しかし、よく考《かんが》えてみると違《ちが》いもある。

3 たとえば、「幸福《こうふく》」は、満《み》ち足《た》りた状態《じょうたい》が比較的長《ひかくてきなが》い時間《じかん》（期間《きかん》）に渡《わた》って続《つづ》いている様子《ようす》を示《しめ》す。

4 一方《いっぽう》で、「幸運《こううん》」は、短《みじか》い時間内《じかんない》、あるいは一瞬《いっしゅん》の巡《めぐ》

①
レベル★★★
月　日
30点《てん》
満点《まんてん》　点《てん》

②
レベル★★★
月　日
70点《てん》
満点《まんてん》　点《てん》

総合得点《そうごうとくてん》
100点《てん》
満点《まんてん》　点《てん》

り合《あ》わせが良《よ》いことなどを意味《いみ》する。

5 その証拠《しょうこ》に、「あの日《ひ》、あのとき、あの場所《ばしょ》であの人《ひと》と巡《めぐ》り会《あ》えた幸運《こううん》」とは表現《ひょうげん》できても、「あの日《ひ》、あのとき、あの場所《ばしょ》であの人《ひと》と巡《めぐ》り会《あ》えた幸福《こうふく》」とは言《い》えない。

6 また、「あの人《ひと》と結婚《けっこん》して末永《すえなが》く幸福《こうふく》に暮《く》らす」とは言《い》えても、「あの人《ひと》と結婚《けっこん》して末永《すえなが》く幸運《こううん》に暮《く》らす」とは言《い》えない。

7 そう考《かんが》えると、「幸福《こうふく》」と「幸運《こううん》」は異《こと》なる意味《いみ》合《あ》いを持《も》つけれども、「幸福《こうふく》」の入《い》り口《ぐち》には、けっこうな確《かく》率《りつ》で「幸運《こううん》」が存在《そんざい》することが多《おお》いのではないか、などという考《かんが》えにも行《い》き着《つ》くのである。

〈問一《といいち》〉 次《つぎ》の①〜②について、該当《がいとう》するものにそれぞれマルをつけなさい。

① 3段落《だんらく》と4段落《だんらく》の関係《かんけい》は、次《つぎ》のどれですか。
同等関係《どうとうかんけい》　対比関係《たいひかんけい》　因果関係《いんがかんけい》

② 5段落《だんらく》と6段落《だんらく》の関係《かんけい》は、次《つぎ》のどれですか。
同等関係《どうとうかんけい》　対比関係《たいひかんけい》　並列関係《へいれつかんけい》

〈問二《といに》〉 文章中《ぶんしょうちゅう》で、「なぜなら」と同様《どうよう》の働《はたら》きをしている言葉《ことば》に〜〜を、「だから」と同様《どうよう》の働《はたら》きをしている言葉《ことば》に——を、それぞれ引《ひ》きなさい。

〈問三《といさん》〉 104〜105ページの考《かんが》え方《かた》にならって、次《つぎ》の図《ず》の空《あ》いている部分《ぶぶん》（3以降《いこう》）を完成《かんせい》させなさい。

段落関係図《だんらくかんけいず》

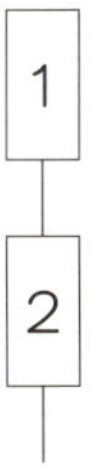

ポイント！

2 この文章《ぶんしょう》の1段落《だんらく》と2段落《だんらく》の関係《かんけい》は、逆接関係《ぎゃくせつかんけい》です。一見《いっけん》、対比関係《たいひかんけい》にも思《おも》えますが、そう表現《ひょうげん》するにはやや不《ふ》適切《てきせつ》です（両者《りょうしゃ》の違《ちが》いは、49ページ参照《さんしょう》）。逆接関係《ぎゃくせつかんけい》を図示《ずし》する場合《ばあい》、左右《さゆう》ではなく上下《じょうげ》になることがあります。注意《ちゅうい》しましょう。

——逆接関係《ぎゃくせつかんけい》——
（上下《じょうげ》）

——対比関係《たいひかんけい》——
（左右《さゆう》）

パートⅣ

3 総合読解問題《そうごうどっかいもんだい》

❶
レベル★★★
月　日
100点《てん》
満点《まんてん》　点《てん》

1

次《つぎ》の文章《ぶんしょう》を読《よ》み、後《あと》の問《と》いに答《こた》えなさい。

答《こた》え・配点《はいてん》は154ページ

ラジオはもとよりテレビでも、最近《さいきん》は双方向性《そうほうこうせい》のある番《ばん》組《ぐみ》が多《おお》くなった。放送中《ほうそうちゅう》に視聴者《しちょうしゃ》から送《おく》られた意見《いけん》や感想《かんそう》を反映《はんえい》させて番組《ばんぐみ》に生《い》かすような作《つく》りだ。むろん、インターネットの動画配信《どうがはいしん》サービス等《とう》も、双方向《そうほうこう》メディアの代表《だいひょう》格《かく》である。これらはいずれも、歓迎《かんげい》すべきものだ。

では、新聞《しんぶん》や雑誌《ざっし》、あるいは一般書籍《いっぱんしょせき》などの紙《かみ》メディアはどうか。これらはいわば、一方向《いちほうこう》メディアだ。意見《いけん》や感《かん》想《そう》を送《おく》ることはできても、それが作《つく》り手《て》（情報《じょうほう》の発信者《はっしんしゃ》）に届《とど》くまでにはかなりの時間《じかん》がかかる。また、その意見等《いけんとう》を他《た》の読者《どくしゃ》と同時的《どうじてき》に共有《きょうゆう》するといったことも難《むずか》しい。片《かた》や、SNS※を利用《りよう》した双方向《そうほうこう》のテレビ番組《ばんぐみ》などでは、そういった同時的《どうじてき》な情報共有《じょうほうきょうゆう》が簡単《かんたん》にできる。

それでは、一方向《いちほうこう》メディアの存在価値《そんざいかち》は低《ひく》いのであろうか。そうではあるまい。一方向《いちほうこう》メディアの最大《さいだい》のメリットは、他者《たしゃ》の言葉《ことば》に耳《みみ》を傾《かたむ》けざるを得《え》ないという点《てん》にある。他者《たしゃ》の言葉《ことば》に反論《はんろん》したくても、そういった自分《じぶん》の主張《しゅちょう》を即《そく》時的《じてき》にネット上《じょう》で発信《はっしん》するということはできない。その分《ぶん》だけ、他者《たしゃ》の未知《みち》なる言葉《ことば》を受信《じゅしん》し吸収《きゅうしゅう》するだけの時間《じかん》を持《も》てる。この人《ひと》の言葉《ことば》は自分《じぶん》より正《ただ》しいかもしれない、などと考《かんが》えるだけの精神的余裕《せいしんてきよゆう》も生《う》まれる。その結果《けっか》として、新《あたら》しい知見《ちけん》※を得《え》る機会《きかい》も増《ふ》えるだろう。

その点《てん》、双方向《そうほうこう》メディアは危《あぶ》なっかしい。たとえば、テレビの生番組《なまばんぐみ》の中《なか》で何《なに》かを主張《しゅちょう》している学者《がくしゃ》に異論《いろん》があれば、すぐさまツイッターで反論《はんろん》し、同様《どうよう》にその番組《ばんぐみ》をネットと同時《どうじ》に見《み》ている他《た》のツイッターユーザーとそれを共有《きょうゆう》する、などということができる。できてしまう。もちろんメリットも大《おお》きいが、デメリットも無視《むし》できないであろう。新《あたら》しい知見《ちけん》を得《え》て、自己《じこ》を豊《ゆた》かにしたければ、一方向《いちほうこう》メディアの価値《かち》を心《こころ》に留《と》め、忘《わす》れないようにすることだ。

※SNS……ソーシャルネットワーキングサービス（ツイッターなど）。
※知見《ちけん》……ここでは、「ものの見方《みかた》・考《かんが》え方《かた》」のこと。

〈問一《といいち》〉　新《あたら》しい知見《ちけん》を得《え》る機会《きかい》も増《ふ》えるとありますが、筆《ひっ》者《しゃ》の言《い》う「一方向《いちほうこう》メディア」にそのような機会《きかい》が増《ふ》えるのは、なぜですか。九〇《きゅうじゅう》字《じ》以内《いない》で答《こた》えなさい（句読点《くとうてん》も字数《じすう》に数《かぞ》えます）。

メモ欄《らん》——文章中《ぶんしょうちゅう》の対比《たいひ》を整理《せいり》しましょう（例《れい》……双方向《そうほうこう》・一方向《いちほうこう》）

↕
↕
↕
↕
↕

〈問二《といに》〉　デメリットも無視《むし》できないとありますが、筆者《ひっしゃ》の言《い》う「双方向《そうほうこう》メディア」のデメリットとは、どのようなものですか。そのデメリットが生《しょう》じる理由《りゆう》も含《ふく》めて答《こた》えなさい。

ポイント！

メディアという言葉《ことば》の意味《いみ》が分《わ》からない場合《ばあい》は、辞書《じしょ》を引《ひ》いてみましょう。問一《といいち》は、因果関係《いんがかんけい》を意識《いしき》しながら要約《ようやく》する課題《かだい》です。問二《といに》は、問一《といいち》の答《こた》えをヒントにして対比的《たいひてき》に考《かんが》えれば、比較的簡単《ひかくてきかんたん》に答《こた》えることができます。問一《といいち》・問二《といに》に取《と》りかかる前《まえ》に、文章《ぶんしょう》を支《ささ》える対比《たいひ》の骨組《ほねぐ》みを、上《うえ》のメモ欄《らん》にできるだけ書《か》いてみましょう。

パートⅣ

4 型《かた》を使《つか》って短《たん》作《さく》文《ぶん》を書《か》く

1

それぞれの「型《かた》」及《およ》び指定《してい》された条件《じょうけん》に従《したが》って、短《たん》作文《さくぶん》を書《か》きなさい。内容《ないよう》は自由《じゆう》です。なお、述部《じゅつぶ》などの表現《ひょうげん》が多少《たしょう》変《か》わってもかまいません（例《れい》・①の二文目《にぶんめ》を、「それはいわば、井《い》の中《なか》の蛙《かわず》のようなものだ」とするなど）。

答《こた》え・配点《はいてん》は156ページ

①［　　］。それはいわば、［　　］である。
（目標《もくひょう》……「言《い》いかえる力《ちから》」の活用《かつよう》）

②［　　］は、［　　］という点《てん》では［　　］だが、［　　］という点《てん》では［　　］である。
（目標《もくひょう》……「くらべる力《ちから》」の活用《かつよう》）

③［　　］が、もし［　　］ならば、［　　］であると言《い》えるが、［　　］は［　　］ではないため、［　　］。
（目標《もくひょう》……「くらべる力《ちから》」「たどる力《ちから》」の活用《かつよう》）

1 レベル★★★
月　日
100点《てん》満点《まんてん》　点《てん》

④ □は□だが、□は□であるため、
□のほうが□である。
（目標《もくひょう》……「くらべる力《ちから》」「たどる力《ちから》」の活用《かつよう》）

⑤ □と□の共通点《きょうつうてん》は、□。しかし、相違点《そういてん》もある。たとえば、□は□だが、□は□である。その点《てん》では、□のほうが□であ

ると言《い》えるだろう。
（目標《もくひょう》……「三《みっ》つの力《ちから》」の活用《かつよう》）

ポイント!

書《か》き方《かた》が分《わ》からない場合《ばあい》は、まず解答例《かいとうれい》のページを読《よ》んでしまってもかまいません。「ああ、こんな感《かん》じで書《か》けばいいのか」というイメージを持《も》つことができたら、解答例《かいとうれい》の一部《いちぶ》または全部《ぜんぶ》を自分《じぶん》なりの内容《ないよう》に入《い》れ替《か》えて、書《か》いてみるようにしましょう。

「指示語《しじご》」と「接続語《せつぞくご》」の区別《くべつ》、できていますか？

158ページ参照《さんしょう》

国語塾《こくごじゅく》における授業中《じゅぎょうちゅう》、私《わたし》はよく、生徒《せいと》に次《つぎ》のような指示《しじ》をします。

「接続語《せつぞくご》にマルをつけながら読《よ》みなさい。」

すると、中《なか》には、次《つぎ》のような言葉《ことば》にいちいちマルをつける子《こ》が出《で》てきます。

「これを…」「それは…」「あちらに…」「どんな…」

いわゆる、こそあど言葉《ことば》。正確《せいかく》には、「指示語《しじご》」です。

しかし、指示語《しじご》に全《すべ》てマルをつけていたら、キリがありません。もちろん、大切《たいせつ》な指示語《しじご》もあります。たとえば、設問《せつもん》で問《と》われている——部《ぶ》の中《なか》、あるいはその前後《ぜんご》にある「それ」などの語《ご》は、大切《たいせつ》な役割《やくわり》を果《は》たすことが多《おお》くなります。とはいえ、多《おお》くの指示語《しじご》は、あえてマークして読《よ》むほどの価値《かち》はありません。

そもそも、「それ」などと置《お》きかえることができるのは、その意味《いみ》が読《よ》み手《て》にとって自明《じめい》である（おのずと分《わ》かる）からです。いちいちマークする必要《ひつよう》はありません。

マークすべきは、接続語《せつぞくご》です。接続語《せつぞくご》とは、言葉《ことば》・文《ぶん》・段落間《だんらくかん》の「関係《かんけい》」を表《あらわ》す言葉《ことば》です。

「たとえば・つまり・このように・要《よう》するに・いわば・すなわち」などは、同等関係《どうとうかんけい》を整理《せいり》する接続語《せつぞくご》です。

「しかし・一方《いっぽう》・それに対《たい》して・でも・だが・が・ではなく・むしろ・よりも」などは、対比関係《たいひかんけい》（逆接関係《ぎゃくせつかんけい》・49ページ参照《さんしょう》）を整理《せいり》する接続語《せつぞくご》です。

「だから・なぜなら・から・ので・ため・ゆえに・その結果《けっか》・したがって」などは、因果関係《いんがかんけい》を整理《せいり》する接続語《せつぞくご》です。

これらにマルをつけることこそ、重要《じゅうよう》です。国語力《こくごりょく》は関係《かんけい》の整理力《せいりりょく》である以上《いじょう》（5ページ参照《さんしょう》）、接続語《せつぞくご》が重要《じゅうよう》になるのは、当然《とうぜん》のことですね。指示語《しじご》と接続語《せつぞくご》を区別《くべつ》※した上《うえ》で、接続語《せつぞくご》にマークしながら読《よ》む習慣《しゅうかん》をつけましょう。

※右記《うき》の中《なか》で——を引《ひ》いた言葉《ことば》は、指示語《しじご》を含《ふく》んでいますが、「ように」「対《たい》して」「結果《けっか》」といった言葉《ことば》と組《く》み合《あ》わさることによって接続語《せつぞくご》としての働《はたら》きが強《つよ》まっているため、接続語《せつぞくご》とします。また、品詞分類《ひんしぶんるい》における「接続詞《せつぞくし》」と、より広《ひろ》い意味《いみ》の「接続語《せつぞくご》」とは、言葉《ことば》の定義《ていぎ》がやや異《こと》なります。

ふくしま式

「本当の国語力」が身につく問題集2

［小学生版］

解答《かいとう》・解説《かいせつ》

解答《かいとう》・解説《かいせつ》を読《よ》む前《まえ》に

作文課題《さくぶんかだい》の場合《ばあい》、模範解答《もはんかいとう》と大《おお》きく異《こと》なる答案《とうあん》になってしまうということが、多々《たた》あるはずです。

そういう場合《ばあい》は、採点《さいてん》してそのまま終《お》えてしまうのではなく、模範解答《もはんかいとう》をノートなどに書《か》き写《うつ》すようにしましょう。

その際《さい》は、自分《じぶん》の答案《とうあん》と模範解答《もはんかいとう》とを見《み》くらべて、何《なに》が足《た》りなかったのかをよく考《かんが》えてみることが大切《たいせつ》です。模範《もはん》解答《かいとう》にはあるが自分《じぶん》の答案《とうあん》にはない言葉《ことば》に線《せん》を引《ひ》く、などといった作業《さぎょう》を、惜《お》しまず行《おこな》うようにしましょう。

なお、「ただ単《たん》に書《か》き写《うつ》す」というのは、本当《ほんとう》はあまりおすすめできる方法《ほうほう》ではありません。次《つぎ》のような工夫《くふう》をすることをおすすめします。

〈レベルA〉 何度《なんど》も音読《おんどく》する ↓ 文章《ぶんしょう》を丸《まる》ごと覚《おぼ》える
↓ 見《み》ないで言《い》ってみる ↓ 見《み》ないで書《か》いてみる

〈レベルB〉 何度《なんど》も音読《おんどく》する ↓ 前半《ぜんはん》だけ覚《おぼ》える
↓ 前半《ぜんはん》だけ見《み》ないで言《い》ってみる
↓ 前半《ぜんはん》だけ見《み》ないで書《か》き、後半《こうはん》は写《うつ》す

お手本《てほん》となっている文章《ぶんしょう》を暗記《あんき》するというのは、「型《かた》」を身《み》につけるための大事《だいじ》な方策《ほうさく》の一《ひと》つです。ぜひ、挑戦《ちょうせん》してみてください。

なお、この解答《かいとう》・解説《かいせつ》のページを切《き》り離《はな》して使《つか》うというのは、あまり得策《とくさく》ではありません。解答《かいとう》・解説《かいせつ》を切《き》り離《はな》し、お母《かあ》さんお父《とう》さんや先生方《せんせいがた》が保管《ほかん》するという使《つか》い方《かた》は、できれば避《さ》けてください。

解答《かいとう》・解説《かいせつ》にもルビが振《ふ》ってあることからもお分《わ》かりのように、解答《かいとう》・解説《かいせつ》は子《こ》どもたち自身《じしん》が読《よ》むためにこそあります。もちろん、解《と》きながらカンニングするというのは許《ゆる》されませんが、解《と》き終《お》えた後《あと》で自《みずか》ら解説《かいせつ》を読《よ》むということは、とても大切《たいせつ》なことです。ぜひ、解答《かいとう》・解説《かいせつ》をフル活《かつ》用《よう》し、「本当《ほんとう》の国語力《こくごりょく》」を深《ふか》めていくようにしてください。

★減点法《げんてんほう》による採点《さいてん》の際《さい》、点数《てんすう》がマイナスになってしまうことがあり得《え》ます。その場合《ばあい》は、マイナスではなくゼロにしてください。

★「解答例《かいとうれい》」と「解答《かいとう》」の区別《くべつ》については明記《めいき》していませんが、自《じ》由《ゆう》に考《かんが》えて書《か》くことのできる問題《もんだい》の場合《ばあい》、全《すべ》て「解答例《かいとうれい》」です。

★「完答《かんとう》」は「完全解答《かんぜんかいとう》」＝「セットで正解《せいかい》して初《はじ》めて得点《とくてん》できるもの」という意味《いみ》です。

パート Ⅰ 「言《い》いかえる力《ちから》」

―同等関係整理力《どうとうかんけいせいりりょく》―を高《たか》めるトレーニング

1 「抽象《ちゅうしょう》・具体《ぐたい》」の基礎練習《きそれんしゅう》① 「つまり」「たとえば」「要《よう》するに」

問題《もんだい》は10・11ページ

1 7点《てん》×10（⑦・⑨は完答《かんとう》、⑧はそれぞれ3点《てん》・4点《てん》）

①飲《の》み物《もの》 ②鳥《とり》 ③文房具《ぶんぼうぐ》 ④食器《しょっき》 ⑤家電《かでん》

⑥移動《いどう》 ⑦ゾウ、キリン、カバ ⑧雨《あめ》・様子《ようす》

⑨パシパシ、ドンドン ⑩食《た》べる

2 5点《てん》×6

①抽象化《ちゅうしょうか》 ②抽象化《ちゅうしょうか》 ③具体化《ぐたいか》

④具体化《ぐたいか》 ⑤抽象化《ちゅうしょうか》 ⑥具体化《ぐたいか》

〈その他《た》の解答例《かいとうれい》・解説《かいせつ》〉

1 ③文具《ぶんぐ》 ⑤家電製品《かでんせいひん》、電化製品《でんかせいひん》 ⑧雨《あめ》が降《ふ》る「音《おと》」ではバツ（音《おと》は⑨のようにカタカナで書《か》くもの）。⑨ひらがなで書《か》いた場合《ばあい》は一《ひと》つにつき2点《てん》マイナス。

2 ⑤「シミュレーション」→「カタカナ言葉《ことば》」という抽《ちゅう》象化《しょうか》。

2 「抽象《ちゅうしょう》・具体《ぐたい》」の基礎練習《きそれんしゅう》② マトリョーシカ方式《ほうしき》

問題《もんだい》は12・13ページ

1 A 5点《てん》 B 5点《てん》／4点《てん》×2

C 3点《てん》／3点《てん》／4点《てん》×3

A 上着《うわぎ》 B（上《うえ》から）甘《あま》い／キャンディー・団子《だんご》

C（上《うえ》から）漢字《かんじ》／漢字《かんじ》／細《さい》・絵《え》・紙《かみ》

2 4点《てん》×16（答《こた》え以外《いがい》を一《ひと》つ選《えら》ぶごとに4点《てん》マイナス）

①上着《うわぎ》・衣類《いるい》 ②漢字《かんじ》・アルファベット・丁寧《ていねい》な字《じ》

③液体《えきたい》・水《みず》 ④すすり泣《な》く・むせび泣《な》く・大泣《おおな》きする

⑤生《う》まれた日《ひ》・バースデー

⑥弦楽器《げんがっき》・はじいて音《おと》を出《だ》す楽器《がっき》 ⑦方法《ほうほう》・距離《きょり》

〈その他《た》の解答例《かいとうれい》・解説《かいせつ》〉

1 A「洋服《ようふく》」は、〈具体《ぐたい》〉の共通性《きょうつうせい》をとらえきれていないため2点《てん》マイナス。　B「甘《あま》い」を「おいしい」とするのは、主観的《しゅかんてき》すぎるため3点《てん》マイナス。　C糸《いと》へんがつく漢字《かんじ》としては、ほかにも線《せん》・級《きゅう》・織《おり》など。

2 例題《れいだい》の「メモする」が間違《まちが》いだと言《い》えるのは、「筆記用《ひっきよう》具《ぐ》」は名詞《めいし》であり「メモする」は動詞《どうし》だからである。**言《い》いかえる際《さい》は品詞《ひんし》を揃《そろ》える**のが原則《げんそく》（②の「丁寧《ていねい》な字《じ》」のように複数《ふくすう》の語句《ごく》で言《い》いかえる場合《ばあい》は、**末尾《まつび》の品詞《ひんし》**を揃《そろ》える）。

もし「品詞《ひんし》」について知《し》らなくても、次《つぎ》のようにすれば分《わ》かる。「筆記用具《ひっきようぐ》を準備《じゅんび》した」という文《ぶん》を考《かんが》え、「筆記用《ひっきよう》具《ぐ》」のところに「メモする」を入《い》れてみる。「メモするを準《じゅん》備《び》した」。これでは意味《いみ》が通《つう》じない。言《い》いかえられていない。

3 「抽象《ちゅうしょう》・具体《ぐたい》」の基礎練習《きそれんしゅう》③ ひとことで言《い》うと要《よう》するに何《なに》?

問題《もんだい》は14・15ページ

1 10点《てん》×6

①イ　②ウ　③ア　④エ　⑤イ　⑥イ

2 10点《てん》×4

①ア　②オ　③ウ　④オ

〈解説《かいせつ》〉

1 ②で、ア「視線《しせん》」としたかもしれない。しかし、「線《せん》」というのは点《てん》と点《てん》を結《むす》んだものであり、「点《てん》」とは異《こと》なる（絵《え》にしてみればすぐ分《わ》かる）。この文《ぶん》における「校庭《こうてい》」や「屋上《おくじょう》」というのは「位置《いち》」のことであり、それは「点《てん》」である。

4 「抽象《ちゅうしょう》・具体《ぐたい》」の基礎練習《きそれんしゅう》④ 「というような」「などという」

問題《もんだい》は16・17ページ

1 ①5点《てん》×2　②～⑫空欄《くうらん》一《ひと》つ6点《てん》×15

①（年齢《ねんれい》）差《さ》・（身長《しんちょう》）差《さ》　②自由《じゆう》・不自由《ふじゆう》

③解決《かいけつ》（策《さく》）・共感《きょうかん》　④目的《もくてき》　⑤評価《ひょうか》　⑥価値《かち》

⑦再現《さいげん》（映像《えいぞう》）　⑧立場《たちば》　⑨形式《けいしき》・内容《ないよう》

⑩主観《しゅかん》（的《てき》）・客観《きゃっかん》（的《てき》）　⑪ハプニング　⑫メリット

〈解説《かいせつ》〉

1 ⑥に「内容《ないよう》」を入《い》れても意味《いみ》は通《つう》じるが、⑨で「内《ない》容《よう》」を使《つか》うことができなくなる。

5 心情《しんじょう》や人間関係《にんげんかんけい》を図形的《ずけいてき》に言《い》いかえる①

問題《もんだい》は18・19ページ

1 空欄《くうらん》一《ひと》つ6点《てん》×17（ただし⑤の「上下《じょうげ》」のみ4点《てん》）

① 〈左《ひだり》〉大《おお》きな（心《こころ》）↔〈右《みぎ》〉小《ちい》さな（心《こころ》）
〈左《ひだり》〉広《ひろ》い（心《こころ》）↔〈右《みぎ》〉狭《せま》い（心《こころ》）
（記入欄《きにゅうらん》の上段《じょうだん》と下段《げだん》は順不同《じゅんふどう》）

② 〈左《ひだり》〉後《うし》ろ向《む》きな（気持《きも》ち）
↔〈右《みぎ》〉前向《まえむ》きな（気持《きも》ち）

③ 〈内側《うちがわ》〉内向《ないこう》（的《てき》）↔〈外側《そとがわ》〉外向《がいこう》（的《てき》）

④ 〈上《うえ》〉軽《かろ》やかな（気持《きも》ち）↔〈下《した》〉重《おも》たい（気持《きも》ち）

⑤ 〈左《ひだり》〉見下《みさ》げる↔〈右《みぎ》〉見上《みあ》げる
〈中《なか》〉上下《じょうげ》（関係《かんけい》）

⑥ 〈上《うえ》〉遠《とお》い（関係《かんけい》）↔〈下《した》〉近《ちか》い（関係《かんけい》）

⑦ 〈上《うえ》〉浅《あさ》い（関係《かんけい》）↔〈下《した》〉深《ふか》い（関係《かんけい》）

6 心情《しんじょう》や人間関係《にんげんかんけい》を図形的《ずけいてき》に言《い》いかえる②

問題《もんだい》は20・21ページ

1 4点《てん》×9（全問正解《ぜんもんせいかい》でボーナス4点《てん》）
（②〜④は、A・B順不同《じゅんふどう》）

①上下《じょうげ》（関係《かんけい》）・見下《みさ》げる

②A後《うし》ろ向《む》きな（気持《きも》ち）　B重《おも》たい（気持《きも》ち）

③A遠《とお》く　B浅《あさ》く　④A狭《せま》い　B小《ちい》さい　⑤外向《がいこう》（的《てき》）

2 5点《てん》×12（それぞれ順不同《じゅんふどう》）

①信頼感《しんらいかん》・以心伝心《いしんでんしん》　②積極性《せっきょくせい》・意欲的《いよくてき》・自信《じしん》・能動的《のうどうてき》

③許《ゆる》し・おおらか　④悩《なや》み・くよくよ

⑤いらだち・不機嫌《ふきげん》

〈その他《た》の解答例《かいとうれい》〉

1 ①「見下《みさ》げる」は、見下《みさ》げた、見下《みくだ》す、見下《みくだ》した、などを可《か》。④は「内向的《ないこうてき》」を入《い》れても可《か》。

7 比喩《ひゆ》トレーニング①
比喩《ひゆ》に慣《な》れる

問題《もんだい》は22・23ページ

1 15点《てん》×4

①わたがしのようだ　②ガラスのように
③ジェットコースターのようだった
④ろうそくが溶《と》ける

2 10点《てん》×4

①ア　②ウ　③イ　④イ

〈解説《かいせつ》〉

2 選択式問題《せんたくしきもんだい》では、「肯定的《こうていてき》な内容《ないよう》か否定的《ひていてき》な内容《ないよう》か」、すなわち、「プラスかマイナスか」によって判定《はんてい》する方法《ほうほう》を活用《かつよう》できるようにしたい。①の文《ぶん》は明《あき》らかにマイナスの意味合《いみあ》いを持《も》っている。一方《いっぽう》、選択肢《せんたくし》は、アだけがマイナスであり、イ・ウはプラスである。②では、シャボン玉《だま》の華《はな》やかさというプラス面《めん》と、すぐに消《き》えてしまうというマイナス面《めん》を両方含《りょうほうふく》むウが、本文《ほんぶん》と同等関係《どうとうかんけい》にあり、答《こた》えである。ア・イはプラスしかない。③は、すべてプラスに向《む》いているので、内容《ないよう》で判断《はんだん》する。霧《きり》が出《で》ると、先《さき》を見通《みとお》すことができなくなる。だから、霧《きり》が晴《は》れるということは、先《さき》を見通《みとお》せるようになるということだ。ウは、「手《て》に入《い》れる」という表現《ひょうげん》がおかしい。霧《きり》が晴《は》れるということは、霧《きり》が「なくなる」ことである。

8 比喩《ひゆ》トレーニング②
比喩《ひゆ》を元《もと》の意味《いみ》に戻《もど》す（1）

問題《もんだい》は24・25ページ

1 （5点《てん》×2）×4

①貴重《きちょう》な知識《ちしき》をたくさん手《て》に入《い》れられる場所《ばしょ》だ／貴重《きちょう》な知識《ちしき》を増《ふ》やせる絶好《ぜっこう》の場所《ばしょ》だ　②たんぽぽが広《ひろ》い範囲《はんい》に渡《わた》って咲《さ》いている場所《ばしょ》だった／たんぽぽが一面《いちめん》に広《ひろ》がって咲《さ》いていた　③重要《じゅうよう》ではない、細《こま》かな話《はなし》／主要《しゅよう》な内容《ないよう》から外《はず》れている話《はなし》　④出会《であ》いと別《わか》れを繰《く》り返《かえ》すものだ／苦《くる》しみや楽《たの》しみが次々《つぎつぎ》と訪《おとず》れる

2 （6点《てん》×2）×5

①（相手《あいて》を）批判《ひはん》したり追《お》い詰《つ》めたりするような（意見《いけん》）／率直《そっちょく》で遠慮《えんりょ》のない、強《つよ》い（意見《いけん》）　②融通《ゆうずう》が利《き》かないな

／必要《ひつよう》に応《おう》じて考《かんが》え方《かた》を変《か》えることができない人《ひと》だな　③歌手《かしゅ》として世《よ》に出《で》るための準備《じゅんび》をしている人《ひと》だ／歌手《かしゅ》として一人前《いちにんまえ》になるために修行中《しゅぎょうちゅう》の身《み》だ　④自分《じぶん》が持《も》っている問題点《もんだいてん》は無視《むし》して／自分《じぶん》に不都合《ふつごう》なことには触《ふ》れずにおきながら　⑤一定《いってい》の水準《すいじゅん》を保《たも》ちながら長《なが》い間《あいだ》親《した》しまれる作品《さくひん》となった／ある程度《ていど》の評価《ひょうか》を受《う》けながら長続《ながつづ》きする作品《さくひん》となった

〈その他《た》の解答例《かいとうれい》・解説《かいせつ》〉

1　どの問《と》いも、**「〇〇って、どういうもの（こと）？」**という問《と》いからスタートさせる。**「言《い》いかえ」の入《い》り口《ぐち》**だ。

①「宝庫《ほうこ》」ってどういうもの？　と考《かんが》え、抽象化《ちゅうしょうか》する。「貴重《きちょう》なものが／たくさんある場所《ばしょ》」という二《ふた》つの性質《せいしつ》を引《ひ》き出《だ》すことが大切《たいせつ》。②「じゅうたん」ってどういうもの？　と考《かんが》え、抽象化《ちゅうしょうか》する。「ふわふわしていて／平面的《へいめんてき》なもの」などの性質《せいしつ》が引《ひ》き出《だ》される。このうち、平面的《へいめんてき》であることに特《とく》に注目《ちゅうもく》したい。なお、「敷《し》き詰《つ》める」などの表現《ひょうげん》は比喩的《ひゆてき》であり、抽象化《ちゅうしょうか》し切《き》れていないため、不可《ふか》。③の答《こた》えとは逆《ぎゃく》の「重要《じゅうよう》・主要《しゅよう》なもの」をたとえると、「幹《みき》」あるいは「根《ね》」となる。要《よう》するに「根幹《こんかん》」だ。「枝《えだ》葉《は》」とセットで覚《おぼ》えておくとよい。なお、「細《こま》かな」もやや比喩的《ひゆてき》だが、許容範囲《きょようはんい》。絵《え》に描《か》きやすい表現《ひょうげん》かどうかが、そのあたりの判断基準《はんだんきじゅん》である。④「山《やま》あり谷《たに》あり」などの表現《ひょうげん》は、先《さき》の「敷《し》き詰《つ》める」と同様《どうよう》、比喩《ひゆ》が残《のこ》ってしまうため、不可《ふか》。

どの問《と》いも、採点《さいてん》の際《さい》は、解答例《かいとうれい》の中《なか》でも特《とく》に大切《たいせつ》な要素《ようそ》（――部《ぶ》）が答案《とうあん》に含《ふく》まれているかどうかを基準《きじゅん》にして、適宜《てきぎ》、減点《げんてん》する方式《ほうしき》で行《おこな》う。2も同様《どうよう》に行《おこな》う。

ちなみに、読解問題《どっかいもんだい》で最《もっと》も多《おお》いと言《い》っても過言《かごん》ではない設問《せつもん》が、「どういうことか」である。そして、筆者独自《ひっしゃどくじ》の比喩的表現《ひゆてきひょうげん》を抽象化《ちゅうしょうか》させる問題《もんだい》が、その大半《たいはん》だ。東京大学《とうきょうだいがく》の入試問題《にゅうしもんだい》（国語《こくご》の読解記述問題《どっかいきじゅつもんだい》）も、その多《おお》くがこの構《こう》造《ぞう》になっている。東大《とうだい》の場合《ばあい》はもちろん、ざっと読《よ》むだけでは「比喩《ひゆ》である」と意識《いしき》できない程度《ていど》の比喩《ひゆ》が多《おお》いが、その比喩《ひゆ》らしさに気《き》づけるかどうかが境界線《きょうかいせん》になる。それを抽象的《ちゅうしょうてき》に言《い》いかえていくことが求《もと》められているのだということに気《き》づければ、東大入試《とうだいにゅうし》といえども、怖《こわ》くない。

2　①「辛《から》い」って、どういうこと？　と考《かんが》える。ヒリヒリする、痛《いた》みを感《かん》じる、などの要素《ようそ》が出《で》てくれば、「心《こころ》が痛《いた》むような意見《いけん》」といったイメージが浮《う》かぶ。つまりは、

「批判《ひはん》」である。②「もっと他人《たにん》の意見《いけん》を聞《き》けよ」という本文《ほんぶん》の記述《きじゅつ》も参考《さんこう》にする。自分《じぶん》の意見《いけん》を曲《ま》げられない、という意味合《いみあ》いを、できるだけ絵《え》に描《か》きづらいような抽象《ちゅうしょう》的《てき》な言葉《ことば》で表現《ひょうげん》できていればよい。簡単《かんたん》に、「頑固《がんこ》だな」だけでもよい。③歌手《かしゅ》になったばかりの人《ひと》、などという答《こた》えはバツ。それでは「ひよこ」になってしまう。「卵《たまご》」は、まだ外《そと》に出《で》ていない状態《じょうたい》である。まだ準備中《じゅんびちゅう》なのである。

④「自分《じぶん》のことは棚《たな》に上《あ》げて」という表現《ひょうげん》に直接《ちょくせつ》は書《か》かれていない、「問題点《もんだいてん》」や「不都合《ふつごう》なこと」といったマイナス要素《ようそ》に気《き》づけるかどうかがポイント。⑤まず、「長《なが》い」という要素《ようそ》は不可欠《ふかけつ》。難《むずか》しいのは、どこまでプラスの意味《いみ》を含《ふく》めるかである。「息《いき》の長《なが》い」という言葉《ことば》の裏《うら》には、「最《さい》高《こう》の評価《ひょうか》を得《え》たわけではないが」、「それなりの評価《ひょうか》を得《え》ながら長《なが》く続《つづ》いている」というニュアンスが隠《かく》されている(このあたりに気《き》づける子《こ》はおそらく100人《にん》に一人《ひとり》くらいだろう)。そういうときは具体例《ぐたいれい》を考《かんが》える。たとえば、『火垂《ほた》るの墓《はか》』というアニメ映画《えいが》がある。これなどは妥当《だとう》な例《れい》だろう。ともあれ、政治家《せいじか》が好《この》みそうな「一定《いってい》の」などという便利《べんり》な抽象的表現《ちゅうしょうてきひょうげん》を、この機会《きかい》に覚《おぼ》えておくとよいだろう。

9 比喩《ひゆ》トレーニング③ 比喩《ひゆ》を元《もと》の意味《いみ》に戻《もど》す(2)

問題《もんだい》は
26・27ページ

1 (5点《てん》×2)×4

①イ・ウ ②ア・エ ③イ・カ ④イ・エ

2 20点《てん》×3

①この料理《りょうり》の個性《こせい》は、蒸《む》すことで生《う》まれた

②ようやく安心《あんしん》できる場所《ばしょ》に帰《かえ》ることができる日《ひ》がきた

③犯人《はんにん》が海辺《うみべ》にやって来《く》ると信《しん》じ、じっとそこを見《み》ていたという刑事《けいじ》の行動《こうどう》が、気《き》づかぬうちに犯人《はんにん》を見失《みうしな》うというような失敗《しっぱい》の要因《よういん》となった

〈その他《た》の解答例《かいとうれい》・解説《かいせつ》〉

1 ②ウの「計算《けいさん》」は比喩的《ひゆてき》であるため、解答《かいとう》にはならない。③この「走《はし》り」は、「先駆《さきが》け」の意味《いみ》である。「今《いま》は似《に》たようなものが多々《たた》あるけれども、それらがまだ少《すく》ない頃《ころ》に、いち早《はや》くスタートを切《き》ったもの」といった意味合《いみあ》いだ。オの「広《ひろ》がり」は、「始《はじ》まり」の後《あと》で起《お》こることであり、同《どう》等関係《とうかんけい》にはならない。④の比喩《ひゆ》はよく用《もち》いられるので覚《おぼ》

えてしまうこと。

2 24、25ページと同様《どうよう》、「〇〇って、どういうもの（こと）？」という問《と》いが突破口《とっぱこう》になる。「味《あじ》」ってどういうもの？「港《みなと》」ってどういうもの？「落《お》とし穴《あな》」ってどういうもの？と、考《かんが》えてみるわけである。

①「味《あじ》」のある絵《え》だねぇ、というような言《い》い方《かた》における「味《あじ》」の意味《いみ》と同《おな》じである。「個性《こせい》」以外《いがい》にも、「特徴《とくちょう》」、「面白《おもしろ》み」なども可《か》。ただし、あまりプラスの意味《いみ》を含《ふく》めすぎないようにしたい。「優《すぐ》れた点《てん》」、「芸術性《げいじゅつせい》」などとした場合《ばあい》は、5点《てん》マイナス。「味《あじ》」があるという表現《ひょうげん》は、そこまでプラスの意味《いみ》を持《も》っていない。

②単《たん》に「場所《ばしょ》」とせず、「拠点《きょてん》」などとしてもよい。拠点《きょてん》とは、活動《かつどう》の足場《あしば》となる重要《じゅうよう》な場所《ばしょ》のことである。たとえば、部室《ぶしつ》、教室《きょうしつ》、家《いえ》などだ。他校《たこう》との激《はげ》しい試合《しあい》を終《お》えて部室《ぶしつ》に帰《かえ》って来《き》た部員《ぶいん》は、「港《みなと》に帰《かえ》って来《き》た」という印象《いんしょう》を受《う》けるだろう。

③「落《お》とし穴《あな》」とは、気《き》づかぬうちに陥《おちい》ってしまう罠《わな》である。さらに言《い》いかえれば、気《き》づかぬうちに陥《おちい》る失敗《しっぱい》である。そしてこの問《と》いの場合《ばあい》、「じっと見《み》ていた」ことがその失敗《しっぱい》の要因《よういん》になったということだ。

いずれの問《と》いも、24、25ページと同様《どうよう》、——部《ぶ》の有無《うむ》を基準《きじゅん》として採点《さいてん》する。——部《ぶ》が明《あき》らかに間違《まちが》っている（表現《ひょうげん》されていない）場合《ばあい》、①、②は0点《てん》である。③は、「気《き》づかぬうちに」で10点《てん》、「失敗《しっぱい》」で5点《てん》、「要因《よういん》」で5点《てん》といったところだ。ただし、それらの要素《ようそ》が揃《そろ》っていたとしても、文《ぶん》として全体《ぜんたい》の意味《いみ》が通《つう》じづらい場合《ばあい》、適宜《てき ぎ》、減点《げんてん》する必要《ひつよう》があるだろう。

10 比喩《ひゆ》トレーニング④ 対比的比喩《たいひてきひゆ》／短文読解《たんぶんどっかい》

問題《もんだい》は28・29ページ

1 10点《てん》×6

①光《ひかり》と影《かげ》がある ②酸《す》いも甘《あま》いも噛《か》み分《わ》けた

③白黒《しろくろ》つける ④毒《どく》にも薬《くすり》にもならない

⑤ウサギとカメのような ⑥北風《きたかぜ》と太陽《たいよう》のような

2 〈問一《といいち》〉25点《てん》 〈問二《といに》〉15点《てん》

〈問一《といいち》〉複数《ふくすう》の人《ひと》の反応《はんのう》や態度《たいど》が、一見同《いっけんおな》じようでありながらも、実《じつ》は個人《こじん》によって微妙《びみょう》な違《ちが》いを持《も》っていたということ。 〈問二《といに》〉ウ

〈解説《かいせつ》〉

1 ウサギとカメ、北風《きたかぜ》と太陽《たいよう》などは、逆《ぎゃく》に抽象化《ちゅうしょうか》もできるようにしておきたい。本文《ほんぶん》を暗記《あんき》してノートに書《か》いてみる、といった学習《がくしゅう》をすると、この問題《もんだい》の価値《かち》はいっそう高《たか》まるだろう。

2 〈問一《といいち》〉まず、この問《と》いが抽象化《ちゅうしょうか》させる設問《せつもん》であるということに気《き》づかなければならない。そのための手順《てじゅん》は、次《つぎ》のとおり。

①「どういうことか」と問《と》うているから、「言《い》いかえる」問題《もんだい》である。

②問《と》われている――部《ぶ》は比喩《ひゆ》である。「いわば」の後《あと》にあることからも、それは明《あき》らか（「いわば」の後《あと》は、多《おお》くの場合比喩《ばあいひゆ》になる）。

③比喩《ひゆ》は〈具体《ぐたい》〉。それを言《い》いかえるのだから、抽象化《ちゅうしょうか》。

国語読解問題《こくごどっかいもんだい》の壁《かべ》を乗《の》り越《こ》えたければ、ここまでを条件《じょうけん》反射的《はんしゃてき》に察知《さっち》できるようにならなければならない。

誤答例《ごとうれい》としては、「不安《ふあん》そうな人《ひと》や、どちらでもよいという顔《かお》をしている人《ひと》、これでこそ勝《か》てると笑《わら》っている人《ひと》など、いろいろな人《ひと》がいたということ」。これは、「温度差《おんどさ》」の具体例《ぐたいれい》であり、抽象化《ちゅうしょうか》されていない。また、「いろいろな表情《ひょうじょう》をしている人《ひと》がいたということ」も不可《ふか》。温度差《おんどさ》は「表情《ひょうじょう》」の違《ちが》いではない。反応《はんのう》・態度《たいど》・関心《かんしん》・認識《にんしき》などの違《ちが》いである。採点基準《さいてんきじゅん》としては、「反応《はんのう》や態度《たいど》」で7点《てん》、「一見同じようでありながらも」で8点、「微妙《びみょう》な違《ちが》い」で10点《てん》といったところだろう。文意《ぶんい》が通《つう》じづらい場合《ばあい》は、適《てき》宜減点《ぎげんてん》。

〈問二《といに》〉まず、イは除外《じょがい》。これは比喩《ひゆ》ではない。実際《じっさい》の「温度《おんど》（気温《きおん》）」の差《さ》の話《はなし》をしている。アは、賛成《さんせい》と反対《はんたい》が明確《めいかく》に分《わ》かれているところがおかしい。「ポイント！」にも書《か》かれているように、強調《きょうちょう》しないと伝《つた》わらないほどの微《び》妙《みょう》な差《さ》であるときに、「温度差《おんどさ》があった」と表現《ひょうげん》する。アの内容《ないよう》は、〈問一《といいち》〉の答《こた》えの中《なか》の、「一見同《いっけんおな》じようでありながらも」という言葉《ことば》と食《く》い違《ちが》う。一方《いっぽう》、ウは、どちらの医《い》師《し》も同《おな》じ治療法《ちりょうほう》を採用《さいよう》するという方向性《ほうこうせい》は同《おな》じであるから、これが正解《せいかい》。

11 具体例《ぐたいれい》のバランスを考《かんが》える

問題《もんだい》は
30・31ページ

1 5点《てん》×2

①イ ②ア

2 10点《てん》×3（それぞれ完答《かんとう》）

①②③解説参照《かいせつさんしょう》

3 （囲《かこ》むもの5点《てん》＋具体例《ぐたいれい》5点《てん》）×3

①マルで囲《かこ》むもの……筆記用具《ひっきようぐ》

代《か》わりの具体例《ぐたいれい》……はさみ

②マルで囲《かこ》むもの……上着《うわぎ》

代《か》わりの具体例《ぐたいれい》……靴下《くつした》

③マルで囲《かこ》むもの……桃太郎《ももたろう》のようなキャラクター

代《か》わりの具体例《ぐたいれい》……優《やさ》しそうなキャラクター

4 ①10点《てん》 ②20点《てん》

①陸上《りくじょう》、水泳《すいえい》、球技《きゅうぎ》などだ。

②どちらかが謝《あやま》ることはもちろんだが、ほかの友達《ともだち》が二人《ふたり》の間《あいだ》に入《はい》って声《こえ》をかけてくれたり、一緒《いっしょ》に遊《あそ》んでいるうちにケンカのことを忘《わす》れてしまったり、といったことも、きっかけになるだろう。

〈その他《た》の解答例《かいとうれい》・解説《かいせつ》〉

2 ①朝《あさ》（午前五時《ごぜんごじ》・午前六時《ごぜんろくじ》）、昼《ひる》（午前一一時《ごぜんじゅういちじ》・午後《ごご》一時《いちじ》）、夜《よる》（午後九時《ごごくじ》・午後一〇時《ごごじゅうじ》）から、それぞれ一《ひと》つずつを選《えら》んでいればよい。朝《あさ》に偏《かたよ》ったり、夜《よる》に偏《かたよ》ったりしないよう、バランスを考《かんが》える。②バ行《ぎょう》（ブーブー・ビービー）、ガ行《ぎょう》（ガンガン・ゴンゴン）、パ行《ぎょう》（ポンポン・パンパン）から、それぞれ一《ひと》つずつ選《えら》んでいればよい。③アジア大陸《たいりく》（中国《ちゅうごく》・韓国《かんこく》）、ヨーロッパ大陸《たいりく》（フランス・イタリア・ドイツ）、アメリカ大陸《たいりく》（アメリカ）から、それぞれ一《ひと》つずつ選《えら》んでいればよい（アメリカは必須《ひっす》）。

3 ①筆記用具《ひっきようぐ》は、ほか二《ふた》つより抽象的《ちゅうしょうてき》なのでバランスが悪《わる》い（しかもボールペンを含《ふく》む表現《ひょうげん》）。代《か》わりには、書《か》く道具《どうぐ》（ボールペン）・貼《は》り付《つ》ける道具《どうぐ》（セロテープ）以外《いがい》の、切《き》る道具《どうぐ》（はさみ）などが適切《てきせつ》。②少《すこ》し迷《まよ》うかもしれないが、「絵《え》に描《か》きやすい（具体的《ぐたいてき》）・絵《え》に描《か》きづらい（抽象《ちゅうしょう》的《てき》）」という基準《きじゅん》で考《かんが》えれば、絵《え》に描《か》きづらい「上着《うわぎ》」が仲間《なかま》はずれであることにすぐ気《き》づける。③桃太郎《ももたろう》だけが固有名詞《こゆうめいし》であり、具体的《ぐたいてき》。

4　①よりよい答《こた》えは、「競走《きょうそう》・跳躍《ちょうやく》・投擲《とうてき》などの陸上競技《りくじょうきょうぎ》、競泳《きょうえい》・飛《と》び込《こ》み・シンクロナイズドスイミングなどの水泳競技《すいえいきょうぎ》、サッカー・バドミントン・卓球《たっきゅう》などの球技《きゅうぎ》」といった答《こた》えである。このような文《ぶん》の作《つく》り方《かた》は、32～35ページで学《まな》べるようになっている。

12　マトリョーシカ方式《ほうしき》を応用《おうよう》する①　図《ず》を文章《ぶんしょう》にする

問題《もんだい》は　32・33ページ

1　④の二《ふた》つ目《め》と四《よっ》つ目《め》のみ8点《てん》（④は左右《さゆう》入《い》れ替《か》え可《か》）
他《た》は空欄《くうらん》一《ひと》つにつき4点《てん》×21

①和風《わふう》のもの・けん玉《だま》・おはじき・だるま落《お》とし・和風《わふう》のおもちゃ

②暖房《だんぼう》・石油《せきゆ》ストーブ・ガスファンヒーター・暖炉《だんろ》・火《ひ》による暖房《だんぼう》

③リサイクルできるもの・新聞紙《しんぶんし》・雑誌《ざっし》・段《だん》ボール・古《こ》紙《し》・アルミ缶《かん》・スチール缶《かん》・金属《きんぞく》

④本《ほん》の読《よ》み方《かた》・質《しつ》を重視《じゅうし》し、授業《じゅぎょう》で一時間《いちじかん》に二《に》ページを読《よ》む・精読《せいどく》・量《りょう》を重視《じゅうし》し、図書館《としょかん》で一時間《いちじかん》に二冊《にさつ》を読《よ》む・多読《たどく》

13　マトリョーシカ方式《ほうしき》を応用《おうよう》する②　図《ず》と文章《ぶんしょう》を自作《じさく》する

問題《もんだい》は　34・35ページ

1　①・②……図《ず》が10点《てん》×2、文章《ぶんしょう》が10点《てん》×2
③・④……図《ず》が10点《てん》×2、文章《ぶんしょう》が20点《てん》×2

①図《ず》……（上《うえ》から順《じゅん》に）空《そら》を飛《と》ぶ生《い》き物《もの》／昆虫類《こんちゅうるい》／
チョウ・トンボ・ハチ

空《そら》を飛《と》ぶ生《い》き物《もの》はいろいろいる。たとえば、チョウ、トンボ、ハチなどの昆虫類《こんちゅうるい》だ。

②図《ず》……（上《うえ》から順《じゅん》に）調理方法《ちょうりほうほう》／火《ひ》を用《もち》いる調理方法《ちょうりほうほう》／
焼《や》く・炒《いた》める・煮《に》る・蒸《む》す

調理方法《ちょうりほうほう》にもいろいろある。たとえば、焼《や》く、炒《いた》める、煮《に》る、蒸《む》すなどといった、火《ひ》を用《もち》いる調理方法《ちょうりほうほう》だ。

③図《ず》……（最上段《さいじょうだん》）体育《たいいく》の授業《じゅぎょう》で習《なら》う運動《うんどう》
（左上段《ひだりじょうだん》）体育館《たいいくかん》で行《おこな》う運動《うんどう》
（左下段《ひだりげだん》）跳《と》び箱《ばこ》・マット運動《うんどう》・バスケットボール
（右上段《みぎじょうだん》）校庭《こうてい》で行《おこな》う運動《うんどう》

（右下段《みぎげだん》）走《はし》り幅跳《はばと》び・リレー・サッカー

体育《たいいく》の授業《じゅぎょう》で習《なら》う運動《うんどう》にはいろいろある。

たとえば、跳《と》び箱《ばこ》、マット運動《うんどう》、バスケットボールなどのような、体育館《たいいくかん》で行《おこな》う運動《うんどう》だ。

また、走《はし》り幅跳《はばと》び、リレー、サッカーなどのような、校庭《こうてい》で行《おこな》う運動《うんどう》だ。

④図《ず》……（最上段《さいじょうだん》）変化《へんか》を表《あらわ》す言葉《ことば》
（左上段《ひだりじょうだん》）「増《ふ》える」意味《いみ》を持《も》つ言葉《ことば》
（左下段《ひだりげだん》）増量《ぞうりょう》、増加《ぞうか》、急増《きゅうぞう》
（右上段《みぎじょうだん》）「減《へ》る」意味《いみ》を持《も》つ言葉《ことば》
（右下段《みぎげだん》）減量《げんりょう》、減少《げんしょう》、急減《きゅうげん》

変化《へんか》を表《あらわ》す言葉《ことば》にもいろいろある。

たとえば、増量《ぞうりょう》、増加《ぞうか》、急増《きゅうぞう》などといった、「増《ふ》える」意味《いみ》を持《も》つ言葉《ことば》だ。

逆《ぎゃく》に、減量《げんりょう》、減少《げんしょう》、急減《きゅうげん》などといった、「減《へ》る」意味《いみ》を持《も》つ言葉《ことば》だ。

〈解説《かいせつ》〉

特《とく》によくある間違《まちが》いは、同等関係《どうとうかんけい》が成立《せいりつ》していない図《ず》になるということだ。たとえば、③の場合《ばあい》、最上段《さいじょうだん》に「体育《たいいく》の授業《じゅぎょう》で習《なら》う運動《うんどう》」と書《か》いているにもかかわらず、左上段《ひだりじょうだん》には「体育館《たいいくかん》」、右上段《みぎじょうだん》には「校庭《こうてい》」などと書《か》いてしまうパターンである。あくまでも、「運動《うんどう》」の分類《ぶんるい》なのだから、「体育館《たいいくかん》」ではなく、「体育館《たいいくかん》で行《おこな》う運動《うんどう》」と書《か》かなければならない。こういったミスについては、一《いっ》か所《しょ》につき3点《てん》マイナス。

14 マトリョーシカ方式《ほうしき》を応用《おうよう》する③ 文章《ぶんしょう》を図《ず》にする

問題《もんだい》は36・37ページ

1 空欄《くうらん》一《ひと》つにつき3点《てん》×33（全問正解《ぜんもんせいかい》でプラス1点《てん》）

左端《ひだりはし》（上《うえ》から順《じゅん》に）……視覚《しかく》・味覚《みかく》・触覚《しょっかく》
一段目《いちだんめ》……目《め》・光《ひかり》・形《かたち》・明《あか》るさ・位置《いち》
二段目《にだんめ》……耳《みみ》・音《おと》・位置《いち》・動《うご》き・距離《きょり》・声《こえ》
三段目《さんだんめ》……鼻《はな》・におい（物質《ぶっしつ》）・食《た》べ物《もの》・異性《いせい》・有害物《ゆうがいぶつ》
四段目《よんだんめ》……舌《した》・甘《あま》さ・酸《す》っぱさ・苦《にが》さ・塩辛《しおから》さ※・味《あじ》
五段目《ごだんめ》……体《からだ》の表面《ひょうめん》・触《ふ》れる・熱《あつ》さ・冷《つめ》たさ・硬《かた》さ・軟《やわ》らかさ・重《おも》さ・軽《かる》さ

※「しょっぱさ」も可《か》

15 マトリョーシカ方式《ほうしき》を応用《おうよう》する④
読解《どっかい》問題《もんだい》に活用《かつよう》する

問題《もんだい》は
38・39ページ

1

①5点《てん》×4　②〜⑦空欄《くうらん》一《いっ》か所《しょ》につき6点《てん》×13
（⑦が全部《ぜんぶ》できていればボーナス2点《てん》）

①（ア）全学年共通《ぜんがくねんきょうつう》で行《おこな》われる授業《じゅぎょう》
（イ）一《いち》、二年生《にねんせい》のみで行《おこな》われる授業《じゅぎょう》
（ウ）三《さん》〜六年生《ろくねんせい》のみで行《おこな》われる授業《じゅぎょう》
（エ）五《ご》、六年生《ろくねんせい》のみで行《おこな》われる授業《じゅぎょう》

②全学年共通《ぜんがくねんきょうつう》で行《おこな》われる授業《じゅぎょう》（の例《れい》）
小学校《しょうがっこう》の授業《じゅぎょう》（の例《れい》）

③一《いち》、二年生《にねんせい》のみで行《おこな》われる授業《じゅぎょう》（の例《れい》）
小学校《しょうがっこう》の授業《じゅぎょう》（の例《れい》）

④三《さん》〜六年生《ろくねんせい》のみで行《おこな》われる授業《じゅぎょう》（の例《れい》）
小学校《しょうがっこう》の授業《じゅぎょう》（の例《れい》）

⑤五《ご》、六年生《ろくねんせい》のみで行《おこな》われる授業《じゅぎょう》（の例《れい》）
小学校《しょうがっこう》の授業《じゅぎょう》（の例《れい》）

⑥（特別活動《とくべつかつどう》の中《なか》で、）学年《がくねん》が限定《げんてい》されるもの（の例《れい》）

⑦（特別活動《とくべつかつどう》の中《なか》で、）学年《がくねん》の指定《してい》がないもの（の例《れい》）
特別活動《とくべつかつどう》（の例《れい》）
全学年共通《ぜんがくねんきょうつう》で行《おこな》われる授業《じゅぎょう》（の例《れい》）
小学校《しょうがっこう》の授業《じゅぎょう》（の例《れい》）

〈その他《た》の解答例《かいとうれい》・解説《かいせつ》〉

⑦の一《ひと》つ目《め》（C）は、「学年《がくねん》が限定《げんてい》されないもの」でも可《か》。

なお、「ポイント！」の図《ず》の内容《ないよう》は、次《つぎ》のようになる（この図《ず》はあくまでも考《かんが》え方《かた》のサポートのためにあるので、書《か》いていなくてもよい）。

1……国語《こくご》、算数《さんすう》、体育《たいいく》、音楽《おんがく》、図工《ずこう》、道徳《どうとく》
2……学活《がっかつ》
3……クラブ活動《かつどう》・委員会活動《いいんかいかつどう》
4……生活《せいかつ》（生活科《せいかつか》）
5……理科《りか》、社会《しゃかい》、総合学習《そうごうがくしゅう》（総合的《そうごうてき》な学習《がくしゅう》の時間《じかん》）
6……家庭《かてい》（家庭科《かていか》）及《およ》び外国語活動《がいこくごかつどう》

16 抽象度《ちゅうしょうど》を変《か》えずに言《い》いかえる

問題《もんだい》は
40・41ページ

1 ①4点《てん》×2　②5点《てん》×3

①家《いえ》に着《つ》いた（タクシー。）／タクシーが着《つ》いた（家《いえ》。）

②テレビを見《み》ながら涙《なみだ》を流《なが》していた（妹《いもうと》。）
涙《なみだ》を流《なが》しながら妹《いもうと》が見《み》ていた（テレビ。）
テレビを見《み》ながら妹《いもうと》が流《なが》していた（涙《なみだ》。）

2 15点《てん》×3

①寒《さむ》がりの私《わたし》のために母《はは》が買《か》ってきてくれた毛糸《けいと》の帽子《ぼうし》を、スキー場《じょう》に忘《わす》れてきてしまったのだ　②第三試合《だいさんしあい》に勝《か》った頃《ころ》になってようやくヨウジが覚《おぼ》えた安心感《あんしんかん》は、どこかへ消《き》えてしまった　③油《あぶら》をひいておいたフライパンに割《わ》り入《い》れた生卵《なまたまご》を、手早《てばや》くかき混《ま》ぜます

3 8点《てん》×4

①終了《しゅうりょう》の伝達《でんたつ》　②不明点《ふめいてん》の有無《うむ》　③未知《みち》の重視《じゅうし》
④目的《もくてき》の確認《かくにん》は不可欠《ふかけつ》（だろう）

〈その他《た》の解答例《かいとうれい》・解説《かいせつ》〉

1 ②の二《ふた》つ目《め》は、「妹《いもうと》が涙《なみだ》を流《なが》しながら見《み》ていた」も可《か》。

2 ②「準決勝《じゅんけっしょう》の時刻《じこく》が目前《もくぜん》に迫《せま》ってくると」の部分《ぶぶん》を入《い》れてはいけない（入《い》れた場合《ばあい》は10点《てん》マイナス）。「迫《せま》ってくると」という言葉《ことば》は、「気持《きも》ち」の修飾語《しゅうしょくご》ではない（「消《き》えてしまった」の修飾語《しゅうしょくご》である）。

3 ①～③は、前半《ぜんはん》・後半《こうはん》それぞれを4点《てん》で計算《けいさん》。④は、「目的《もくてき》」と「不可欠《ふかけつ》」が3点《てん》、「確認《かくにん》」が2点《てん》。②「不明《ふめい》点《てん》」を「疑問点《ぎもんてん》」や「質問《しつもん》」などにした場合《ばあい》、2点《てん》マイナス。「疑問《ぎもん》」という言葉《ことば》には、「それはおかしいのではないか」といった批判的《ひはんてき》なニュアンスがあり、単《たん》なる「分《わ》からない」よりも意味《いみ》を限定《げんてい》してしまっている。「質問《しつもん》」は、誰《だれ》か相手《あいて》がいることを想定《そうてい》しており、場面《ばめん》が限定《げんてい》されてしまっている。③「重視《じゅうし》」の「視《し》」は、「見《み》る」ということであり、それは「考《かんが》える」ということと同様《どうよう》の意味《いみ》を持《も》つ（「見方《みかた》」と「考《かんが》え方《かた》」は同様《どうよう》の意味《いみ》だ）。

17 一文《いちぶん》を短《みじか》くする　抽象化《ちゅうしょうか》（要約《ようやく》）する

問題《もんだい》は 42・43ページ

1 ①・②……20点《てん》×2
（完答《かんとう》／図《ず》と文《ぶん》が全《すべ》てできて正解《せいかい》）
③・④……30点《てん》×2
（図《ず》の空欄《くうらん》一《ひと》つをミスするごとに5点《てん》マイナス〈文《ぶん》

の減点分《げんてんぶん》も含《ふく》む〉、全部《ぜんぶ》ミスなら0点《てん》）

①図《ず》　1（述語《じゅつご》）残《のこ》るだろう　2（何《なに》が？）初日《はつひ》の出《で》は
2（どこに？）心《こころ》に
初《はつ》日《ひ》の出《で》は、心《こころ》に残《のこ》るだろう。（14字《じ》）

②図《ず》　1（述語《じゅつご》）セットしている　2（誰《だれ》が？）私《わたし》は
2（何《なに》を？）目《め》覚《ざ》まし時計《どけい》を
2（どのくらい？）五《いつ》つ
私《わたし》は、目《め》覚《ざ》まし時計《どけい》を五《いつ》つセットしている。（20字《じ》）

③図《ず》（二重囲《にじゅうがこ》み）持《も》っている
Aタロウ君《くん》は　B勇気《ゆうき》を　C私《わたし》よりも　Dずっと
タロウ君《くん》は、私《わたし》よりもずっと勇気《ゆうき》を持《も》っている。（22字《じ》）

④図《ず》（二重囲《にじゅうがこ》み）宿題《しゅくだい》である
A落《お》とすのは　B大量《たいりょう》の　C気分《きぶん》に
D影《かげ》を　E夏《なつ》らしい
夏《なつ》らしい気分《きぶん》に影《かげ》を落《お》とすのは、大量《たいりょう》の宿題《しゅくだい》である。（24字《じ》）

〈解説《かいせつ》〉
読点《とうてん》（、）は、文《ぶん》が短《みじか》くなる場合《ばあい》や、なくても意味《いみ》が変《か》わらない場合《ばあい》には、カットしてもかまわない。①〜③の要《よう》約文《やくぶん》では、読点《とうてん》をカットしてもよい。ただし、④程度《ていど》の長《なが》さになると、読点《とうてん》があったほうが読《よ》みやすい。

なお、「ふくしま式《しき》」シリーズの第一弾《だいいちだん》である『ふくしま式《しき》「本当《ほんとう》の国語力《こくごりょく》」が身《み》につく問題集《もんだいしゅう》〈小学生版《しょうがくせいばん》〉』（大《だい》和《わ》出版《しゅっぱん》）では、一文要約《いちぶんようやく》の方法《ほうほう》として、主語《しゅご》・述語《じゅつご》（主《しゅ》部《ぶ》・述部《じゅつぶ》）をつなげる方法《ほうほう》を採《と》っている。これは、この本《ほん》の48ページで紹介《しょうかい》している「学校文法《がっこうぶんぽう》」に寄《よ》り添《そ》った考《かんが》え方《かた》である。一方《いっぽう》、この本《ほん》は、「学校文法《がっこうぶんぽう》」と「日本語文法《にほんごぶんぽう》」のどちらでも説明《せつめい》できるようにするため、「主語《しゅご》」という概念《がいねん》を強調《きょうちょう》しないように作《つく》られている。

18 複数《ふくすう》の文《ぶん》を合成《ごうせい》する

問題《もんだい》は
44・45ページ

1（15点《てん》×2）×2

①〈1を中心《ちゅうしん》に〉↓急《きゅう》に雨《あめ》が降《ふ》ってきたため、今《いま》にも破《やぶ》れそうな薄《うす》いビニール傘《がさ》を駅《えき》で買《か》った。〈2を中心《ちゅうしん》に〉↓急《きゅう》に雨《あめ》が降《ふ》ってきたために駅《えき》で買《か》った傘《かさ》は、今《いま》にも破《やぶ》れそうな薄《うす》いビニール傘《がさ》だった。

②〈1を中心《ちゅうしん》に〉↓窓《まど》から見《み》える、木々《きぎ》の緑《みどり》と青空《あおぞら》がマッチした景色《けしき》が、心《こころ》を和《なご》ませてくれた。〈2を中心《ちゅうしん》に〉↓窓《まど》から見《み》える、心《こころ》を和《なご》ませてくれた景色《けしき》は、木々《きぎ》の緑《みどり》と青《あお》空《ぞら》がマッチした景色《けしき》だった。

2 20点《てん》×2

①相手《あいて》のために尽《つ》くすものであるボランティアは、いつの間《ま》にか私達《わたしたち》をすがすがしい気持《きも》ちにさせてくれる。(48字《じ》)

②フェアプレー精神《せいしん》で臨《のぞ》むべきスポーツにおいては、試合《しあい》が終《お》われば互《たが》いの健闘《けんとう》を称《たた》え合《あ》うようにしたい。(47字《じ》)

〈解説《かいせつ》〉

2 ①「自分《じぶん》のためというより」を残《のこ》すか、「いつの間《ま》にか」を残《のこ》すかで迷《まよ》うかもしれないが、「させてくれる」という述語《じゅつご》に直接《ちょくせつ》つながっているのは「いつの間《ま》にか」のほうだから、こちらを残《のこ》すのが原則《げんそく》。

②「ルールを守《まも》り相手《あいて》を尊重《そんちょう》するような」、及《およ》び、「たとえ大敗《たいはい》しても、あるいは逆《ぎゃく》に相手《あいて》をとことん打《う》ち負《ま》かしたとしても」の部分《ぶぶん》が、具体的《ぐたいてき》な肉《にく》づけ部分《ぶぶん》である。これらをカットして合成《ごうせい》する。

19 一文《いちぶん》を長《なが》くする　具体化《ぐたいか》する

問題《もんだい》は
46・47ページ

1 10点《てん》×4

①ふと屋根《やね》を見上《みあ》げたちょうどそのとき、そのてっぺんから猫《ねこ》が跳《と》んだ。②どこからかはよく分《わ》からないが、コツコツと軽《かる》くノックするような音《おと》が聞《き》こえてくる。③以前《いぜん》おなかを壊《こわ》した経験《けいけん》があるので、私《わたし》は、日本《にほん》に売《う》っていないような変《か》わった種類《しゅるい》の果物《くだもの》は食《た》べない。④悩《なや》んでいる私《わたし》の心《こころ》をせかすような速《はや》さで、雲《くも》が次々《つぎつぎ》と流《なが》れていく。

2 30点《てん》×2

①定評《ていひょう》ある獣医《じゅうい》でさえあきらめた僕《ぼく》の犬《いぬ》の病気《びょうき》を、かなりの確率《かくりつ》で治《なお》せる方法《ほうほう》があるらしい。ただ、その方法《ほうほう》には相当《そうとう》なお金《かね》がかかるという話《はなし》を聞《き》き、僕《ぼく》は迷《まよ》った。

②彼《かれ》は、大急《おおいそ》ぎでタクシーを呼《よ》び止《と》め、海岸沿《かいがんぞ》いの倉庫《そうこ》へと走《はし》らせた。秘密《ひみつ》をばらしたために誘拐《ゆうかい》されたという姉《あね》を助《たす》けるためだ。辛《つら》い思《おも》いをしながらも自分《じぶん》を信《しん》じて待《ま》っているであろう姉《あね》の不安《ふあん》げな顔《かお》が、彼《かれ》の目《め》にはっきりと浮《う》かんだ。

〈解説《かいせつ》〉

いずれの課題《かだい》でも、「が」と「は」をできるだけ入《い》れ替《か》えずに書《か》いてみてほしい。ただし、文《ぶん》の前後関係《ぜんごかんけい》から見《み》てやむを得《え》ない場合《ばあい》は、入《い》れ替《か》えてもよい。

「～が」の場合《ばあい》は、「～が」と述語《じゅつご》を近《ちか》づけたほうがよい。遠《とお》くなってしまう場合《ばあい》は、「～が」の後《あと》に読点《とうてん》（、）を入《い》れる必要《ひつよう》がある。

一方《いっぽう》、「～は」の場合《ばあい》は、「～は」と述語《じゅつご》を遠《とお》ざけてもよい（「～は」の後《あと》に長《なが》めの説明《せつめい》が入《はい》るなどしてもよい、ということ）。この場合《ばあい》も、「～は」の後《あと》には原則《げんそく》として読点《とうてん》（、）が必要《ひつよう》だ。

なお、採点《さいてん》の際《さい》は、指定《してい》された言葉《ことば》が文《ぶん》の骨組《ほねぐ》みとして問題《もんだい》なく機能《きのう》していれば、満点《まんてん》でよい。ただし、読点《とうてん》の使《つか》い方《かた》がおかしい（足《た》りない・多《おお》い）、修飾語《しゅうしょくご》と被修飾語《ひしゅうしょくご》が噛《か》み合《あ》っていない、などといった点《てん》が一《ひと》つ見《み》つかるごとに、3点《てん》マイナス。また、文《ぶん》が短《みじか》すぎて肉《にく》づけできていない場《ば》合《あい》は、それぞれ得点《とくてん》を半減《はんげん》。

パート Ⅱ 「くらべる力《ちから》」

―対比関係整理力《たいひかんけいせいりりょく》― を高《たか》めるトレーニング

1 対比型短作文《たいひがたたんさくぶん》① 「それに対《たい》して」「しかし」「一方《いっぽう》」「は」

問題《もんだい》は50・51ページ

1 4点《てん》×3

①明《あか》るい ②暑《あつ》い ③広《ひろ》く

2 ①～③5点《てん》×3 ④7点《てん》

①長《なが》くはない ②透明《とうめい》ではない ③寒《さむ》くはない ④熱《あつ》くはなくなる

3 6点《てん》×5（それぞれ完答《かんとう》）

（いずれも上《うえ》から順《じゅん》に）①強《つよ》くはない・弱《よわ》い ②古《ふる》い・古《ふる》くない・新《あたら》しい ③重《おも》い・重《おも》くはない・重《おも》くない ④難《むずか》し

くはない・難《むずか》しくない・易《やさ》しい　⑤（例《れい》）速《はや》い・速《はや》くはない・速《はや》くない・遅《おそ》い

4　（6点《てん》×2）×3

①嫌《きら》いだ・好《す》きで（は）ない　②信《しん》じている・疑《うたが》って（は）いない　③できる・できないわけで（は）ない

〈その他《た》の解答例《かいとうれい》・解説《かいせつ》〉

2　④「熱《あつ》くはない」は不可《ふか》。「（一五《じゅうご》分《ふん》もすると）熱《あつ》くはなくなる」という「変化《へんか》」を表現《ひょうげん》すべき。

4　③「できないわけではない」は、「できなくはない」も可《か》。

2　対比型短作文《たいひがたたんさくぶん》②
後半《こうはん》だけ書《か》く・全部《ぜんぶ》を書《か》く

問題《もんだい》は
52・53ページ

1　8点《てん》×5

①国語《こくご》のノートは縦書《たてが》きである　②先月《せんげつ》は授業《じゅぎょう》を欠席《けっせき》した　③電車《でんしゃ》は時刻通《じこくどお》りに来《く》ることが多《おお》い　④冬《ふゆ》は、身につけているものが多《おお》い　⑤うどんは和風《わふう》の麺類《めんるい》だ

2　10点《てん》×6

①二《に》リットルのペットボトルは大《おお》きい。
それに対《たい》して、五〇〇《ごひゃく》ミリリットルのペットボトルは小《ちい》さい。

②練習量《れんしゅうりょう》の多《おお》いチームは強《つよ》い。
一方《いっぽう》、練習量《れんしゅうりょう》の少《すく》ないチームは弱《よわ》い。

③一万円札《いちまんえんさつ》を拾《ひろ》ったというのはうそだ。
でも、一〇〇円玉《ひゃくえんだま》を拾《ひろ》ったというのは本当《ほんとう》だ。

④退院《たいいん》できれば、自由《じゆう》になる。
しかし、退院《たいいん》できなければ、不自由《ふじゆう》なままだ。

⑤一〇回中八回《じっかいちゅうはっかい》以上《いじょう》なら成功《せいこう》と言《い》ってよいだろう。
だが、一〇回中八回《じっかいちゅうはっかい》未満《みまん》なら失敗《しっぱい》と言《い》うしかない。

⑥私《わたし》が忘《わす》れ物《もの》をするというのは、普通《ふつう》だ。
でも、あの子《こ》が忘《わす》れ物《もの》をするというのは、特別《とくべつ》だ。

〈解説《かいせつ》〉

2　52ページ上段《じょうだん》の〈書《か》き方《かた》のルール〉を守《まも》っているかどうかが、採点基準《さいてんきじゅん》となる。特《とく》に「バランス」が大切《たいせつ》だ。たとえば、⑤の解答例《かいとうれい》を、「一〇回中八回《じっかいちゅうはっかい》以上《いじょう》なら成功《せいこう》と言《い》ってよいだろう。だが、一〇回中八回《じっかいちゅうはっかい》未満《みまん》なら、実力《じつりょく》がな

かったということだから、失敗《しっぱい》と言《い》うしかない」と書《か》いたとする。この場合《ばあい》、後半《こうはん》にだけ「理由《りゆう》」が入《はい》っている。バランスが悪《わる》い。こういう文章《ぶんしょう》になってしまった場合《ばあい》は、5点《てん》マイナス。

3 対比型短作文《たいひがたたんさくぶん》③ 「〜と同時《どうじ》に」「〜ながら」

問題《もんだい》は
54・55ページ

1 8点《てん》×5（④・⑤は完答《かんとう》）

①書《か》いている　②動《うご》いている　③分《わ》かりにくい
④自然《しぜん》・人工《じんこう》　⑤信《しん》じている・疑《うたが》っている

2 15点《てん》×4

①あの人《ひと》は、声《こえ》を出《だ》して笑《わら》いながら、同時《どうじ》に涙《なみだ》を流《なが》していた。

②去年《きょねん》の自分《じぶん》と今年《ことし》の自分《じぶん》は、同《おな》じ自分《じぶん》でありながら、違《ちが》う自分《じぶん》でもある。一年《いちねん》の間《あいだ》に、私《わたし》は確《たし》かに、成長《せいちょう》したのだ。

③子《こ》どもを育《そだ》てながら、同時《どうじ》に子《こ》どもに育《そだ》てられるのが、親《おや》というものである。

④私達《わたしたち》は、何《なに》かを選《えら》び取《と》ると同時《どうじ》に、何《なに》かを捨《す》てている。

たとえば、Aという場所《ばしょ》に出《で》かけることにした場合《ばあい》、Bという場所《ばしょ》に出《で》かける機会《きかい》を、必然的《ひつぜんてき》に失《うしな》うことになる。

〈その他《た》の解答例《かいとうれい》・解説《かいせつ》〉

1 ③「分《わ》かりづらい」も可《か》。⑤「信《しん》じている」は「信《しん》じる」でも可《か》。

2 「マンガを読《よ》みながらコーヒーを飲《の》んだ」などは、相反《あいはん》することがらを対比的《たいひてき》につないでいるとは言《い》えないので、不可《ふか》（0点《てん》）。相反《あいはん》する内容《ないよう》がつなげられており、文意《ぶんい》が通《つう》じるならば、原則《げんそく》として満点《まんてん》（15点《てん》）でよい。なお、理由《りゆう》や具体例《ぐたいれい》を説明《せつめい》した文《ぶん》（②・④の例《れい》の二文目《にぶんめ》のような文《ぶん》）は、なくても減点対象《げんてんたいしょう》にはならないが、あったほうが分《わ》かりやすい。

4 重要度《じゅうようど》の高《たか》い反対語《はんたいご》を整理《せいり》する

問題《もんだい》は
56・57ページ

1 4点《てん》×24（全問正解《ぜんもんせいかい》でボーナス4点《てん》）

①イ…特別《とくべつ》　ウ…一般《いっぱん》　オ…抽象《ちゅうしょう》　カ…具体《ぐたい》

②イ…デメリット　ウ…利点《りてん》　カ…短所《たんしょ》　キ…プラス
ク…マイナス　ケ…有益《ゆうえき》
③ア…アウトプット　エ…ネガティブ　オ…形式《けいしき》
カ…内容《ないよう》　キ…肉体《にくたい》　ク…精神《せいしん》　ケ…物質《ぶっしつ》　コ…精神《せいしん》
④ア…主観《しゅかん》　イ…客観《きゃっかん》　ウ…積極《せっきょく》　エ…消極《しょうきょく》
オ…私《し》　カ…公《こう》

5 対比型短文読解《たいひがたたんぶんどっかい》 骨組《ほねぐ》みを引《ひ》き出《だ》す①

問題《もんだい》は58・59ページ

1 10点《てん》×3（それぞれ完答《かんとう》）
①後《うし》ろ向《む》き（な人《ひと》）・前向《まえむ》き（な人《ひと》）
②同《おな》じである・違《ちが》っている
③安全《あんぜん》（な環境《かんきょう》）・危険《きけん》（な環境《かんきょう》）

2 〈問一《といいち》〉20点《てん》（順不同《じゅんふどう》・完答《かんとう》）〈問二《といに》〉15点《てん》
〈問一《といいち》〉自動《じどう》・手動《しゅどう》　〈問二《といに》〉手動《しゅどう》

3 〈問一《といいち》〉20点《てん》（順不同《じゅんふどう》・完答《かんとう》）〈問二《といに》〉15点《てん》
〈問一《といいち》〉自分《じぶん》・他者《たしゃ》　〈問二《といに》〉他者《たしゃ》

〈その他《た》の解答例《かいとうれい》・解説《かいせつ》〉

1 59ページ「ポイント！」の答《こた》えは、「ここでは抽象的《ちゅうしょうてき》な骨組《ほねぐ》みを求《もと》められているのに、『エアコンの風《かぜ》』や『窓《まど》からの風《かぜ》』といった具体例《ぐたいれい》を答《こた》えるのは不適切《ふてきせつ》だから」である。同様《どうよう》に、たとえば③も、「助《たす》けてくれる・助《たす》けが得《え》られない」という内容《ないよう》を骨組《ほねぐ》みにするのは不適切《ふてきせつ》。〈具体《ぐたい》〉なのか〈抽象《ちゅうしょう》〉なのかに気《き》づくためのひとつの手立《てだ》ては、「ような」という言葉《ことば》だ。「エアコンや扇風機《せんぷうき》で作《つく》ったような人工《じんこう》の風《かぜ》」、「いつでも助《たす》けてくれるような安全《あんぜん》な環境《かんきょう》」といった表現《ひょうげん》に注目《ちゅうもく》する。「AのようなB」と表現《ひょうげん》するとき、多《おお》くの場合《ばあい》、BにはA以外《いがい》の要素《ようそ》も含《ふく》まれると考《かんが》えてよい。そのとき、AとBの間《あいだ》には、具体《ぐたい》と抽象《ちゅうしょう》の関係《かんけい》が成《な》り立《た》つ。

3 〈問一《といいち》〉を「絶対《ぜったい》・相対《そうたい》」とし、〈問二《といに》〉を「相対《そうたい》」とする別解《べっかい》も成《な》り立《た》つ。「絶対的《ぜったいてき》な正《ただ》しさではなく相対的《そうたいてき》な正《ただ》しさを求《もと》めよう」というメッセージを読《よ》み取《と》ることが可能《かのう》だからである。「相対的《そうたいてき》」とは、何《なに》かとくらべたときに初《はじ》めて成立《せいりつ》する様子《ようす》を意味《いみ》する。本文《ほんぶん》は、自分《じぶん》の考《かんが》えと他者《たしゃ》の考《かんが》えをくらべることを重視《じゅうし》した文章《ぶんしょう》であるから、この別解《べっかい》は正《ただ》しい。かつ、ハイレベルである。「絶対《ぜったい》・相対《そうたい》」を答《こた》えにした場合《ばあい》は、ボーナス点《てん》を10点《てん》つけてよい。

6 対比型作文《たいひがたさくぶん》 骨組《ほねぐ》みを意識《いしき》して書《か》く

問題《もんだい》は60・61ページ

1 20点《てん》×5

①集中《しゅうちゅう》できない、気持《きも》ちが落《お》ち着《つ》かない、などというように心《こころ》をコントロールできないときは、それよりもまず、ちょっと体操《たいそう》する、ちょっと外《そと》に出《で》てランニングをしてくる、などというように体《からだ》をコントロールするようにしてみるとよい。体《からだ》を動《うご》かせば、心《こころ》も動《うご》く。

②リーダーになって人《ひと》の上《うえ》に立《た》つためには、最初《さいしょ》から人《ひと》の上《うえ》に立《た》とうとするよりもまず、人《ひと》の下《した》に立《た》つ経験《けいけん》を積《つ》んだほうがよい。上《うえ》に立《た》ったとき、下積《したづ》みの経験《けいけん》が生《い》きてくる。

③インターネットによって人々《ひとびと》がいつでもつながっている状態《じょうたい》がいかに価値《かち》の高《たか》いことかを知《し》るためには、平常時《へいじょうじ》のようなつながっている状態《じょうたい》を体験《たいけん》するのではなく、むしろ、災害時《さいがいじ》などのような切《き》れている状態《じょうたい》を体験《たいけん》することのほうが大切《たいせつ》だろう。メールが送《おく》れないだけでどれだけ困《こま》るかが分《わ》かれば、その価値《かち》にも気《き》づくはずだ。

④毎日肉《まいにちにく》ばかりを食《た》べているようなバランスの悪《わる》い食事《しょくじ》ではなく、肉《にく》も食《た》べれば野菜《やさい》も食《た》べるというようなバランスの良《よ》い食事《しょくじ》をするよう、心《こころ》がけたいものだ。

⑤とにかく急《いそ》いで暗算《あんざん》で計算《けいさん》するような、不正確《ふせいかく》でも速《はや》い方法《ほうほう》と、安全確実《あんぜんかくじつ》な筆算《ひっさん》によってじっくり計算《けいさん》するような、遅《おそ》くても正確《せいかく》な方法《ほうほう》とをくらべると、やはりまず後者《こうしゃ》を重《じゅう》視《し》すべきであろう。

〈解説《かいせつ》〉

解答例文中《かいとうれいぶんちゅう》の——や囲《かこ》みのマークは、解答《かいとう》として必要《ひつよう》というわけではないが、マークをつけておくほうが文章《ぶんしょう》をより分《わ》かりやすく整理《せいり》できる。

さて、61ページの「ポイント！」にある図《ず》を見《み》てほしい。まず、この図《ず》のAとBに、対比表現《たいひひょうげん》を入《い》れる。①ならば、「心《こころ》より体《からだ》」あるいは「体《からだ》より心《こころ》」。そして、この「骨組《ほねぐ》み」に、ア〜エの「肉《にく》」をつけていく。この手順《てじゅん》を踏《ふ》めば、曲《ま》がりなりにも、対比《たいひ》の骨組《ほねぐ》みを持《も》った文章《ぶんしょう》を書《か》くことができるはずだ。

②の例《れい》には具体例《ぐたいれい》らしい具体例《ぐたいれい》がないが、意味《いみ》が通《つう》じるならば、こういった書《か》き方《かた》でもかまわない。また、⑤の例《れい》のような書《か》き方《かた》でも十分対比的《じゅうぶんたいひてき》である。「ではなく」や「よ

りも」が必《かなら》ず真《ま》ん中《なか》になければならないわけではない。

採点《さいてん》の際《さい》は、「対比《たいひ》の骨組《ほねぐ》みが明確《めいかく》であること」、及《およ》び、「対比《たいひ》されているAとBのどちらを肯定《こうてい》しどちらを否定《ひてい》しているのかが伝《つた》わってくること」を基準《きじゅん》に採点《さいてん》する。対比《たいひ》が成立《せいりつ》していても、単《たん》にくらべているだけで肯定《こうてい》も否定《ひてい》もしていないような文章《ぶんしょう》の場合《ばあい》は、10点《てん》マイナス。

7 対比型短文読解《たいひがたたんぶんどっかい》 骨組《ほねぐ》みを引《ひ》き出《だ》す②

問題《もんだい》は62・63ページ

1 25点《てん》×2

①イ　②エ

2 50点《てん》（完答《かんとう》）

イ・ウ・オ

〈解説《かいせつ》〉

1 設問文《せつもんぶん》に「主張《しゅちょう》」と書《か》かれている時点《じてん》で、「抽象的《ちゅうしょうてき》な骨組《ほねぐ》みを考《かんが》える問題《もんだい》だな」と、条件反射的《じょうけんはんしゃてき》に理解《りかい》できなければならない。

①では、本文《ほんぶん》の最後《さいご》に注目《ちゅうもく》する。「人間《にんげん》、何《なに》をしてもいいと言《い》われると、何《なに》もできなくなるものなのだ」という抽《ちゅう》象的《しょうてき》な文《ぶん》が、この文章《ぶんしょう》の主張《しゅちょう》である。

「何《なに》をしてもいいと言《い》われると」＝「自由《じゆう》を与《あた》えられると」

「何《なに》もできなくなる」　＝「不自由《ふじゆう》になる」

という同等関係《どうとうかんけい》が成《な》り立《た》つので、答《こた》えはイ。

「自由《じゆう》と不自由《ふじゆう》」という対比《たいひ》の骨組《ほねぐ》みを考《かんが》えるとエも気《き》になるが、「自由《じゆう》な発想《はっそう》を持《も》つべき」という、自由《じゆう》を肯定《こうてい》する言葉《ことば》がおかしい。本文《ほんぶん》はむしろ、自由《じゆう》を否定《ひてい》している。対比《たいひ》に気《き》づいたら、どちらが肯定《こうてい》されどちらが否定《ひてい》されているのかを常《つね》に考《かんが》えること。

②「情熱《じょうねつ》を失《うしな》ってしまうか、情熱《じょうねつ》を失《うしな》わずに済《す》むか」というのが、この文章《ぶんしょう》の対比《たいひ》の骨組《ほねぐ》みである。そして、失《うしな》わずに済《す》むほうを肯定《こうてい》している。だからエが正解《せいかい》。アは目標《もくひょう》を達成《たっせい》させるべきかどうか、イは情熱《じょうねつ》の強弱《きょうじゃく》、ウは目標《もくひょう》の高低《こうてい》を、それぞれ対比《たいひ》の骨組《ほねぐ》みとしているため、本文《ほんぶん》とは異《こと》なる。

2 まず、この文章《ぶんしょう》の対比《たいひ》の骨組《ほねぐ》みが「物《もの》（物質《ぶっしつ》）」と「心《こころ》（精神《せいしん》）」であることに気《き》づく必要《ひつよう》がある（57ページ参《さん》照《しょう》）。そして、それらの両立《りょうりつ》を訴《うった》えつつも筆者《ひっしゃ》はどちらかというと「物《もの》」を肯定《こうてい》している、ということにも、気《き》づかなければならない。

中盤《ちゅうばん》、「しかし」の後《あと》に、「物質的《ぶっしつてき》な豊《ゆた》かさを手放《てばな》すことが、精神的《せいしんてき》な豊《ゆた》かさを取《と》り戻《もど》すことに直結《ちょっけつ》するとは言《い》い切《き》れない」とある。「物《もの》を手放《てばな》せばよいというわけでもない」ということだ。ここから、筆者《ひっしゃ》が「物《もの》」の肯定《こうてい》に近《ちか》いことが分《わ》かる。

選択肢《せんたくし》はいずれも、物《もの》と心《こころ》、物質《ぶっしつ》と精神《せいしん》の対比《たいひ》で作《つく》られているので、「どちらを肯定《こうてい》しどちらを否定《ひてい》しているか」といった見方《みかた》でチェックしていく。

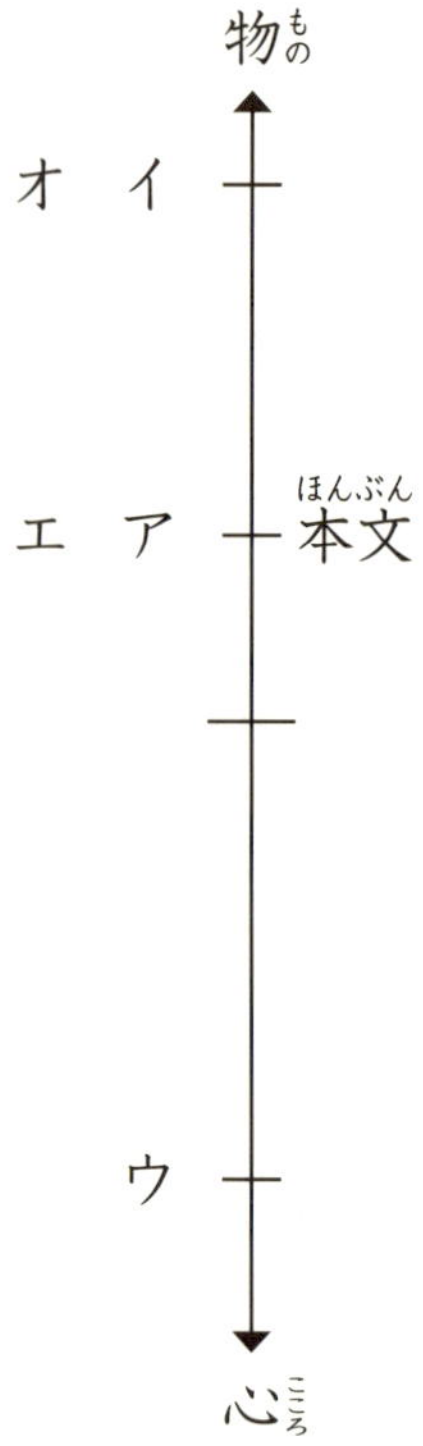

本文及《ほんぶんおよ》び選択肢《せんたくし》の関係《かんけい》は、右図《うず》のようになっている。これを見《み》れば、正解《せいかい》は一目瞭然《いちもくりょうぜん》である。選択肢《せんたくし》の区別《くべつ》がつかなくなってきたら、こういった図《ず》を自分《じぶん》で書《か》いてみるということが大切《たいせつ》だ。

エは、「Aでありながら同時《どうじ》にB」という、54・55ページで学《まな》んだ書《か》き方《かた》になっている。「AしかしB」なども含《ふく》め、対比的《たいひてき》に書《か》かれたことがらの全《すべ》てに言《い》えることだが、多《おお》くの場合《ばあい》、主張《しゅちょう》はAよりもBのほうにある。たとえ「同時《どうじ》」という書《か》き方《かた》であっても、多少《たしょう》の傾《かたむ》きがあるわけだ。このことを忘《わす》れてはいけない。

8 対比的心情変化《たいひてきしんじょうへんか》①

問題《もんだい》は64・65ページ

1 25点《てん》×3（それぞれ完答《かんとう》）

①A落《お》ち着《つ》かない気持《きも》ち　B落《お》ち着《つ》いた気持《きも》ち

②A自己嫌悪感《じこけんおかん》　B自己嫌悪感《じこけんおかん》（が薄《うす》らいだ）

③A違和感《いわかん》　B共感《きょうかん》

2 25点《てん》

日米《にちべい》の国民性《こくみんせい》の違《ちが》いについて知《し》ったことを通《とお》して、「ジュリアもきっと私《わたし》という日本人《にほんじん》に対《たい》して同《おな》じような違和感《いわかん》を覚《おぼ》えているに違《ちが》いない」と考えた

〈解説《かいせつ》〉

物語文《ものがたりぶん》というものは、主人公《しゅじんこう》の「変化《へんか》」を描《えが》くものである。その変化《へんか》とは多《おお》くの場合《ばあい》、マイナスからプラスへの「対比的心情変化《たいひてきしんじょうへんか》」である。

心情変化《しんじょうへんか》だけでなく、同時《どうじ》に人間関係《にんげんかんけい》の変化《へんか》が描《えが》かれることも多《おお》い。

これらを肝《きも》に銘《めい》じ、物語文《ものがたりぶん》を読《よ》むときはいつも、「どんな心情《しんじょう》がどんな心情《しんじょう》に変化《へんか》していくのか」などと考《かん》えながら読《よ》むことが大切《たいせつ》だ。

具体的《ぐたいてき》には、この図《ず》をいつもイメージすることだ。

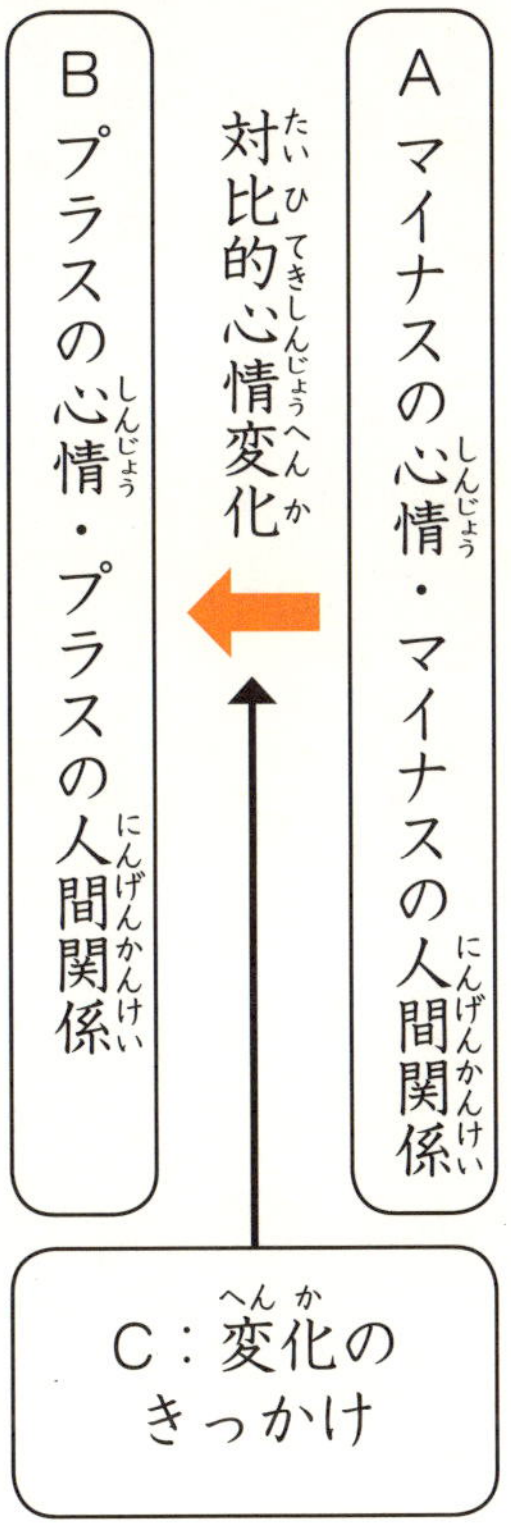

変化《へんか》には、当然《とうぜん》、きっかけとなるできごとがある。

それは多《おお》くの場合《ばあい》、主《しゅ》たる「脇役《わきやく》」との間《あいだ》で起《お》こる。

①ならば先生《せんせい》、②ならばユウタ、③ならばジュリアが、その脇役《わきやく》である。

ただし、③では、ジュリアが直接《ちょくせつ》マリコに変化《へんか》をもたらしたわけではない。そこで、何《なに》が変化《へんか》をもたらしたのか、本文《ほんぶん》における因果関係《いんがかんけい》を整理《せいり》することで、考《かん》えてみよう（ここからが2の解説《かいせつ》）。

ア　日米《にちべい》の国民性《こくみんせい》の違《ちが》いについて知《し》った

だから←　→なぜなら

イ　「ジュリアも自分《じぶん》と同様《どうよう》に、私《わたし》に対《たい》して違和感《いわかん》を覚《おぼ》えているはずだ」と考《かん》えた

だから←　→なぜなら

ウ　ジュリアに共感《きょうかん》した

イは、本文《ほんぶん》の後《うし》ろから二行目《にぎょうめ》が根拠《こんきょ》。「そう考《かん》えると、共感《きょうかん》せずにはいられなかった」。「そう考《かん》えると」は、「だから」と同様《どうよう》に因果関係《いんがかんけい》を伝《つた》える表現《ひょうげん》だ。そこで、「そう考《かん》えると」の直前《ちょくぜん》がイの内容《ないよう》となる。そして、イの考《かん》えに至《いた》った理由《りゆう》は、国民性《こくみんせい》について知《し》ったというできごとである（これがア）。

アだけを答《こた》えにしてしまった場合《ばあい》、15点《てん》マイナス。イだけを答《こた》えにしてしまった場合《ばあい》、10点《てん》マイナスとする。

（補足《ほそく》）ジュリアがなぜ転入《てんにゅう》してすぐ日本語《にほんご》を話《はな》せたのかと疑問《ぎもん》に思《おも》ったかもしれない。ジュリアが日本人《にほんじん》の父《ちち》を持《も》つとか、アメリカで日本語《にほんご》を勉強《べんきょう》していたとか、そういった背景《はいけい》があったと解釈《かいしゃく》していただければと思《おも》う。日本人《にほんじん》の父《ちち》を持《も》っていても、日本語《にほんご》を勉強《べんきょう》していても、生活環境《せいかつかんきょう》がアメリカである限《かぎ》りは、ものの見方《みかた》・考《かんが》え方《かた》に国民性《こくみんせい》が反《はん》映《えい》されるのは確《たし》かであろう。

9 対比的心情変化《たいひてきしんじょうへんか》②

問題《もんだい》は
66・67ページ

1 〈問一《といいち》〉25点《てん》（完答《かんとう》）〈問二《といに》〉25点《てん》

〈問一《といいち》〉A後《うし》ろ向《む》き　B前《まえ》向《む》き

〈問二《といに》〉勉強《べんきょう》に対《たい》して後《うし》ろ向《む》きだったミナが、大器晩成《たいきばんせい》という父《ちち》の言葉《ことば》に励《はげ》まされたことによって、前《まえ》向《む》きに変《か》わった話《はなし》。

2 50点《てん》

略《りゃく》（解説参照《かいせつさんしょう》）

〈その他《た》の解答例《かいとうれい》・解説《かいせつ》〉

1 〈問一《といいち》〉の別解《べっかい》としては、A失望《しつぼう》・B希望《きぼう》などが挙《あ》げられる。

Aを「あきらめ」、Bを「努力《どりょく》しようとする気持《きも》ち」などとする書《か》き方《かた》も、間違《まちが》いではない。しかし、この二《ふた》つは反対語《はんたいご》ではないから、一見《いっけん》、対比的《たいひてき》に見《み》えない。多少無理《たしょうむり》やりな感《かん》じがしても反対語《はんたいご》に置《お》きかえていくということが、整理《せいり》して読《よ》むための条件《じょうけん》である。そのためにこそ、18・19ページで学《まな》んだような表現《ひょうげん》が役立《やくだ》つ。

なお、文章《ぶんしょう》によっては、「はっきりとした〝プラス〟には至《いた》っていないのではないか」と思《おも》えるような終《お》わり方《かた》になっているものも多《おお》い。しかし、物語文《ものがたりぶん》の「読解《どっかい》」においては、そこをあえて「プラス」と言《い》い切《き》ってしまっても差《さ》し支《つか》えない。変化《へんか》を描《えが》くものが物語《ものがたり》であり、変化《へんか》を読《よ》み取《と》らせるのが物語文読解問題《ものがたりぶんどっかいもんだい》である以上《いじょう》は、はっきりとした「プラスへの変化《へんか》」をつかむべきであることは確《たし》かであろう。

2 解答例《かいとうれい》そのものは省略《しょうりゃく》するが、骨組《ほねぐ》みはいくつか紹介《しょうかい》しておく。うまく考《かんが》えつかない場合《ばあい》は、これらを生《い》かして書《か》いてみるとよいだろう。

・自信《じしん》を持《も》てなかった主人公《しゅじんこう》が（A）、友達《ともだち》の何気《なにげ》ない一《ひと》言《こと》によって（C）、自信《じしん》を持《も》てるようになっていく（B）話《はなし》。

・友達《ともだち》が少《すく》ないことを後《うし》ろめたく思《おも》っていた主人公《しゅじんこう》が（A）、そのたった一人《ひとり》の友達《ともだち》との間《あいだ》で心《こころ》を分《わ》かち合《あ》う体験《たいけん》をすることを通《とお》して、友達《ともだち》というものは一人《ひとり》でも十分《じゅうぶん》なんだ、友達《ともだち》は数《かず》ではなく質《しつ》だ、と思《おも》うようになり（C）、前《まえ》向《む》きになっていく（B）話《はなし》。

・当初《とうしょ》は疑《うたが》っていた友達《ともだち》の言葉《ことば》を（A）、その友達《ともだち》の誠意《せいい》ある行動《こうどう》に触《ふ》れて（C）、信《しん》じるようになっていった（B）話《はなし》。

・目標《もくひょう》に向《む》けてどれだけ頑張《がんば》っても成果《せいか》が出《だ》せず自己否定《じこひてい》感《かん》を持《も》っていた主人公《しゅじんこう》が（A）、成果《せいか》を上《あ》げている先輩《せんぱい》の言葉《ことば》を素直《すなお》に聞《き》き入《い》れ、見事《みごと》に成果《せいか》を出《だ》すことができたことによって（C）、自己肯定感《じここうていかん》を得《え》ることができた（B）話《はなし》。

10 対比《たいひ》の観点《かんてん》を考《かんが》える①

問題《もんだい》は68・69ページ

1 10点《てん》×4（それぞれ完答《かんとう》）

①ア・イ　②ウ・エ　③ア・ウ　④ア・エ

2 12点《てん》×5（ふさわしくない観点《かんてん》一《ひと》つにつき4点《てん》マイナス）

①芯《しん》が折《お》れにくいか、折《お》れやすいか／いつも細《ほそ》い文字《もじ》を書《か》けるかどうか／筆跡《ひっせき》の太《ふと》さや濃淡《のうたん》を変《か》えられるかどうか

②一枚《いちまい》でくらべたときの金額《きんがく》（価値《かち》）の高低《こうてい》／一枚《いちまい》でくらべたときの重《おも》さ／種類《しゅるい》の多《おお》い・少《すく》ない

③散歩《さんぽ》させる必要《ひつよう》があるかないか／鼻《はな》が利《き》くかどうか／飼《か》い主《ぬし》に対《たい》する忠実性《ちゅうじつせい》

④自分《じぶん》の望《のぞ》みどおりの遊《あそ》びができるかどうか／遊《あそ》びの時間《じかん》や量《りょう》を自分《じぶん》でコントロールできるかどうか／遊《あそ》びのアイデアが広《ひろ》がりやすいかどうか

⑤かかる費用《ひよう》の高低《こうてい》／創設者《そうせつしゃ》が個人《こじん》（民間《みんかん》）か自治体《じちたい》か／学校数《がっこうすう》が多《おお》いか少《すく》ないか

〈解説《かいせつ》〉

1 例題《れいだい》のイの説明《せつめい》として、「多《おお》くの人《ひと》が納得《なっとく》するような観点《かんてん》になっていない」とある。これは、客観的《きゃっかんてき》でないということだ。言《い》いかえれば、主観的《しゅかんてき》であるということだ。このイのパターンを、「主観《しゅかん》パターン」と呼《よ》ぶことにする。また、エは「アンバランスパターン」、オは「共通点《きょうつうてん》パタ

ーン」と呼《よ》ぶ。

①のアは主観《しゅかん》パターン、イはアンバランスパターン（タクシーにバス停《てい》がないのは当然《とうぜん》）。②のウはアンバランスパターン（エレベーターは歩《ある》いて移動《いどう》するものではない）、エは主観《しゅかん》パターン。③のアはアンバランスパターン、ウは共通点《きょうつうてん》パターン（どちらも思考力《しこうりょく》を高《たか》める教科《きょうか》である）。④のアは共通点《きょうつうてん》パターン、エはアンバランスパターン。

2 観点《かんてん》がふさわしくないと思《おも》える場合《ばあい》、**1**の各《かく》パターンに当《あ》てはめてみて、チェックする。

②の「種類《しゅるい》」については、硬貨《こうか》が「一円《いちえん》、五円《ごえん》、一〇円《じゅうえん》、五〇円《ごじゅうえん》、一〇〇円《ひゃくえん》、五〇〇円《ごひゃくえん》」の六種類《ろくしゅるい》で、紙幣《しへい》が「千円《せんえん》、二千円《にせんえん》、五千円《ごせんえん》、一万円《いちまんえん》」の四種類《よんしゅるい》。

③「散歩《さんぽ》させる必要《ひつよう》があるかないか」は「アンバランスパターン」なのではないか、と思《おも》うかもしれない。しかし、「夏休《なつやす》みには冬休《ふゆやす》みがある」というのは誰《だれ》がどう考《かんが》えてもおかしい（あり得《え》ない）のに対《たい》し、「猫《ねこ》を散歩《さんぽ》させる必要《ひつよう》がある」というのは、考《かんが》えようによってはあり得《う》ることだ。考《かんが》え得《う》る範囲内《はんいない》で「有無《うむ》」を考《かんが》えるのは、間違《まちが》っていない。

11 対比《たいひ》の観点《かんてん》を考《かんが》える②

問題《もんだい》は70・71ページ

1 15点《てん》×4（採点基準《さいてんきじゅん》は解説参照《かいせつさんしょう》）

① （ケーキ）↕コーヒー
〈対比《たいひ》の観点《かんてん》〉甘《あま》い食《た》べ物《もの》と、苦《にが》い飲《の》み物《もの》

② （花火《はなび》）↕クリスマスイルミネーション
〈対比《たいひ》の観点《かんてん》〉夏《なつ》の夜《よる》を彩《いろど》る光《ひかり》と、冬《ふゆ》の夜《よる》を彩《いろど》る光《ひかり》

③ （日本《にほん》）↕東京《とうきょう》
〈対比《たいひ》の観点《かんてん》〉全身《ぜんしん》と、その心臓部《しんぞうぶ》

④ （歌《うた》う）↕書《か》く
〈対比《たいひ》の観点《かんてん》〉音声《おんせい》による表現《ひょうげん》と、文字《もじ》による表現《ひょうげん》

2 10点《てん》×4（採点基準《さいてんきじゅん》は解説参照《かいせつさんしょう》）

① 階段《かいだん》↕教室《きょうしつ》
〈対比《たいひ》の観点《かんてん》〉人々《ひとびと》が動《うご》いていることが多《おお》い場所《ばしょ》か、止《と》まっていることが多《おお》い場所《ばしょ》か

② 富士山《ふじさん》↕東京《とうきょう》スカイツリー
〈対比《たいひ》の観点《かんてん》〉日本一高《にほんいちたか》い自然物《しぜんぶつ》と、日本一高《にほんいちたか》い人工物《じんこうぶつ》

③ 恐怖心《きょうふしん》↕好奇心《こうきしん》

〈対比《たいひ》の観点《かんてん》〉得体《えたい》の知《し》れないものから遠《とお》ざかりたいか、
得体《えたい》の知《し》れないものに近《ちか》づきたいか

④
金曜日《きんようび》←→日曜日《にちようび》
〈対比《たいひ》の観点《かんてん》〉明日《あした》は休日《きゅうじつ》という安堵感《あんどかん》がある日《ひ》と、
明日《あした》から学校《がっこう》という緊張感《きんちょうかん》がある日《ひ》

〈解説《かいせつ》〉

客観性《きゃっかんせい》と独自性《どくじせい》をどちらも高《たか》めようとすると、難《むずか》しい。多《おお》くの人《ひと》に納得《なっとく》してもらえるような客観的《きゃっかんてき》な内容《ないよう》にすると同時《どうじ》に、誰《だれ》にも真似《まね》できないような独自性《どくじせい》を発揮《はっき》するというのは、普通《ふつう》は矛盾《むじゅん》することだからだ。

反対語《はんたいご》を聞《き》いただけで観点《かんてん》を推察《すいさつ》できるならば、それは客観性《きゃっかんせい》が高《たか》いということだろう。1の①・②の解答例《かいとうれい》は、どちらかと言《い》えばそれに近《ちか》い。逆《ぎゃく》に、反対語《はんたいご》を聞《き》いた段階《だんかい》で「なぜ？」と思《おも》えるものは、独自性《どくじせい》が高《たか》いと言《い》えるだろう。1の③・④の解答例《かいとうれい》、特《とく》に④は、そういう例《れい》だ。

1の採点《さいてん》の際《さい》は、反対語《はんたいご》と観点《かんてん》が書《か》いてあればそれだけで5点《てん》。そこに一定《いってい》の客観性《きゃっかんせい》があれば、1〜5点《てん》を適宜《てきぎ》プラス。また、一定《いってい》の独自性《どくじせい》があれば、1〜5点《てん》を適宜《てきぎ》プラス。2の採点《さいてん》の際《さい》は、「書《か》いてあれば5点《てん》」をカットし、あとは1と同《おな》じように採点《さいてん》する。

これらのような独自《どくじ》の反対語《はんたいご》を作《つく》ることに慣《な》れておくと、長文読解問題《ちょうぶんどっかいもんだい》でも得《とく》をする。誰《だれ》もが思《おも》いつくような常識的《じょうしきてき》な観点《かんてん》で文章《ぶんしょう》を書《か》くという書《か》き手《て》は少《すく》ない。読解《どっかい》に引用《いんよう》されるような文章《ぶんしょう》の書《か》き手《て》は、悪《わる》く言《い》えばどこかひねくれており、よく言《い》えばどこか独創的《どくそうてき》である。既存《きぞん》の反対語《はんたいご》を骨《ほね》組《ぐ》みとした文章《ぶんしょう》ではなく、独自《どくじ》の反対語《はんたいご》を骨組《ほねぐ》みとした文《ぶん》章《しょう》と向《む》き合《あ》わねばならないことも、多々《たた》あるのだ。そんなとき、この問題《もんだい》のような「既存《きぞん》の枠《わく》を超《こ》える思考《しこう》の練習《れんしゅう》」が、威力《いりょく》を発揮《はっき》するはずである。

12 相違点《そういてん》を見《み》つける 静的観点《せいてきかんてん》から動的観点《どうてきかんてん》へ

問題《もんだい》は 72・73ページ

1 ①・②は横一段《よこいちだん》6点《てん》×10 ③は横一段《よこいちだん》8点《てん》×5

① （左《ひだり》から右《みぎ》へ／下段《げだん》から上段《じょうだん》へ順《じゅん》に）
大《おお》きい——機体《きたい》の大《おお》きさ——小《ちい》さい
多《おお》い——乗《の》れる人数《にんずう》——少《すく》ない
斜《なな》め——離陸《りりく》の仕方《しかた》——垂直《すいちょく》

不可能《ふかのう》——ホバリング※——可能《かのう》
使《つか》えない——人命救助《じんめいきゅうじょ》に——使《つか》える

※空中停止《くうちゅうていし》

②明《あか》るい——明《あか》るさ——暗《くら》い
上《あ》がる——気温《きおん》——下《さ》がる
多《おお》い——人《ひと》の数《かず》——少《すく》ない
高《たか》い——安全性《あんぜんせい》——低《ひく》い
前向《まえむ》き——心情《しんじょう》——後《うし》ろ向《む》き

③狭《せま》い——写《うつ》せる範囲《はんい》——広《ひろ》い
ない——画像《がぞう》の動《うご》き——ある
静止《せいし》——時間性《じかんせい》——流動《りゅうどう》
多《おお》い——想像《そうぞう》の余地《よち》——少《すく》ない
自由《じゆう》——心《こころ》の動《うご》き——不自由《ふじゆう》

〈解説《かいせつ》〉

この課題《かだい》のポイントは、実《じつ》は因果関係《いんがかんけい》にある。

例題《れいだい》ならば、「進《すす》む距離《きょり》が長《なが》い↓だから↓移動手段《いどうしゅだん》になる」。①ならば、「ホバリングできる↓だから↓人命救助《じんめいきゅうじょ》に使《つか》える」。②ならば、「明《あか》るく、人《ひと》の数《かず》も多《おお》い↓だから↓安《あん》全性《ぜんせい》が高《たか》い」。下段《げだん》から上段《じょうだん》（あるいは上段《じょうだん》から下段《げだん》）へと「たどる」ことによって、新《あら》たな観点《かんてん》を見出《みいだ》すことができるようになる。まずは平易《へいい》な観点《かんてん》（静的《せいてき》な観点《かんてん》）を見《み》つけ、それをもとに、より高度《こうど》な観点《かんてん》（動的《どうてき》な観点《かんてん》）を見出《みいだ》してほしい。

③は、その意味《いみ》で全《すべ》ての項目《こうもく》がつながっている。

映像《えいぞう》は強引《ごういん》だ。一度《いちど》に写《うつ》せる範囲《はんい》が広《ひろ》く、画像《がぞう》が動《うご》くため、想像《そうぞう》の余地《よち》を奪《うば》う。画面《がめん》の外《そと》の見《み》えていない部分《ぶぶん》がどうなっているのか、といったことを想像《そうぞう》する自由《じゆう》が少《すく》ない。また、次《つぎ》から次《つぎ》へと新《あたら》しい画像《がぞう》に移《うつ》り変《か》わって動《うご》いてゆくので、映像《えいぞう》から読《よ》み取《と》れることについてじっくり考《かんが》えるような余裕《よゆう》もない。

その点《てん》、写真《しゃしん》は優《やさ》しい。一度《いちど》に写《うつ》せる範囲《はんい》が狭《せま》く、画像《がぞう》が止《と》まっているため、想像《そうぞう》の余地《よち》が残《のこ》る。画面《がめん》の外《そと》の見《み》えていない部分《ぶぶん》がどうなっているのか、といったことを想像《そうぞう》する自由《じゆう》がある。また、時間的《じかんてき》に止《と》まっており画像《がぞう》が流《なが》れ去《さ》ることもないので、好《す》きなだけ、心自由《こころじゆう》に考《かんが》えをめぐらすことができる。

写真《しゃしん》より映像《えいぞう》のほうが価値《かち》が高《たか》いと思《おも》われがちだが、写《しゃ》真《しん》には心《こころ》を自由《じゆう》にするという価値《かち》があるわけだ。

こうして対比《たいひ》を探《さぐ》ることは、常識《じょうしき》に埋没《まいぼつ》しない逆説的《ぎゃくせつてき》な視点《してん》を育《はぐく》むために有益《ゆうえき》だ。ぜひ、多《おお》くのことがらについて、その相違点《そういてん》を考《かんが》えてみてほしい。その際《さい》は、静的観点《せいてきかんてん》から動的観点《どうてきかんてん》へと徐々《じょじょ》にレベルアップさせていくことを忘《わす》れずに。

なお、この問題《もんだい》についても、客観性《きゃっかんせい》と独自性《どくじせい》を考慮《こうりょ》して採点《さいてん》する。下段《げだん》のほうの静的観点《せいてきかんてん》は誰《だれ》にでも思《おも》いつくものでよいので、客観性重視《きゃっかんせいじゅうし》で採点《さいてん》する。上段《じょうだん》に進《すす》むほど、それに加《くわ》えて独自《どくじ》の観点《かんてん》であることも求《もと》められる。これらを総合的《そうごうてき》に判断《はんだん》して採点《さいてん》する。

13 価値《かち》を逆転《ぎゃくてん》させる

問題《もんだい》は 74・75ページ

1 8点《てん》×5

①冷《つめ》たい飲《の》み物《もの》のほうが嬉《うれ》しい　②曇《くも》っているほうがいい　③電話《でんわ》のほうが早《はや》い　④小《ちい》さな声《こえ》で元気《げんき》なく読《よ》むべきだろう　⑤レインコートのほうが必需品《ひつじゅひん》だろう

2 10点《てん》×4

①昼《ひる》には、朝《あさ》よりもむしろ気温《きおん》が下《さ》がった。

②病気《びょうき》のせいでほとんど練習《れんしゅう》をできていないという役者《やくしゃ》は、「お客《きゃく》さんが少《すく》ないほうがむしろ嬉《うれ》しいよ」とつぶやいた。

③リーダーになれば今《いま》よりも自由《じゆう》にチームを動《うご》かせると思《おも》うかもしれないが、様々《さまざま》な責任《せきにん》がのしかかってむしろ不自由《ふじゆう》になるのがリーダーというものだ。

④忙《いそが》しいというのは、むしろ歓迎《かんげい》すべきことだ。だって、余計《よけい》な悩《なや》みを抱《かか》える暇《ひま》もないのだから。

3 20点《てん》（完答《かんとう》）

イ・オ

〈解説《かいせつ》〉

1 ②「雨《あめ》のほうがいい」は、さすがにスポーツ向《む》きの天気《てんき》ではないので不可《ふか》。「曇《くも》っている日《ひ》のほうがいい」だと、「日《ひ》」が重《かさ》なって違和感《いわかん》あり。2点《てん》マイナス。③電話《でんわ》の場合《ばあい》、相手《あいて》が電話《でんわ》に出《で》ない（出《で》られない）となると、それだけで時間《じかん》がかかってしまう。それよりは、相手《あいて》の不在《ふざい》に影響《えいきょう》されないメールのほうが早《はや》い——というのが、「一般《いっぱん》的価値《てきかち》」である。これを逆転《ぎゃくてん》させたのが、③の文章《ぶんしょう》。④「小《ちい》さな声《こえ》で」と「元気《げんき》なく」の二《ふた》つのパーツが必要《ひつよう》。

2 「一般的《いっぱんてき》な価値《かち》を逆転《ぎゃくてん》させる」という考《かんが》え方《かた》が正《ただ》しく反映《はんえい》されていれば、合格点《ごうかくてん》。

3 ここでも、「一般的《いっぱんてき》な価値《かち》の逆転《ぎゃくてん》」がなされているかどうかをチェックする。イでは、掃除機《そうじき》のほうが効率《こうりつ》が良《よ》いという一般常識《いっぱんじょうしき》がそのままになっているため、ふさわしくない。オでは、「(はっきりではなく)それとなく伝《つた》えてもらうほうが心《こころ》のわだかまりが少《すく》なくて済《す》む」という一般《いっぱん》常識《じょうしき》がそのままなので、ふさわしくない。

14 15 対比《たいひ》を武器《ぶき》にして文章《ぶんしょう》を読《よ》み解《と》く①②

問題《もんだい》は76~79ページ

1 〈問一《といいち》〉15点《てん》 〈問二《といに》〉15点《てん》(完答《かんとう》)
〈問三《といさん》〉5点《てん》×5 〈問四《といよん》〉枠組《わくぐ》み一《ひと》つ5点《てん》×3(上《うえ》から一《いち》・二段目《にだんめ》は完答《かんとう》)〈問五《といご》〉30点《てん》

〈問一《といいち》〉イ

〈問二《といに》〉(上段《じょうだん》)ほめる・叱《しか》る(順不同《じゅんふどう》)
(下段《げだん》)見留《みと》める

〈問三《といさん》〉ア× イ× ウ○ エ○ オ×

〈問四《といよん》〉(上《うえ》から)前提《ぜんてい》・根拠《こんきょ》/事実《じじつ》/見留《みと》める/見留《みと》める

〈問五《といご》〉何《なに》かを教《おし》える立場《たちば》にいる人《ひと》は、プラス・マイナスを判断《はんだん》して評価《ひょうか》を下《くだ》し、ほめたり叱《しか》ったりすることよりも、その根拠《こんきょ》となる事実《じじつ》を見留《みと》めることを、まず重視《じゅうし》すべきである。(78字《じ》)

〈解説《かいせつ》〉

この文章《ぶんしょう》を読《よ》み始《はじ》めた段階《だんかい》では、多《おお》くの人《ひと》が、「ああ、ほめることと叱《しか》ることの対比《たいひ》だな。そして、叱《しか》ることが大《たい》切《せつ》だという主張《しゅちょう》なんだろうな」と推測《すいそく》するだろう。しかし、途中《とちゅう》で、「あれ? ほめることも叱《しか》ることもダメなのか」と気《き》づく。そして、新《あら》たな対比構造《たいひこうぞう》が分《わ》かる。それは、「ほめる・叱《しか》る」と「見留《みと》める」との対比《たいひ》である。

このように、読《よ》み始《はじ》めの段階《だんかい》で推測《すいそく》された対比《たいひ》が途中《とちゅう》から変化《へんか》することは、よくある。70、71ページについての解《かい》説《せつ》の中《なか》でも述《の》べたとおり、書《か》き手《て》は、一風変《いっぷうか》わった対比《たいひ》の観点《かんてん》を持《も》ち出《だ》し、それをもとに主張《しゅちょう》を展開《てんかい》することが多《おお》いのである。

問五《といご》では、まず骨組《ほねぐ》みを考《かんが》える。

「何《なに》かを教《おし》える立場《たちば》にいる人《ひと》は、AではなくB（AよりもB）を重視《じゅうし》すべきだ。」

そして、AとBの内容《ないよう》を埋《う》めていく。

Aは「ほめたり叱《しか》ったりすること」、Bは「見留《みと》めること」である。あとは、指定《してい》された言葉《ことば》をつけ加《くわ》えながら、AとBを少《すこ》し詳《くわ》しくするだけだ。

採点《さいてん》は、今《いま》述《の》べたような骨組《ほねぐ》みがしっかりしているかどうかを基準《きじゅん》に、適宜減点《てきぎげんてん》する形《かたち》で行《おこな》う。骨組《ほねぐ》みが乱《みだ》れている場合《ばあい》は一〇～二〇点《にじってん》マイナス、指定《してい》された語句《ごく》が足《た》りない場合《ばあい》は一《ひと》つにつき三点《さんてん》マイナス、など。骨組《ほねぐ》みが乱《みだ》れているというのは、「対比《たいひ》になっていない」、「対比《たいひ》の片方《かたほう》が足《た》りない」などを意味《いみ》する。

ともあれ、記述《きじゅつ》はまず「骨組《ほねぐ》み」である。

このことをしっかり守《まも》れば、一〇〇字《ひゃくじ》だろうが二〇〇字《にひゃくじ》だろうが、なんら怖《こわ》くない。

パート Ⅲ

「たどる力《ちから》」を高《たか》めるトレーニング

―因果関係整理力《いんがかんけいせいりりょく》―

1 「だから」「なぜなら」「そのため」「すると」

問題《もんだい》は82・83ページ

1 4点《てん》×3

①汚《よご》れがひどかったからだ　②今日《きょう》は霧《きり》が出《で》ていたからだ

③あまり詳《くわ》しく載《の》っていなかった

2 8点《てん》×4

①消《け》しゴムを忘《わす》れた友達《ともだち》に貸《か》してあげることができた

②電話《でんわ》から聞《き》こえてきた声《こえ》が、どことなく暗《くら》かったからだ

③一〇〇点《ひゃくてん》を逃《のが》すことになった

④あれこれと考《かんが》えごとをしながら歩《ある》いていた

3 7点《てん》×8

①そこに咲《さ》いた花《はな》だけがしぼんでしまった

②一位《いちい》だった選手《せんしゅ》がフライングしていたことが、試合後《しあいご》に分《わ》かった

③これまでは見《み》たこともなかったような遠《とお》くの山々《やまやま》の姿《すがた》が、目《め》に飛《と》び込《こ》んできた

④招待券《しょうたいけん》を二枚《にまい》、手《て》に入《い》れたんです

⑤女《おんな》の子《こ》が着《き》るような柄《がら》なん（だもん）

⑥不満《ふまん》そうな顔《かお》つきで見学《けんがく》してるんだね

⑦きみのせいじゃないね

⑧集合場所《しゅうごうばしょ》が今日《きょう》だけいつもと違《ちが》うことを思《おも》い出《だ》した（のだ）

2 「ため」が持《も》つ二《ふた》つの役割《やくわり》を理解《りかい》する

問題《もんだい》は
84・85ページ

1 5点《てん》×4

①マスクをしたのは、風邪《かぜ》の予防《よぼう》のためだ

②整列《せいれつ》させたのは、人数《にんずう》を数《かず》えやすくするためだ

③机《つくえ》を下《さ》げたのは、掃除《そうじ》をするためだ

④簡単《かんたん》な問題《もんだい》から始《はじ》めたのは、自信《じしん》をつけるためだ

2 5点《てん》×4

①目的《もくてき》　②手段《しゅだん》　③目的《もくてき》　④目的《もくてき》

3 5点《てん》×4

ア目的《もくてき》　イ理由《りゆう》　ウ目的《もくてき》　エ理由《りゆう》

4 ①8点《てん》（完答《かんとう》）　②8点《てん》×2　③8点《てん》×2

①四角《しかく》で囲《かこ》むもの……「見《み》るため」の「ため」

マルで囲《かこ》むもの……「起《お》きていたため」の「ため」

②ア見《み》る（ため）

イ見《み》ようとしていた（から）

③1目的《もくてき》

2何《なん》のためですか

3 急行列車《きゅうこうれっしゃ》と各駅停車《かくえきていしゃ》①

問題《もんだい》は
86・87ページ

1 上段《じょうだん》20点《てん》　下段《げだん》20点《てん》（上段《じょうだん》・下段《げだん》それぞれ完答《かんとう》）

上段《じょうだん》の空欄《くうらん》……（順《じゅん》に）2・1・2

下段《げだん》の空欄《くうらん》……（順《じゅん》に）ウ・イ・ウ

2 20点《てん》×3

①C　②B　③A

〈解説《かいせつ》〉

2 ①Aだと、アとはつながるが、ウとはつながらない。一方《いっぽう》、Bだと、ウとはつながるが、アとはつながらない。

②Aだと、アとはつながるが、ウとはつながらない。「あわてていると遅刻《ちこく》する」とは限《かぎ》らない。客観性《きゃっかんせい》が低《ひく》い。一《いっ》方《ぽう》、Cだと、ウとはつながるが、アとはつながらない。

③Bだと、アとはつながるが、ウとはつながらない。一方《いっぽう》、Cだと、ア・ウどちらともつながらない。ピアノを弾《ひ》くのが好《す》きだったからといって有名《ゆうめい》なピアニストに教《おそ》わることができるわけでもないし、有名《ゆうめい》なピアニストに教《おそ》わってもピアニストになれない人《ひと》はたくさんいる。どちらも客観性《きゃっかんせい》が低《ひく》い。

「だから」という言葉《ことば》は、強引《ごういん》さを感《かん》じさせない性質《せいしつ》を持《も》っている。その強引《ごういん》さに気《き》づくには、「なぜなら」で逆《ぎゃく》にたどってみるというのが、近道《ちかみち》だ。

4 急行列車《きゅうこうれっしゃ》と各駅停車《かくえきていしゃ》②

問題《もんだい》は88・89ページ

1 ①10点《てん》×2　②15点《てん》×3

①イ　暖房《だんぼう》を不快《ふかい》に感《かん》じる

ウ　寒《さむ》い日《ひ》ほど、暖房《だんぼう》の設定温度《せっていおんど》を下《さ》げるべきだろう

②ア　日本《にほん》における発電方法《はつでんほうほう》の主軸《しゅじく》は、二酸化炭素《にさんかたんそ》排出《はいしゅつ》の問題《もんだい》を持《も》つ火力発電《かりょくはつでん》である

イ　電気《でんき》を消費《しょうひ》すると、その分《ぶん》だけ二酸化炭素《にさんかたんそ》が排出《はいしゅつ》されることになる

ウ　節電《せつでん》は二酸化炭素《にさんかたんそ》の排出《はいしゅつ》を減《へ》らすことにつながる

2 15点《てん》

ペンキ塗《ぬ》り立《た》ての場所《ばしょ》に座《すわ》ると、衣服《いふく》が汚《よご》れる

3 ★20点《てん》（ウは配点《はいてん》なし）

ウ　節電《せつでん》は二酸化炭素《にさんかたんそ》の排出《はいしゅつ》を減《へ》らすことにつながる

★　二酸化炭素《にさんかたんそ》の排出《はいしゅつ》が減《へ》ると、「温室効果《おんしつこうか》」も減《へ》る

〈その他《た》の解答例《かいとうれい》・解説《かいせつ》〉

1 ①「厚着《あつぎ》をしているので」の「ので」が、図《ず》のアとイ

の間《あいだ》の「だから」と一致《いっち》する。

②「そのため」、「ということは」、「そう考《かんが》えると」は、いずれも因果関係《いんがかんけい》を伝《つた》えている。それぞれが順《じゅん》に、図《ず》のア〜エの間《あいだ》の「だから」に一致《いっち》する。こういった表現《ひょうげん》にマークしながら（マルをつけながら）読《よ》む習慣《しゅうかん》をつけることが大切《たいせつ》だ。

2 因果関係《いんがかんけい》は常識《じょうしき》に依存《いそん》するということを確認《かくにん》するための問題《もんだい》。81ページの「より詳《くわ》しく」の内容《ないよう》を、再度《さいど》確《たし》かめておきたい。

3 92〜95ページの「むすんでたどる」考《かんが》え方《かた》と合《あ》わせて学習《がくしゅう》してほしい。

5 上《のぼ》り列車《れっしゃ》と下《くだ》り列車《れっしゃ》

問題《もんだい》は 90・91ページ

1 10点《てん》×3

ア 中休《なかやす》みに友達《ともだち》とケンカをした

イ 着替《きが》えが間《ま》に合《あ》わなくなってしまった

ウ 先生《せんせい》から、三時間目《さんじかんめ》の体育《たいいく》は見学《けんがく》しなさいと言《い》われた

2 35点《てん》×2

A（私達《わたしたち》は）危険《きけん》な場所《ばしょ》では注意深《ちゅういぶか》くなるが、安全《あんぜん》な場所《ばしょ》では油断《ゆだん》しやすい。その分《ぶん》、危険《きけん》な場所《ばしょ》ではなく、安全《あんぜん》な場所《ばしょ》でこそ、けがをしたり事故《じこ》に遭《あ》ったりしやすい。だから、安全《あんぜん》な場所《ばしょ》ほど危険《きけん》であると言《い》える。

B 安全《あんぜん》な場所《ばしょ》ほど危険《きけん》である。なぜなら、危険《きけん》な場所《ばしょ》ではなく、安全《あんぜん》な場所《ばしょ》でこそ、（私達《わたしたち》は）けがをしたり事故《じこ》に遭《あ》ったりしやすいからだ。というのも、（私達《わたしたち》は）危険《きけん》な場所《ばしょ》では注意深《ちゅういぶか》くなるが、安全《あんぜん》な場所《ばしょ》では油断《ゆだん》しやすいのだ。

〈その他《た》の解答例《かいとうれい》・解説《かいせつ》〉

2 Bは、次《つぎ》のような順序《じゅんじょ》（ウ→ア→イ）でもよい。

「安全《あんぜん》な場所《ばしょ》ほど危険《きけん》である。なぜなら、（私達《わたしたち》は）危険《きけん》な場所《ばしょ》では注意深《ちゅういぶか》くなるが安全《あんぜん》な場所《ばしょ》では油断《ゆだん》しやすいため、危険《きけん》な場所《ばしょ》ではなく安全《あんぜん》な場所《ばしょ》でこそ、けがをしたり事故《じこ》に遭《あ》ったりしやすいからだ。」

しかし、この順序《じゅんじょ》だとやや冗長《じょうちょう》になるので、やはり、模範解答《もはんかいとう》として示《しめ》したウ→イ→アの順《じゅん》がよいだろう。

むろん、それぞれのパーツ（ア〜ウそれぞれの文《ぶん》）が短《みじか》

い場合《ばあい》は、ウ↓ア↓イの順序《じゅんじょ》でも違和感《いわかん》なく伝《つた》わることがある。たとえば、次《つぎ》のような場合《ばあい》だ。

ア　財布《さいふ》を忘《わす》れた。
　　だから←　→なぜなら
イ　出《で》かけている間《あいだ》じゅう、飲食《いんしょく》できなかった。
　　だから←　→なぜなら
ウ　さびしい思《おも》いをした。

「さびしい思《おも》いをした。というのも、財布《さいふ》を忘《わす》れたせいで、出《で》かけている間《あいだ》じゅう飲食《いんしょく》できなかったからだ。」

これは、ウ↓ア↓イの順《じゅん》だ。特《とく》に違和感《いわかん》はない。

しかし、やはり下《くだ》り列車《れっしゃ》のほうが説得力《せっとくりょく》の面《めん》では優《すぐ》れている。ウ↓イ↓アを見《み》てみよう。

「さびしい思《おも》いをした。出《で》かけている間《あいだ》じゅう飲食《いんしょく》できなかったからだ。というのも、財布《さいふ》を忘《わす》れたのだ。」

このほうが「オチ」がついていて、「なるほど」と納得《なっとく》しやすい。

ただし、読解問題《どっかいもんだい》においては、「ウはなぜですか」という問《と》いに対《たい》し、一文《いちぶん》で答《こた》えなければならないことが多《おお》い。その際《さい》は、ウ↓ア↓イで考《かんが》え、「ア↓イ」を一文《いちぶん》にして答《こた》えるしかない。

日常会話《にちじょうかいわ》あるいは自由度《じゆうど》の高《たか》い作文《さくぶん》・小論文《しょうろんぶん》と、読解問《どっかいもん》題《だい》とでは、「たどり方《かた》」を使《つか》い分《わ》ける必要《ひつよう》があるのだ。聞《き》き手《て》・読《よ》み手《て》を引《ひ》きつけやすい純粋《じゅんすい》な下《くだ》り列車《れっしゃ》のパターン「ウ↓イ↓ア」と、下《くだ》ってから半分上《はんぶんのぼ》るパターン「ウ↓ア↓イ」と、どちらでも「たどる」ことができるよう、頭《あたま》の中《なか》で順番《じゅんばん》を入《い》れ替《か》える練習《れんしゅう》をしておくとよい。

なお、2の採点《さいてん》の際《さい》は、とにかく順序《じゅんじょ》を根拠《こんきょ》にして評価《ひょうか》する。「私達《わたしたち》は」や、「その分《ぶん》」、「というのも」といったつまい表現《ひょうげん》がなくても減点《げんてん》は不要《ふよう》（ただし最低限《さいていげん》、「だから」、「なぜなら」が各文《かくぶん》の間《あいだ》に入《はい》っていなければならない）。

6 むすんでたどる①

問題《もんだい》は
92・93ページ

1　15点《てん》×3

空欄《くうらん》②…事務室《じむしつ》には、許可《きょか》がないと入《はい》れない。
「②↓③」…事務室《じむしつ》には許可《きょか》がないと入《はい》れない

ア…事務室《じむしつ》には許可《きょか》がないと入《はい》れない

2 ①15点《てん》 ②20点《てん》×2

〈問一《といいち》〉ウ

〈問二《といに》〉（上《うえ》）深夜《しんや》、大音量《だいおんりょう》でテレビをつけていると、ほとんどの場合《ばあい》は隣《となり》の部屋《へや》の人《ひと》が苦情《くじょう》を言《い》いに来《く》る　（下《した》）今夜《こんや》は、遅《おそ》い時刻《じこく》に大音量《だいおんりょう》でテレビをつけているにもかかわらず、何《なに》も苦情《くじょう》を言《い》って来《こ》ない

7 むすんでたどる②

問題《もんだい》は 94・95ページ

1 15点《てん》×2

①ウ　②イ

2 15点《てん》×2

①　子育《こそだ》て中《ちゅう》の若《わか》い親《おや》にとって、公園《こうえん》は不可欠《ふかけつ》な場所《ばしょ》だ。

ア　彼《かれ》らにとって不可欠《ふかけつ》な場所《ばしょ》である

3 本文《ほんぶん》20点《てん》　図《ず》20点《てん》（図《ず》は完答《かんとう》）

〈本文《ほんぶん》〉　五時《ごじ》までに連絡《れんらく》がない場合《ばあい》、待《ま》ち合《あ》わせ場所《ばしょ》は予定《よてい》どおりだと言《い》われている。そして、今《いま》はもう五時《ごじ》を過《す》ぎている。だから、待《ま》ち合《あ》わせ場所《ばしょ》は予定《よてい》どおりである。

①五時《ごじ》までに連絡《れんらく》がない場合《ばあい》、待《ま》ち合《あ》わせ場所《ばしょ》は予定《よてい》どおりだと言《い》われている。

②五時《ごじ》を過《す》ぎても連絡《れんらく》がない。

③待《ま》ち合《あ》わせ場所《ばしょ》は予定《よてい》どおりである。

〈解説《かいせつ》〉

2 のアは、「子育《こそだ》て中《ちゅう》の若《わか》い親《おや》にとって不可欠《ふかけつ》な場所《ばしょ》である」、「子育《こそだ》て世代《せだい》にとって不可欠《ふかけつ》な場所《ばしょ》である」も可《か》。

3 図《ず》が書《か》き上《あ》がった段階《だんかい》で、「①→③」、「②→③」が通《つう》じないようになっていることを確認《かくにん》する。①と②をむすんでたどったときに初《はじ》めて③が成《な》り立《た》つ、という関係《かんけい》が正《ただ》しく構築《こうちく》できていれば、満点《まんてん》。「①→③」は成《な》り立《た》たないようにできていても、「②→③」は単独《たんどく》でもなんとなく成《な》り立《た》ってしまいそうだ、というパターンになることがある。この場合《ばあい》は、図《ず》と本文《ほんぶん》からそれぞれ10点《てん》マイナス。

8 パラドックスを解釈《かいしゃく》する

問題《もんだい》は 96・97ページ

1　20点《てん》×2

①ア　②イ

2　20点《てん》×3

①街《まち》なかの大《おお》きな建物《たてもの》などのように目立《めだ》つものは、意識《いしき》しなくても目《め》に入《はい》ってくるものであり、その分《ぶん》だけ注意深《ちゅういぶか》く見《み》ないことが多《おお》いため、結局《けっきょく》のところ目立《めだ》たないと言《い》える。

②ピンチであるということは、乗《の》り越《こ》えるのが難《むずか》しい高《たか》い壁《かべ》にぶつかっているということであり、その高《たか》い壁《かべ》を乗《の》り越《こ》えることができれば、その高《たか》さの分《ぶん》だけ、自分《じぶん》の能力《のうりょく》を高《たか》めることができるため、結局《けっきょく》のところ、それはチャンスであると言《い》える。

③たとえば教室《きょうしつ》が騒《さわ》がしくなったとき、それを「クラスみんなの責任《せきにん》だ」と考《かんが》えると、騒《さわ》がしくなるきっかけを作《つく》った張本人《ちょうほんにん》がそれを自分《じぶん》のこととして真剣《しんけん》に考《かんが》えなくなる。それと同《おな》じで、連帯責任《れんたいせきにん》では誰《だれ》も責任《せきにん》を取《と》ろうとしなくなるため、結局《けっきょく》のところ、無責任《むせきにん》であると言《い》える。

〈解説《かいせつ》〉

いずれの課題《かだい》も、1の例題《れいだい》の後《あと》に書《か》かれたルールを意識《いしき》することが大切《たいせつ》。

1　①のイは、「以前《いぜん》と今《いま》」であり、同時性《どうじせい》がない。ゆえに、客観性《きゃっかんせい》もない。②のアは、客観性《きゃっかんせい》がない。「どうしても部《ぶ》分《ぶん》が気《き》になる」というのは、主観的《しゅかんてき》である。

2　①の別解《べっかい》……目立《めだ》つものは、目立《めだ》つ特徴《とくちょう》によって隠《かく》されてしまっている目立《めだ》たない特徴《とくちょう》が必《かなら》ず存在《そんざい》するため、結局《けっきょく》のところ目立《めだ》たないと言《い》える。

とにかく、読《よ》んで「なるほど」と思《おも》えるかどうかが大切《たいせつ》である。それを基準《きじゅん》に採点《さいてん》する。「なるほど」と思《おも》えない場合《ばあい》は、どこがおかしいのか追究《ついきゅう》してほしい。一人《ひとり》で考《かんが》えていても難《むずか》しいので、先生《せんせい》・親《おや》・兄弟《きょうだい》・友達《ともだち》などと一緒《いっしょ》に考《かんが》えるのがよい。

9 10 一般化《いっぱんか》して自問自答《じもんじとう》する①②

問題《もんだい》は98~101ページ

1　72点《てん》（細《こま》かな配点等《はいてんとう》は解説参照《かいせつさんしょう》）

〈問一《といいち》〉略《りゃく》（問三《といさん》と同《おな》じ）
〈問二《といに》〉（順《じゅん》に）恥《は》ずかしく・恥《は》ずかしく・失敗《しっぱい》・失敗《しっぱい》
（空欄《くうらん》A〜C）
　Aかっこいいところを見《み》せたかった
　B見《み》せられなかった
　C自信《じしん》ありげなことを言《い》った
（図《ず》のA〜C）
　Aケイコにかっこいいところを見《み》せたかった
　B見《み》せられなかった
　C絶対《ぜったい》決《き》めてやる、などと自信《じしん》ありげなことを言《い》った
　※恥《は》ずかしく
〈問三《といさん》〉

ケイコにかっこいいところを見《み》せたかったにもかかわらず見《み》せられなかった上《うえ》、絶対《ぜったい》決《き》めてやる、などと自信《じしん》ありげなことを言《い》ったにもかかわらず（的《まと》を）大《おお》きく外《はず》してしまったことで、恥《は》ずかしくなったから。

2　（7点《てん》×2）×2
①（自分《じぶん》の）非《ひ》を認《みと》めざるを得《え》ないとき
（相手《あいて》の）正《ただ》しさを否定《ひてい》できないとき
②（相手《あいて》の）性格《せいかく》や人柄《ひとがら》に良《よ》い印象《いんしょう》を受《う》けたとき
（相手《あいて》が）自分《じぶん》のことを好《す》きになってくれたとき

〈解説《かいせつ》〉

1の配点《はいてん》
〈問一《といいち》〉〈問三《といさん》〉各《かく》20点《てん》。問二《といに》の各《かく》パーツが揃《そろ》っているかどうかで採点《さいてん》する。まず、「恥《は》ずかしくなったから」という表現《ひょうげん》がない場合《ばあい》、5点《てん》マイナス。問二《といに》のBとDの内容《ないよう》がない場合《ばあい》、それぞれ4点《てん》マイナス。AとCの内容《ないよう》がない場《ば》合《あい》、それぞれ3点《てん》マイナス。

〈問二《といに》〉「恥《は》ずかしく」二《ふた》つと「失敗《しっぱい》」二《ふた》つは、それぞれ完答《かんとう》で各《かく》5点《てん》。100ページ上段《じょうだん》A〜Cの空欄《くうらん》と下段《げだん》A〜Cの図《ず》は、それぞれが一致《いっち》して初《はじ》めて得点《とくてん》とし、A・Cが各《かく》7点《てん》、Bが8点《てん》。

　B・Dの配点《はいてん》が高《たか》いのは、述部《じゅつぶ》（述語《じゅつご》）こそが文《ぶん》の意味《いみ》を支《ささ》えるからである。

パートⅣ

総合問題《そうごうもんだい》

1 文《ぶん》や段落《だんらく》の関係《かんけい》を図《ず》にする①

問題《もんだい》は
104・105ページ

1 「〇〇関係《かんけい》」の空欄《くうらん》が一《ひと》つ4点《てん》×13
関係図《かんけいず》が一《ひと》つ5点《てん》×9　全問正解《ぜんもんせいかい》でボーナス3点《てん》

①同等《どうとう》・A　②因果《いんが》・A　③対比《たいひ》・B　④並列《へいれつ》・B
⑤（順《じゅん》に）並列《へいれつ》・同等《どうとう》・C　⑥補足《ほそく》・A
⑦（順《じゅん》に）並列《へいれつ》・因果《いんが》・C　⑧（順《じゅん》に）並列《へいれつ》・同等《どうとう》・D
⑨（順《じゅん》に）並列《へいれつ》・因果《いんが》・D　⑦の「因果《いんが》」は「同等《どうとう》」も可《か》

2 文《ぶん》や段落《だんらく》の関係《かんけい》を図《ず》にする②

問題《もんだい》は
106・107ページ

1 30点《てん》（完答《かんとう》）

段落関係《だんらくかんけい》図《ず》

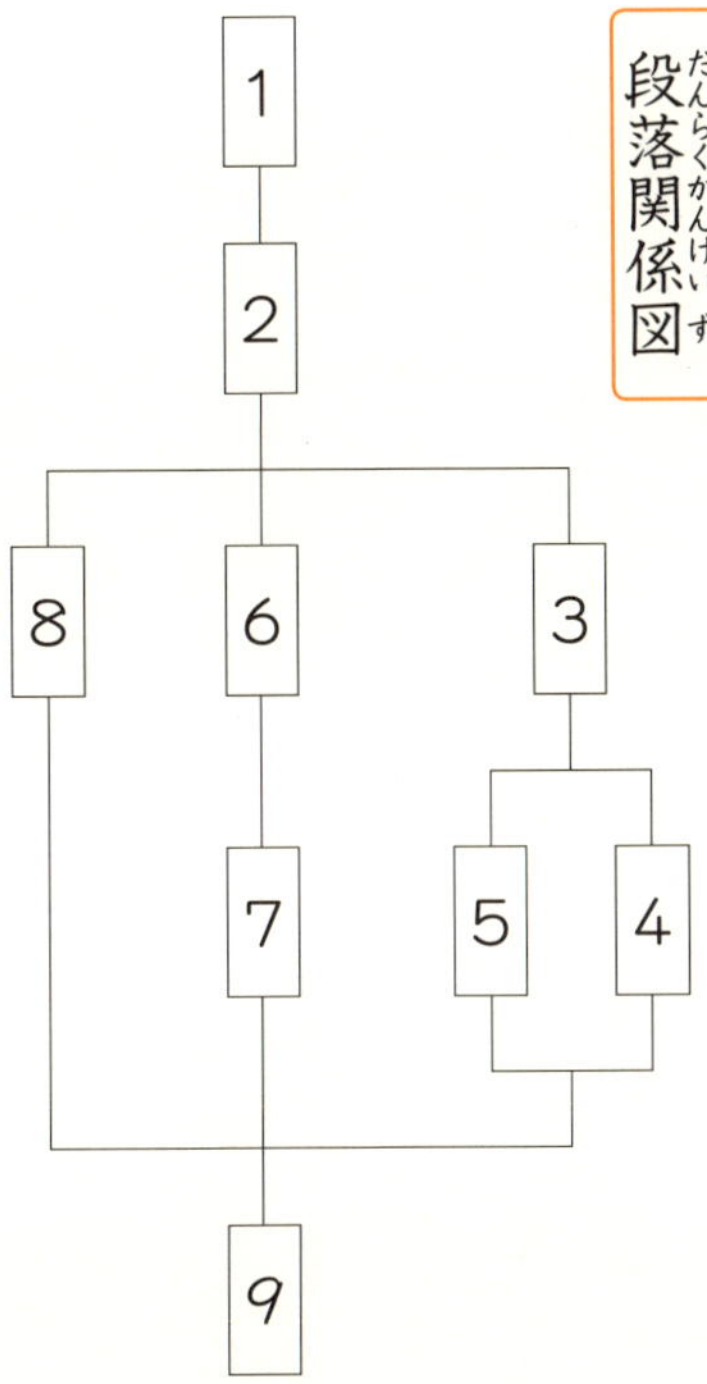

2 〈問一《といいち》〉10点《てん》×2　〈問二《といに》〉10点《てん》×2
〈問三《といさん》〉30点《てん》（完答《かんとう》）

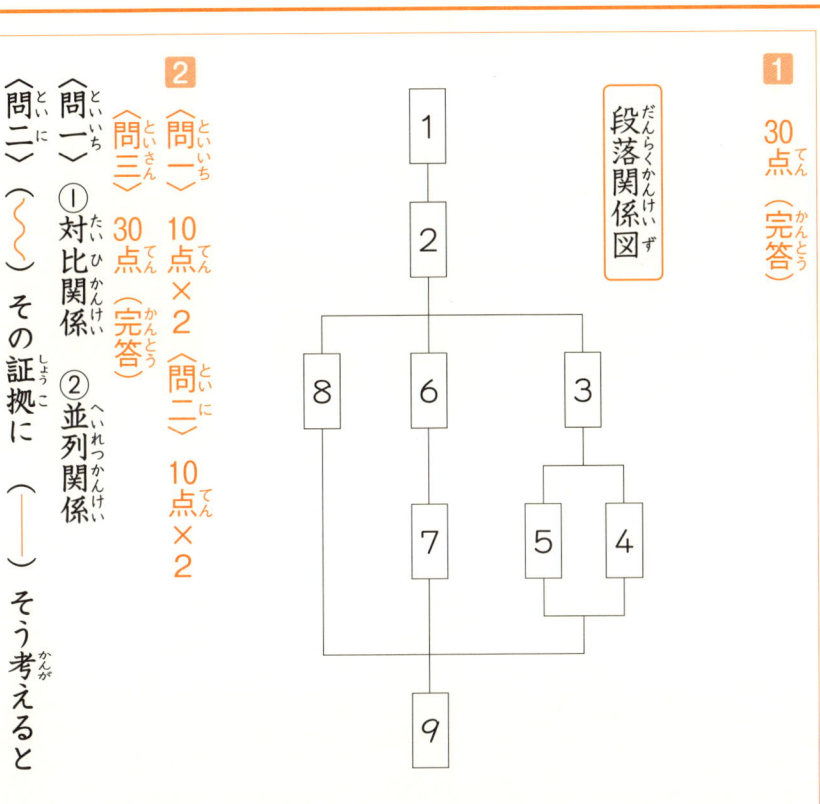

〈問一《といいち》〉①対比関係《たいひかんけい》　②並列関係《へいれつかんけい》
〈問二《といに》〉（〰〰）その証拠《しょうこ》に　（——）そう考《かんが》えると

〈問三《といさん》〉

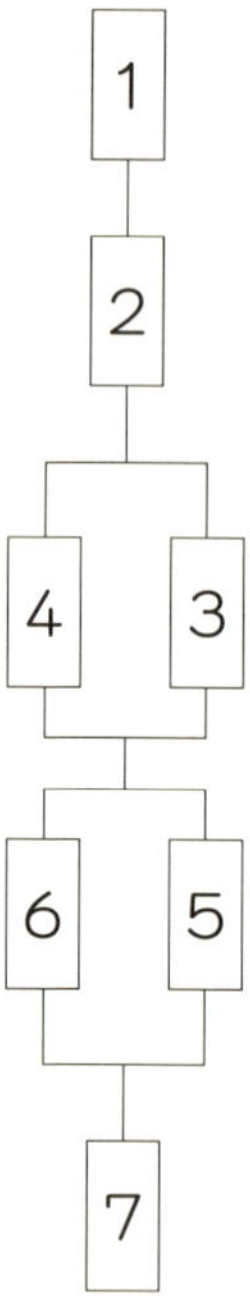

3 総合読解問題《そうごうどっかいもんだい》

問題《もんだい》は
108・109ページ

1 〈問一《といいち》〉50点《てん》 〈問二《といに》〉50点《てん》

〈問一《といいち》〉

一方向《いちほうこう》メディアでは、他者《たしゃ》の言葉《ことば》に反論《はんろん》したくても、そういった自分《じぶん》の主張《しゅちょう》を即時的《そくじてき》に発信《はっしん》することができないため、他者《たしゃ》の未知《みち》なる言葉《ことば》を受信《じゅしん》し吸収《きゅうしゅう》するだけの時間《じかん》と精神的《せいしんてき》余裕《よゆう》が生《う》まれるから。（89字《じ》）

〈問二《といに》〉

他者《たしゃ》の言葉《ことば》に即時的《そくじてき》に反論《はんろん》し、自分《じぶん》の主張《しゅちょう》を発信《はっしん》したり共《きょう》有《ゆう》したりすることができてしまうため、他者《たしゃ》の未知《みち》なる言《こと》葉《ば》を受信《じゅしん》し吸収《きゅうしゅう》するだけの時間《じかん》と精神的《せいしんてき》余裕《よゆう》を持《も》つことが難《むずか》しくなるということ。

〈解説《かいせつ》〉

〈問一《といいち》〉

まず、――部《ぶ》の直前《ちょくぜん》にある「その結果《けっか》として」を（一読《いちどく》した段階《だんかい》で）マルで囲《かこ》んであることが大切《たいせつ》。「だから」と同様《どうよう》、「原因《げんいん》→結果《けっか》」の働《はたら》きを持《も》つ接続表現《せつぞくひょうげん》だ。「なぜですか」と問《と》われているのだから、この言葉《ことば》の前《まえ》をチェックする（逆《ぎゃく》に「たどる」）のが、第一《だいいち》ステップである。すると、「精神的余裕《せいしんてきよゆう》も生《う》まれる」ことが理由《りゆう》であると分《わ》かる。

さて、ここには「も」がある。これは並列関係《へいれつかんけい》を意味《いみ》する。二《ふた》つ以上《いじょう》の内容《ないよう》が書《か》かれている証拠《しょうこ》である。そこでさらに前《まえ》を見《み》ると、「時間《じかん》」がその一《ひと》つであることが分《わ》かる。

では、それらはどのような「時間《じかん》」、どのような「精神《せいしん》的余裕《てきよゆう》」なのか。それぞれの直前《ちょくぜん》を見《み》ると、「他者《たしゃ》の未知《みち》なる言葉《ことば》を受信《じゅしん》し吸収《きゅうしゅう》するだけの（時間《じかん》）」、「この人《ひと》の言《こと》葉《ば》は自分《じぶん》より正《ただ》しいかもしれない、などと考《かんが》えるだけの（精神的余裕《せいしんてきよゆう》）」であると分《わ》かる。後者《こうしゃ》はやや具体的《ぐたいてき》であり、使《つか》うのがためられる（記述問題《きじゅつもんだい》の大半《たいはん》は、特《とく》に指示《しじ》がないかぎりは抽象的《ちゅうしょうてき》に書《か》くべきなのである）。後者《こうしゃ》は、前者《ぜんしゃ》の内容《ないよう》に合体《がったい》させても意味《いみ》としては差《さ》し支《つか》えなさそうだ。そこで、前者《ぜんしゃ》だけを残《のこ》す。

これで、下図《かず》の「イ」の骨組《ほねぐ》みができた。

さらに、「その分《ぶん》だけ」の前《まえ》にも注目《ちゅうもく》する。「他者《たしゃ》の言葉《ことば》に反論《はんろん》したくても、そういった自分《じぶん》の主張《しゅちょう》を即時的《そくじてき》にネット上《じょう》で発信《はっしん》するということはできない」というのが、「イ」の理由《りゆう》になっていることが分《わ》かる（「その分《ぶん》だけ」という言葉《ことば》は因果関係《いんがかんけい》を意味《いみ》することがあるので、覚《おぼ》えておくとよい）。

これで、「ア」もできた。

あとは文字数《もじすう》を考《かんが》えながら、「ア→イ」を一文《いちぶん》にまとめるだけである。

〈問一《といいち》〉の因果関係図《いんがかんけいず》

ア　他者《たしゃ》の言葉《ことば》に反論《はんろん》したくても、そういった自分《じぶん》の主張《しゅちょう》を即時的《そくじてき》にネット上《じょう》で発信《はっしん》するということはできない

だから←　→なぜなら

イ　他者《たしゃ》の未知《みち》なる言葉《ことば》を受信《じゅしん》し吸収《きゅうしゅう》するだけの時間《じかん》と精《せい》神的余裕《しんてきよゆう》が生《う》まれる

だから←　→なぜなら

ウ　新《あたら》しい知見《ちけん》を得《え》る機会《きかい》が増《ふ》える

なお、解答例《かいとうれい》の中《なか》の□で囲《かこ》んだ言葉《ことば》は、対比項目《たいひこうもく》をメモすることで浮《う》かび上《あ》がる言葉《ことば》である（答《こた》えとして、囲《かこ》んでいなければならないわけではない）。

対比《たいひ》のメモは、次《つぎ》のようになるだろう（採点対象外《さいてんたいしょうがい》）。

双方向《そうほうこう》メディア ↔ 一方向《いちほうこう》メディア
時間的余裕《じかんてきよゆう》がない ↔ 時間的余裕《じかんてきよゆう》がある
自分《じぶん》の言葉《ことば》を ↔ 他者《たしゃ》の言葉《ことば》を
発信《はっしん》しやすい ↔ 受信《じゅしん》しやすい
未知《みち》を得《え》にくい ↔ 未知《みち》を得《え》やすい

問一《といいち》の採点《さいてん》においては、先《さき》の因果関係図《いんがかんけいず》のアとイが揃《そろ》っているかどうかが基準《きじゅん》となる。一《ひと》つにつき25点《てん》で計算《けいさん》する。あとは、「時間《じかん》」と「精神的余裕《せいしんてきよゆう》」という言葉《ことば》がない場合《ばあい》にそれぞれ5点《てん》マイナス、対比《たいひ》されている言葉《ことば》が一《ひと》つ抜《ぬ》けてしまうたびに3点《てん》マイナス、といった方法《ほうほう》で採点《さいてん》する。

〈問二《といに》〉

問一《といいち》では、一方向《いちほうこう》メディアのメリットを説明《せつめい》したことになるから、それをもとに対比的《たいひてき》に考《かんが》えれば、答《こた》えを作《つく》るのは難《むずか》しいことではない。この採点基準《さいてんきじゅん》も、先《さき》の問一《といいち》に準《じゅん》ずる。

あらゆる読解《どっかい》、とりわけ説明的文章《せつめいてきぶんしょう》の読解《どっかい》においては、右記《うき》のメモのような対比項目《たいひこうもく》の整理《せいり》を自力《じりき》でできるかどうかが、生命線《せいめいせん》となる。テスト中《ちゅう》であっても時間《じかん》を惜《お》しまず、このメモを書《か》くようにすることが肝要《かんよう》だ。

4 型《かた》を使《つか》って短作文《たんさくぶん》を書《か》く

問題《もんだい》は 110・111ページ

1 20点《てん》×5

①偶然《ぐうぜん》のチャンスを逃《のが》さないようにするためには、普段《ふだん》からの心構《こころがま》えが大切《たいせつ》だ。それはいわば、いつでも虹《にじ》を撮影《さつえい》できるようにカメラを持《も》ち歩《ある》くようなものだ。

②電子書籍《でんししょせき》は、持《も》ち運《はこ》べる本《ほん》の量《りょう》や言葉《ことば》の検索性《けんさくせい》の高《たか》さ、あるいは文字《もじ》の拡大縮小《かくだいしゅくしょう》といった操作性《そうさせい》においては大変優《たいへんすぐ》れているが、同時《どうじ》に複数冊《ふくすうさつ》の本《ほん》を開《ひら》くのが難《むずか》しかったり、片手《かたて》で読《よ》むには本体《ほんたい》が重《おも》かったり、残《のこ》りのページ数《すう》を厚《あつ》みで実感《じっかん》できなかったり、といった点《てん》においては、劣《おと》っている。

③昨日《きのう》のケンカが、いつものように自分《じぶん》から手《て》を出《だ》して始《はじ》まったものであったならば、たしかに反省《はんせい》しなければなら

ないと思《おも》うが、昨日《きのう》のケンカに限《かぎ》っては、相手《あいて》が先《さき》に手《て》を出《だ》してきたのだから、そんなに反省《はんせい》しろと言《い》われても困《こま》る。

④ラーメンは脂《あぶら》っこいが、うどんは脂《あぶら》っこくないため、うどんのほうが胃《い》にはやさしい。

⑤「運動《うんどう》」と「スポーツ」の共通点《きょうつうてん》は、どちらも体《からだ》を動《うご》かすことだという点《てん》だ。しかし、相違点《そういてん》もある。たとえば、「運動《うんどう》」は、準備運動《じゅんびうんどう》や階段《かいだん》の昇降《しょうこう》などのようにルールや勝敗《しょうはい》がないものも含《ふく》んでいるが、「スポーツ」は、サッカーや柔道《じゅうどう》などのようにルールや勝敗《しょうはい》があるものがその大半《たいはん》である。その点《てん》では、スポーツのほうがスリリングな存在《そんざい》であると言《い》えるだろう。

〈その他《た》の解答例《かいとうれい》・解説《かいせつ》〉

①「AいわばB」のとき、Bは具体的比喩表現《ぐたいてきひゆひょうげん》になる。22〜29ページの「比喩《ひゆ》トレーニング」の内容《ないよう》などを参考《さんこう》に、内容《ないよう》を考《かんが》えてみてほしい。

「いわば」の後《あと》にことわざを持《も》ってくるのも、一《ひと》つの方法《ほうほう》である。

②解答例《かいとうれい》ほどの長《なが》さでなくとも、たとえば次《つぎ》のような分量《ぶんりょう》でもかまわない。

「今日《きょう》は、蒸《む》し暑《あつ》いという点《てん》では不快《ふかい》だが、晴《は》れているという点《てん》では快適《かいてき》だ。」

⑤この型《かた》は、この問題集《もんだいしゅう》の一冊目《いっさつめ》に当《あ》たる、『ふくしま式《しき》「本当《ほんとう》の国語力《こくごりょく》」が身《み》につく問題集《もんだいしゅう》〔小学生版《しょうがくせいばん》〕』（大和《だいわ》出《しゅっ》版《ぱん》）の「プチ小論文《しょうろんぶん》C」で取《と》り上《あ》げた型《かた》と同様《どうよう》のものだ。

ぜひ、そちらの作文《さくぶん》（プチ小論文《しょうろんぶん》）にも、挑戦《ちょうせん》してみてほしい。

〈付録《ふろく》〉

物語文《ものがたりぶん》の読解《どっかい》に活用《かつよう》しよう！

詳《くわ》しくは、64〜67ページを参照《さんしょう》のこと。

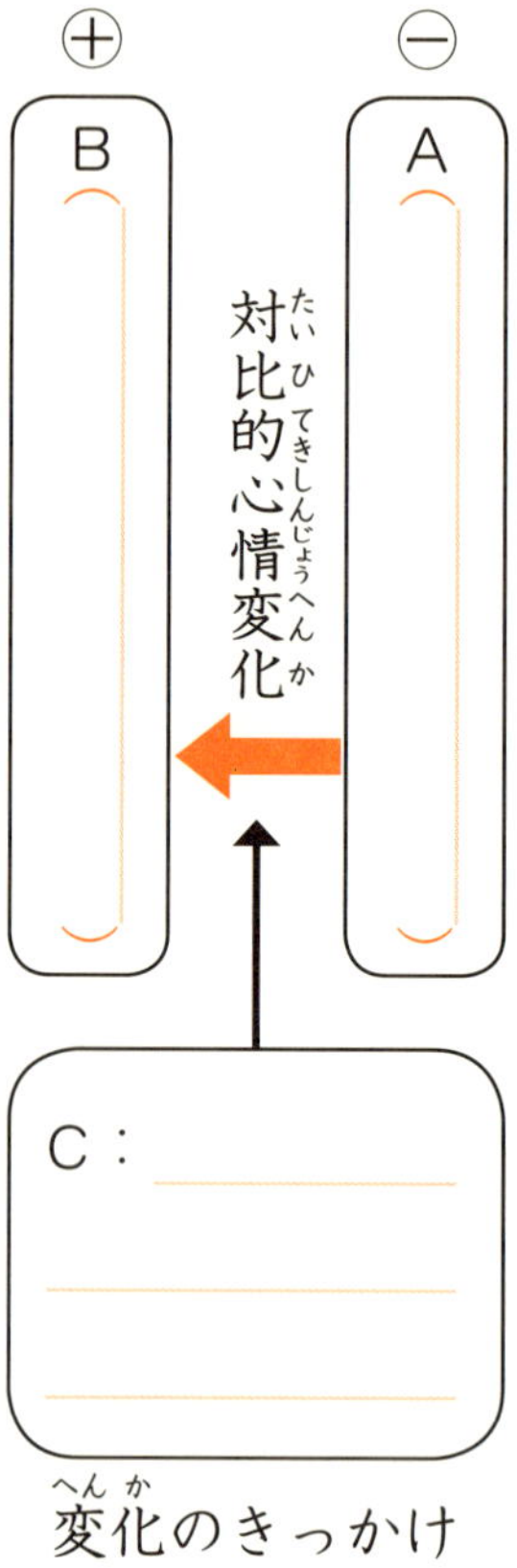

〈型《かた》〉この物語《ものがたり》は、
A（だった主人公《しゅじんこう》）が、**C**によって、**B**に変《か》わる話《はなし》である。

★物語《ものがたり》を読《よ》んだら、右《みぎ》の図《ず》を埋《う》め、〈型《かた》〉を用《もち》いて、物語文《ものがたりぶん》全体《ぜんたい》を一文《いちぶん》でまとめてみよう。

接続語《せつぞくご》一覧《いちらん》

文章中《ぶんしょうちゅう》にこれらの言葉《ことば》が出《で》てきたら、すぐマーク！（112ページも参照《さんしょう》）

言《い》いかえる力《ちから》	くらべる力《ちから》	たどる力《ちから》
つまり	しかし	だから
たとえば	それに対《たい》して	なぜなら
このように	一方《いっぽう》	から
要《よう》するに	だが／が	ので
いわば	ところが	ため
すなわち	けれども	ですから
言《い》いかえれば	むしろ	そのため
…という…	…ではなく…	したがって
…などのような…	…よりも…	それゆえに
…というような…	…にもかかわらず…	その結果《けっか》

【著者略歴】

福嶋隆史（ふくしま・たかし）

1972年 横浜市生まれ
ふくしま国語塾 主宰
株式会社横浜国語研究所 代表取締役
学歴：早稲田大学第二文学部／創価大学教育学部
所属：日本リメディアル教育学会／
日本言語技術教育学会／日本テスト学会
著書多数：
代表作（大和出版）
・『「本当の国語力」が驚くほど伸びる本』
・「ふくしま式」問題集シリーズ
全著書一覧：yokohama-kokugo.jp/books/
著者YouTube：youtube.com/@fukukoku

全著書一覧　アマゾン著者ページ　YouTube

ふくしま国語塾

・通塾生、オンライン生募集中！（通年で入塾可）
・2006年創設　・対象：小３～高３
・JR横須賀線 東戸塚駅 徒歩２分
・サイト yokohama-kokugo.jp/

サタデーオンライン講座

・「ふくしま式」問題集シリーズの解説講座。
・驚異の安価で日本最高峰の国語授業を提供。
・リアルタイム受講も録画視聴もできます。
・対象：どなたでも（小１から大人まで）
・受講生、大好評受付中！

ふくしま国語塾　サタデーオンライン

問題のバリエーションがさらに充実！
ふくしま式《しき》「本当《ほんとう》の国語力《こくごりょく》」が身《み》につく問題集《もんだいしゅう》２［小学生版《しょうがくせいばん》］

2013年 4月 2日　初版発行
2024年 2月 14日　18刷発行

著　者……福嶋隆史《ふくしまたかし》
発行者……塚田太郎
発行所……株式会社大和出版
東京都文京区音羽 1-26-11 〒112-0013
電話 営業部 03-5978-8121／編集部 03-5978-8131
http://www.daiwashuppan.com
印刷所……信毎書籍印刷株式会社
製本所……株式会社積信堂

Printed in Japan ISBN978-4-8047-6218-0